実例

専門弁護士による実践的解決のノウハウ

弁護士が悩む高齢者に関する法律相談

第一東京弁護士会法律相談運営委員会 編著

日本加除出版株式会社

推薦のことば

　我が国においては，総人口に占める65歳以上の高齢者人口の割合が，平成29年9月現在で27.7％に達しており，4人に1人以上が高齢者という，世界でも類を見ない超高齢社会を迎えています。このような中，高齢者をめぐる法的紛争も年々増加しており，成年後見や相続・遺言の問題のみならず，高齢者を狙った詐欺事件や，介護施設における死亡事故など，様々な問題がクローズアップされてきているところです。

　高齢者を当事者とした事件を弁護士が受任するに当たっては，一般の事件と異なり，その意思能力の有無につき，慎重な判断を要するとともに，その特性上，事情聴取及び証拠収集が困難となる場合も多いことから，親族の方々や関係機関の協力を得るなどの工夫をして，事件の処理を進める必要も生じます。また，高齢者の保有する財産が高額な事案においては，親族間での対立があることも少なくなく，弁護士として中立の立場を維持する必要があるなど，特別な配慮を要する事案もあることと思います。

　本書『弁護士が悩む高齢者に関する法律相談』は，第一東京弁護士会法律相談運営委員会所属の弁護士を中心とした30名が，前述のような現代的な問題も踏まえた上で，高齢者に関する困難な相談事案を持ち寄り，その解説を試みたものです。これは，同委員会で編集された既刊書籍『弁護士が悩む家族に関する法律相談（平成25年3月刊）』及び『弁護士が悩む不動産に関する法律相談（平成27年7月刊）』に続く，シリーズの第3弾にあたるものとなります。

　この「弁護士が悩む」シリーズの編集のコンセプトは，「弁護士が直面しやすい問題や疑問に対する具体的な方策を示すこと」にありますが，本書で取り上げられる26事例及び13のコラムにおいても，まさに弁護士が悩むような問題が随所に取り上げられており，これらの困難な課題について，

どのような工夫をしつつ，その解決へ導いていったかにつき，仔細な解説がされています。中には，依頼者の望むような結末が得られなかった事案も含まれていますが，そのような事例も含めて，読者の方に，事件処理の実際を追体験していただくことで，日々の事件解決を導くための方策等につき，様々な示唆やヒントが得られる内容となっていることと思います。

ところで，国立社会保障・人口問題研究所の推計によれば，我が国の総人口に占める高齢者の割合は，これからも年々増加していき，2040年には，35.3％に達すると見込まれているとのことです。高齢者の方々を当事者とする法的紛争の解決は，弁護士実務において，今後とも，より重要性が増していくのは必然と言えるでしょう。本書が，高齢者に関する事件を取り扱う弁護士の方々をはじめ，関係する業務に携わる方々にとって，事件解決の一助となることを祈念して，本書を広く推薦する次第です。

平成29年10月

第一東京弁護士会

会長　澤　野　正　明

は　し　が　き

　本書は，「弁護士が悩む家族に関する法律相談」（平成25年3月発行），「弁護士が悩む不動産に関する法律相談」（平成27年7月発行）に続くシリーズ第3作として出版するものです。

　前2作は，いずれも好評のうちに版を重ねています。「実例を通じて弁護士による家事事件解決の内実を具体的に明らかにすることにより，弁護士が個々の事案を解決する際に実際に役立つ書籍」（第1作のはしがき）を目指すという従来にない斬新な出版コンセプトが弁護士だけでなく，多方面の読者に多くの反響を呼んだもので，編集者，執筆者一同大変喜んでいる次第です。

　この度，第1作，第2作の読者から別の分野でのシリーズ続編の出版を求める声が多数寄せられたのを受け，シリーズ第3作として，昨今社会問題化し，関心も深い「高齢者」をテーマに選び，出版する次第となりました。

　本書も，第1作，第2作同様，高齢者に特有な26の事例について，弁護士が実際に事件を受任し，解決に至るまでの道筋が記述されています。執筆に際しては，登場人物とのやり取り等をできるだけ空気感が伝わるような具体的な記述をお願いしています。また，事例によっては，必ずしも成功とはいえない事例もあり，若手だけでなく，ベテラン弁護士も反省，自戒しながら事件処理を進めている様子が分かり，共感をいただける部分もあるかと思います。

　本書の執筆者は，第一東京弁護士会法律相談運営委員会の有志委員を主とした30名です。本書の掲載事例の一部には月刊誌「戸籍時報」（日本加除出版株式会社）に連載中の「家族に関する法律相談」の事例を編集したものも含まれていますが，大部分は本書のための書き下ろしの事例で，い

はしがき

ずれも執筆された各委員の力作となっています。

　事例の合間には，事例に関連したコラム13件も掲載しておりますので，気軽にお読みいただけるものと思います。

　また，若手からベテランまで12名の弁護士が参加して「高齢者に関する弁護士実務」をテーマとして行われた座談会も収録しました。弁護士が高齢者に関する事件を受任した際，事件処理にあたって日ごろ疑問に思い，解決に悩んでいることなどを熱く議論しています。弁護士といえども，事件処理にあたっては悩みながら仕事をしている様子がうかがえる興味深い内容となっています。

　本書は，ベテランから若手まで幅広く興味を持ってお読みいただけるだけでなく，高齢者問題に関心のある一般の読者にも弁護士の仕事の一端を垣間見る読み物としてもお読みいただけるものと考えています。

　最後に，本書は，日本加除出版株式会社の髙山康之氏の貴重なご助言等なくして決して完成には至らなかったものです。ここに，編集委員を代表して，髙山氏に感謝申し上げます。

平成29年10月

編集代表

弁護士　兼　松　健　雄

編集委員・執筆者一覧（50音順）
（第一東京弁護士会）

○　**編集委員・執筆**
- 綾部　薫平（あやべ　くんぺい）
- 生方　麻理（うぶかた　まり）
- 兼松　健雄（かねまつ　たけお）
- 木暮　暁子（こぐれ　きょうこ）
- 桜井　淳雄（さくらい　あつお）
- 佐藤　淳子（さとう　じゅんこ）
- 田中信一郎（たなか　しんいちろう）
- 中山　弘基（なかやま　ひろき）
- 堀越　孝（ほりこし　たかし）
- 松村眞理子（まつむら　まりこ）

○　**執筆**
- 鯵坂　和浩（あじさか　かずひろ）
- 上杉　雅央（うえすぎ　まさひろ）
- 太田　理映（おおた　りえ）※現・兵庫県弁護士会
- 大達　一賢（おおたつ　かずたか）
- 岡本　政明（おかもと　まさあき）
- 釜谷　理恵（かまたに　りえ）
- 栗原　浩（くりはら　ひろし）
- 佐藤　三郎（さとう　さぶろう）
- 佐藤　太史（さとう　たいし）※現・岩手弁護士会
- 嶋田　貴文（しまだ　たかふみ）
- 樽本　哲（たるもと　さとし）
- 千葉　剛志（ちば　つよし）※現・山形県弁護士会
- 千代田有子（ちよだ　ゆうこ）
- 広津　佳子（ひろつ　けいこ）
- 藤田　和馬（ふじた　かずま）
- 前川　渡（まえかわ　わたる）
- 松田　研一（まつだ　けんいち）
- 守屋　美保（もりや　みほ）
- 山本　昌彦（やまもと　まさひこ）
- 湧田有紀子（わくた　ゆきこ）

目　次

第1章　成年後見・財産管理に関する事例

事例1　親族間に争いのある成年後見事件における成年後見人である弁護士の対応 ……………………………………………………… 2
　　親族間の争いが激しい状況で，第三者として成年後見人に選任された弁護士が，被後見人の財産管理及び身上監護を行いつつ，親族間の対立の調整をした事例

事例2　親族間対立の激しい成年後見事務の留意点 ………………… 14
　　成年被後見人である高齢の親の財産管理や監護の在り方をめぐって激しく対立する推定相続人らに対し，弁護士成年後見人として調整を図るとともに，成年被後見人死亡後の財産引渡しについて慎重な対応を要した事例

事例3　後見制度支援信託を利用した事例 …………………………… 29
　　家庭裁判所から成年後見人としての選任を受け，後見制度支援信託を利用するとともに居住用マンションを処分し，後任の親族後見人に引き継いだ事例

事例4　被後見人の事業所の明渡し …………………………………… 54
　　被後見人が個人事業を営んでいたため，後見人として事業所の明渡し及び事業用物品の管理・処分を行った事例

事例5　同居していた子から勝手に払い戻された金員を親が取り戻すための立証方法について ……………………………………… 65
　　ATMの画像が残っていなくても，親が，同居していた子から勝手にキャッシュカードでお金を払い戻された金員を取り戻した事例

事例6　成年後見制度──報酬に関する問題～補助人が補助業務終了後，報酬の支払を受けるまで～ ………………………………… 78
　　補助業務終了後，報酬の支払につき被補助人の協力を得る

7

目　次

　　ことができず，被補助人の相続人から報酬の支払を受けた事
　　例

第2章　消費者被害・詐欺被害に関する事例

事例7　高齢者がリフォーム詐欺に引っ掛かった事例……………………92
　　　　一人暮らしの高齢者（80歳代女性）が，実体のないリ
　　フォーム契約をさせられて，金銭をだまし取られた事例
事例8　高齢者が自宅を売られてしまい，業者は財産管理契約，任
　　意後見契約を締結していた事例…………………………………100
　　　　高齢者が自宅を売られてしまい，業者が財産管理契約，任
　　意後見契約を締結していたため，横領罪として刑事告訴をし
　　た事案
事例9　高齢者が複数の業者から消費者被害に遭った事例……………105
　　　　独り暮らしの高齢者が複数の業者から消費者被害に遭い，
　　被害回復を行った事例
事例10　家政婦の使途不明金につき返還請求訴訟をした事例…………113
　　　　家政婦が，高齢独居男性の預金通帳から使途不明の金員を
　　引き出すなどしたため，成年後見人が，不明金の返還請求訴
　　訟を提起した事例
事例11　高齢者が購入した商品につき契約取消しをした事例…………121
　　　　自宅にて一人暮らしの認知症高齢者である成年被後見人が
　　購入した商品につき，取消権の行使を検討した事例

第3章　介護契約・介護事故・老人ホームに関する事例

事例12　デイサービスセンターにおける介護事故……………………134
　　　　82歳の老女がデイサービスセンターで昼食の食事介護を受

けている時，副食を喉に詰まらせ心肺停止状態で救急病院に
搬送されたが，1か月後に誤嚥性肺炎により死亡した。遺族
側は，施設を相手に通所介護契約に基づく注意義務違反を理
由として損害賠償を求める訴訟を提起し，施設側が約700万
円を支払うことにより裁判上の和解をした事例

事例13　ショートステイにおける死亡事故に対する法的対応……………150
　横浜市に住む妻が，ショートステイ（宿泊サービス）にお
ける事故で亡くなった夫（当時，70代前半の年齢）に関して，
横浜市において当該ショートステイを経営する法人に対し損
害賠償を請求した事例

事例14　面談妨害禁止の仮処分に関する事例………………………………162
　入居者の親族が代理人となって，特別養護老人ホームに対
する面談妨害禁止の仮処分の申立てがされたが，申立てが取
り下げられた事例

第4章　高齢者虐待に関する事例

事例15　高齢者の虐待に関する事例…………………………………………174
　事理弁識能力を欠く高齢者の住居に住みついた者が，高齢
者への暴力行為や財産を浪費する等の虐待をした事例

第5章　高齢者の相続・遺言に関する事例

事例16　後見人として被後見人の遺留分減殺請求をした事例…………190
　被後見人の妻の遺言により被後見人の面倒を見ることを条
件に被後見人の妻の財産の大半を遺贈されることになった姪
に対し，後見人が遺留分減殺請求の主張をして被後見人の財
産を一定の範囲で確保した事例

9

目　次

事例17　遺言後の遺産の変動 ……………………………………… 203
　　　預金債権を相続させるとの遺言がされた後，相続発生まで
　の間に，当該預金が他の相続人名義の預金口座に移されてい
　た事例

事例18　被相続人が高齢者の場合の遺産相続争い …………… 211
　　　被相続人の生前，被相続人と同居していた相続人がその財
　産を勝手に使っていた可能性があるということで，被相続人
　の死亡後に相続人間で争いになった事例

事例19　高齢者が被相続人の場合の相続諸問題 ……………… 219
　　　高齢者が被相続人である相続の事件において，被相続人の
　財産を生前管理していた相続人が使い込みをしているのでは
　ないかとの相談を受けたが，その他にも，遺言の効力，「相
　続させる」旨の遺言がある場合の遺産分割調停・審判の可否，
　特別受益，60歳代の依頼人（相続人の一人）にとってより良
　い解決が問題となった事例

第6章　高齢者の婚姻・離婚・養子縁組に関する事例

事例20　高齢者夫婦の離婚訴訟 ………………………………… 238
　　　高齢の当事者同士が婚姻したが婚姻の実態が伴わなかった
　ため夫から離婚を請求した事例

**事例21　高齢者の離婚に関する諸問題（婚姻費用分担請求・裁判離
　婚）** ……………………………………………………………… 246
　　　高齢者を当事者とする婚姻費用分担請求事件及び離婚問題
　において，夫と妻のそれぞれに長男夫婦及び二男夫婦が味方
　に付いて紛争に発展した事例

事例22　養子縁組の効力をめぐる争い ………………………… 256
　　　認知症の診断を受けていた85歳の女性が娘婿と養子縁組し
　た上で養子となった娘婿に自宅不動産を贈与したケースで，

10

目　次

女性の死後に女性の長男が養子縁組の無効を主張して提訴した事例

第7章　その他の高齢者に関する事例

事例23　高齢者の個人再生申立事件……………………………………270
　　　高齢者の個人再生申立事件において注意するべき事項

事例24　リバースモーゲージ及び生活保護申請に関する事例…………284
　　　自宅にて1人暮らしの認知症高齢者の生活費確保のため，生活保護申請及び不動産担保型生活資金貸付制度の利用を検討した事例

事例25　認知症が疑われる相談者からの依頼について………………295
　　　高齢者を依頼者とすべき事案として相談を受けたものの，認知能力に疑いがある反面，後見等の審判は受けていない方の依頼に関する事例

事例26　高齢者の交通事故における損害賠償請求……………………307
　　　87歳の高齢女性が交通事故に遭い後遺障害等級別表第1第2級1号の認定を受けたところ，家事労働の休業損害，将来介護費用等が問題となった事例

座談会　高齢者に関する弁護士実務

第1　成年後見・財産管理　──────────317

　1　後見人の身上監護はどこまですべきか………………………………317
　2　後見監督人と後見人の連携……………………………………………324
　3　被後見人の能力回復のときの後見人の役割…………………………326
　4　高齢者の財産管理と信託制度の利用方法……………………………329

11

目　次

  5　成年後見人選任の申立ての際の親族照会について …………… 330

第2　高齢者が被害者である事件の特殊性（意思能力に疑問がある高齢者からの事件受任）————— 332

第3　高齢者の借金・破産 ————————————— 337

  1　高齢者の破産申立ての際の留意点 …………………………… 337
  2　生活保護の高齢者が破産をするメリットはあるか ………… 338

第4　介護契約・介護事故 ————————————— 341

  1　施設倒産の際の保証金の回収方法 …………………………… 341
  2　施設入所者との面会におけるトラブルと対処法 ………… 342
  3　介護事故における過失の判断基準 …………………………… 344
  4　介護事故における証拠収集の方法 …………………………… 345

第5　高齢者虐待（高齢者を虐待から救い出す手順・施設等）—— 348

第6　高齢者の扶養（高齢者の扶養についての子供間での責任の押し付け合い）————————————— 351

第7　高齢者の相続・遺言 ————————————— 354

  1　高齢者の囲い込みによる恣意的な遺言書作成に対する対策はあるか …………………………………………………………… 354
  2　相続財産の同居者による使い込みが判明した場合の対処方法 … 355
  3　高齢者の遺言能力の限界について …………………………… 357
  4　遺留分事前放棄の活用方法 …………………………………… 358

第8　その他 ———————————————————— 360

  1　金融機関が預金の引下しを拒否する場合の対応について ……… 360
  2　高齢者の死亡事故における慰謝料と逸失利益の算定 ………… 361

3　責任無能力者の監督責任について ……………………………… 362

コラム

① 能力が回復した被後見人からの相談 ………………………………… 12
② 成年後見人を選任すれば全て解決？？　～成年後見人の職務～ …… 28
③ 成年後見等の申立てと取下げの制限 ………………………………… 53
④ 裁判所を利用した協議の場 …………………………………………… 62
⑤ 認知症患者が起こした不法行為の責任を誰が負うか？ …………… 88
⑥ 高齢者が詐欺被害に遭った場合の告訴についての留意点と反省
　点 ………………………………………………………………………… 130
⑦ 高齢者を虐待していた親族からの相談 ……………………………… 187
⑧ 死期が迫った方から公正証書遺言の作成を受任したケース ……… 201
⑨ 相続財産管理人の種類 ………………………………………………… 218
⑩ 相続と祭祀財産の承継者指定申立て（民法897条 2 項） ………… 234
⑪ 高齢者から子に対する扶養請求 ……………………………………… 282
⑫ リバースモーゲージ …………………………………………………… 294
⑬ 高齢者が交通事故で死亡し，相続人の一人に成年後見人が選任
　された場合の注意点 …………………………………………………… 314

事項索引 ………………………………………………………………… 365
判例索引 ………………………………………………………………… 368

※　本書に収録している解説は，実際の事例を元にしておりますが，プラ
　イバシー保護のため，内容を変えております。

第1章
成年後見・財産管理に関する事例

第1章 成年後見・財産管理に関する事例

事例1 親族間に争いのある成年後見事件における成年後見人である弁護士の対応

親族間の争いが激しい状況で，第三者として成年後見人に選任された弁護士が，被後見人の財産管理及び身上監護を行いつつ，親族間の対立の調整をした事例

●概要図

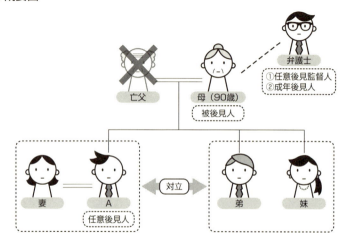

はじめに

　弁護士が成年後見人又は成年後見監督人に選任される事件の類型として親族間に争いがあるため，申立人が候補者として推薦する後見人を選任できず，中立的な第三者的立場の弁護士が選任されるというケースが多く見受けられます。そのようなケースでは，親族間の争いに弁護士が巻き込まれてしまう危険性があるので，後見人に選任された弁護士としては慎重な対応が望まれることになります。ここでは，そのように親族間に争いのある成年後見事件を例に取りながら，成年後見人又は成年後見監督人として，どのような対応をして，事件を処理していったのかを他の事件も参考にしながら説明していきます。

1 事例の概要

(1) 本件事例における親族間の対立

　Ａは妻と90歳の母親と東京の郊外で同居していました。Ａには、弟と妹がおりましたが、弟も妹も結婚して家を出ており、長男であるＡが将来的には実家を相続する予定で、母親名義となっている土地の上にＡ名義で建物を建てて、暮らしていました。土地の利用については、地代を支払うわけではなく、母親の面倒を見ることを前提とした使用貸借関係となっていました。Ａは50歳代のサラリーマンで、中小企業の部長職にありました。3歳年下の弟もサラリーマンをしていましたが、5歳年下の妹は主婦をしていました。

　Ａの母親が認知症となり、奇異な行動が見られるようになったことで、親族間の関係がおかしくなりました。母親は、同居していないＡの弟や妹に対し、Ａ夫妻が面倒を見てくれないと不満を訴えるようになり、あたかも虐待されているかのようなことさえ口にするようになったのです。

　その結果、Ａ夫妻とＡの母親との関係がうまくいっていないように見えるようになってしまいました。何が真実かは第三者には分かりませんので、そのうち、Ａの弟や妹は、Ａ夫妻が本当にＡの母親を虐待しているのではないかと疑うようになり、再三、Ａ夫妻に対しクレームをつけるようになりました。Ａ夫妻とＡの弟や妹の一家との関係は急速に悪化し、互いに憎み合うようになってしまいました。

(2) 任意後見契約の締結

　Ａ夫妻は、精一杯母親の面倒を見てきましたが、毎日、朝から晩まで母親の面倒を見ることもできず、施設を利用することが増えました。Ａの母親は、認知症が進行しつつあるのを自覚し、Ａを任意後見人とする任意後見契約を公証役場で締結しました。

　そのうち、Ａの母親が1か月の大半を複数の施設で暮らすようになりました。Ａの弟や妹からすると、その状況は、Ａ夫妻が母親の面倒を見ることを放棄しているようにしか見えなくなりました。

　Ａの妻からすれば、複数の施設への送り迎えや訪問だけでも大変でした

第1章 成年後見・財産管理に関する事例

が，これにAの弟や妹からのクレームがより一層強くなったため，介護の
ストレスと重なり，次第にノイローゼ状態になっていきました。その上，
妻のそのような様子を見ているAも次第に同様の症状になっていきました。

　そのような中，より一層Aの母親の認知症が進み，もはや意思能力があ
るとは言えない状態になってきたため，Aは以前締結した任意後見契約に
基づき，家庭裁判所に任意後見監督人の選任申立てをし，任意後見契約を
発効させました。

本相談のポイント

① 任意後見監督人は親族と対立する任意後見人とどう接するべきか。

② 成年後見人は対立する親族とどう接しながら後見業務を行うべき
か。

③ 成年後見人は被後見人の死亡後に対立する親族とどう接するべき
か。

---

2 受任に際しての注意点

　私が被後見人の任意後見監督人又は成年後見人として，本件の処理に際
して留意したのは，以下の諸点でした。

(1) 対立する親族との接し方

　第三者である弁護士が後見業務を遂行していくためには，親族の協力は
不可欠な要素ですので，成年後見人又は後見監督人である弁護士が，親族
間に対立がある場合に親族とどのように接していくかは慎重に対応すべき
課題であると思われます。ここをうまく乗り切らなければ，逆に自らが親
族間の対立のトラブルの中に引きずり込まれていくことにもなりかねませ
ん。

　後見監督人の場合には，親族が後見人になっていることが多いので，当
然，当該後見人を中心にして親族との関係を保っていくことになります。
成年後見人の場合には，全ての責任を負わねばならないため，親族のうち

4

誰に後見業務を補助してもらうかを決断する必要に迫られる点に難しさが
あります。

いずれの場合でも，対立する他の親族からの言い分にも十分耳を傾け，
両者のバランスを維持していく心構えは忘れてはならないと考えています。

(2) 丁寧な事情聴取

親族が対立している場合には，双方の親族の感情が高ぶって興奮してい
るため，それぞれの視点から，事実が誤認されたり，歪められたり，誇張
されたりすることが多く，第三者である成年後見人又は後見監督人が正確
な事実を把握することが困難になりがちです。また，そもそも，対立する
親族は，それぞれ異なる利益状況に置かれているため，どちらの立場に
立って物事を見るかによって，どちらの事実が正しいか分からないことも
多いのが現実です。

そのため，成年後見人又は後見監督人として，私は，できる限り，対立
する親族双方から丁寧に話を聞くように心がけました。もっとも，実際に
は，置かれた状況によって，対立する当事者の一方から話を聞くことはで
きませんでした。それでも，双方から話を聞くという気持ちを持って，事
件に臨むことが，中立的な立場である弁護士の成年後見人又は後見監督人
としては重要になると考えています。

(3) 中立的な対応

裁判所は，中立的な第三者として専門家である弁護士を選任しているの
ですから，成年後見人又は後見監督人は中立的な姿勢を維持しなければな
りません。それにより，対立する親族も，成年後見人又は後見監督人の意
見を尊重してくれるようになると思っています。もっとも，成年後見人又
は後見監督人の弁護士が，中立的な姿勢で，生じた問題に接し，下した判
断に対しては，対立する一方の親族が反対したとしても，その判断を尊重
してもらわなければならず，その実現を妨害をさせてはならないと考えて
います。

(4) 死亡後の対応

親族が争って対立している案件で，成年後見人又は後見監督人としての
弁護士が業務を行うのは大変ですが，必ずしも難しいわけではありません。

第 1 章　成年後見・財産管理に関する事例

むしろ，被後見人が死亡し，成年後見人又は後見監督人としての立場を
失った後こそ，親族間の遺産分割の争いの中に直接巻き込まれることにな
りかねないので，より一層中立的な姿勢を維持するよう心掛けることが必
要で，気をつけなければならないと思われます。

3　法的問題点の考察

(1)　任意後見監督人としての対応

　任意後見監督人に選任された私は，まずは，Aが任意後見人として活動
するのを補助すべく，Aから詳しく事情を聞きました。その意味では，親
族の中で誰を立てなければならないか明らかであったので，やりやすい面
はありました。他方で，Aの弟や妹からは，Aと母親との関係について
様々な訴えがあり，自分達も母親の監護に参加させてほしいとの要請があ
りました。しかしながら，Aの弟や妹からの話は，事情を聴取する程度に
留め，Aの後見業務に支障が生じないように努めました。そのため，Aの
弟や妹は，当初，任意後見監督人に自分達の意見を聞いてもらえないと不
満を持っていました。

　ところが，A夫妻のノイローゼ状態は以前にも増して悪化していき，複
数の施設を利用して母親の面倒を見ていくことは困難になってきました。
私が選任された数か月後には，A夫妻はAの弟や妹が母親を引き取って面
倒を見ることを求めて調停まで起こすようになりました。

　他方で，Aは，任意後見監督人である私に対しても，すぐにも任意後見
人を辞任したいと言って，対立するようになりました。

　任意後見監督人は，任意後見人の活動を補助するといっても，任意後見
人に看過し難い問題があるような場合には，敢然と対立し，新たな後見人
の選任も辞さないという強い姿勢が必要になります。

　本件では，A夫妻のノイローゼ状態がひどいと感じられたことから，私
は，Aの弟や妹と母親の面倒を見る方法を検討しようとしましたが，その
時点では，Aの弟や妹からは，任意後見監督人はAの味方であるかのよう
に不満を持たれていたので，話し合うこともできませんでした。

　裁判所とも対応をどうするか検討していましたが，調停が申し立てられ

事例1 親族間に争いのある成年後見事件における成年後見人である弁護士の対応

てから2～3か月後に，状態が変わらないまま，AがAの母親について後見開始の申立てを家庭裁判所にしてしまいました。

(2) 成年後見人としての対応

Aの母親をめぐる親族の状況は以上のとおりだったので，家庭裁判所から後見開始の審判がされ，任意後見契約は終了しました（任意後見契約に関する法律10条3項）。家庭裁判所からは，任意後見監督人であった私に対し，引き続き成年後見人になるよう依頼がされました。

A夫妻は後見開始の申立て後，後見が開始される前に，転勤により東北に引っ越すことを決めてしまい，Aの母親を入居させるグループホームも自分達で決めてしまいました。

その時点では，まだ，任意後見監督人であった私は，Aに対し，医療面でのケアを行っておらず，共同生活を営むことを前提としているグループホームよりも，最後まで看取ってくれる老人ホームを勧めましたが，Aはその意見を聞きませんでした。Aは，自ら身元引受人や連帯保証人になり，母親を自分が選んだグループホームに入居させました。そして，入居させた後は，A夫妻は，転勤により遠方になったことを理由に，ほとんど母親に会いに来なくなり，ノイローゼ状態にあることを理由に，改めて成年後見人に選任された私とも連絡を取らなくなりました。

成年後見人の弁護士は，被後見人と親族関係がない第三者であるため，被後見人のためにできることには限界があり，被後見人にとって充実した後見業務を実現するためには，やはり，親族の協力は不可欠であると考えられます。

そのため，成年後見人である私としては，本件では，Aがグループホームに対し，弟や妹が面談のために施設に来ても，母親とは会わせないように面談を禁止させていたため，グループホームに対し，親族による面談を禁止することは相当でない旨を説得して，Aの弟や妹が母親と面談できるようにしました。

この頃から，徐々に，Aの弟や妹は成年後見人である私に協力をしてくれるようになり，医療行為の同意等で親族の協力が必要になった際には，Aの弟が協力をしてくれるようになりました。結局，Aの弟や妹は月に2

7

第1章　成年後見・財産管理に関する事例

回ほどグループホームを訪問し，母親と面談するようになり，その結果を成年後見人へも情報提供してくれるようになりました。

逆に，Aの弟や妹が母親に面談に来ていることで，Aからグループホームや成年後見人である私に対するクレームが続きました。本件のグループホームは設立して間もない施設で，対応に慣れていなかったこともあり，Aからのクレームに苦慮していました。成年後見人である私は，現在，母親の監護の手助けをしてくれているのはAの弟や妹であり，グループホームとの契約をしたAからの面談させてはいけないというクレームがあっても，無視するしかないと説得しましたが，施設の担当者はストレスを溜め込んでいたようです。

4　実際の解決までの実務

本件では，以上のとおり，親族間の争いが激しい状況で，第三者として成年後見人に選任された弁護士が，いかに被後見人の財産管理及び身上監護を行っていくか苦労した案件でした。任意後見監督人だったときには任意後見人であるAを中心に親族間の対立を調整し，改めて成年後見人に選任されたときには，距離を置いてしまったAの代わりにAの弟や妹を中心に，弁護士が被後見人と親族との関係を保ち，親族間の対立の調整をすることになりました。

(1)　転勤から戻ってきたAとの関係

本件では，成年後見人である私がAの弟や妹の補助を受けながら，何とかAの母親の監護を続けていたところ，数年が経過して，Aが転勤を終えて戻ってきました。Aは，東京に戻ってきても，母親の面談に施設には来ず，逆に，Aの弟や妹が母親を病院に連れていくために施設から連れ出すことを妨害しようとしたり，グループホームに対し連帯保証人を辞任することを求めたりしていました。そのようなことが続いたので，グループホームと成年後見人である私との関係も悪化していきました。

そのような状況の中，グループホームに入居していた母親がグループホーム内で転倒して大腿骨を骨折するという事故が起こりました。母親は，骨折の手術のため入院した後，手術後の治療経過が思わしくなく，老衰が

著しくなり，食事も採れなくなってしまいました。

　グループホームからは，転倒による入院から2か月も経っていないにもかかわらず，経管栄養で対応することとなったAは，施設では面倒を見ることができないと言われました。入院から3か月が経過した時点で，まだ入院中であった母親は，追われるように施設との契約を解除され，荷物を搬出させられました。グループホームとしては，Aの対応に苦労していた上，転倒による入院をめぐって成年後見人である私とも契約解除の可否を争っていましたので，幸いとばかりに退去を決めたのかもしれません。

(2)　入院中の親族の対応

　母親が入院した病院にも，Aは見舞いに来ることはありませんでした。Aの弟や妹が病院に対し身元引受人になり，今まで同様，月に2回ほど病院に見舞いに行き，母親と面談した結果を成年後見人に情報提供してくれました。

　その後，母親は1年間病院での入院生活を続けましたが，老衰が改善することがないまま，最終的には肺炎になって病院で亡くなりました。

(3)　被後見人死亡後の後見人の弁護士の対応

　親族間に争いがある成年後見事件では，被後見人の死亡により，後見が終了しても業務が直ちに終了するわけではありません。成年後見人は，被相続人の死亡後2か月以内に管理の計算をして（民法870条），管理財産を被後見人の相続人に引き継がなければなりませんが，葬儀を誰がどのように行うのか，葬儀費用をどうするのか，成年後見人として預かっていた資料や財産を誰に返還するのか等，成年後見人には悩ましい問題がまだまだ続きます。

　本件でも，Aと弟や妹との対立は，母親の死亡後も続き，Aに対する母親の死亡の連絡は成年後見人を通してしか行われませんでした。葬儀等に関する話合いも行われなかったようです。

　被後見人の死亡は，親族間に争いがある成年後見事件では，遺産分割をめぐる争いのスタートにほかなりません。成年後見人は，遺産分割をめぐる親族間の争いには中立的な立場を維持し，関与しないようにしなければなりません。最近では，親族間の争いが激しく，管理財産の引継ぎが困難

第1章 成年後見・財産管理に関する事例

な案件では，成年後見人が相続財産管理人の選任の申立てをして，相続財産管理人として遺産分割をめぐる争いが解決するまで，財産の管理を続けることも増えているようです。

5 おわりに（本件を振り返って）

本件は，必ずしもうまく対応ができた案件ではありません。親族間の対立が激しい中，何とか成年後見人として業務を遂行し，被後見人が亡くなるまで，大きな問題を起こさずに辿りついた事件です。

親族間に対立が生じる場面としては，被後見人が資産家の場合に，将来の遺産相続を前提に，財産を確保すべく，被後見人を取り合って，法定相続人同士の間で対立が生じることがよくあります。また，先妻の子と後妻の子のように片親が異なる場合に対立が生じたり，跡継ぎである長男とその他の兄弟との間で対立が生じたり，そもそもの生い立ちの過程で兄弟間に対立が生じたりすることもあります。

本件と同様に，高齢となった親の介護をめぐって，誰が介護をすべきか，どのように介護をすべきかについて，親族間で対立が生じることも少なくはありません（そのようなケースでは，介護を押し付けられた親族が精神的負担に耐え切れず，ノイローゼになったり，うつ病になったりしてしまうケースも散見されます。）。

以下，親族間に争いのある成年後見事件における成年後見人である私がとった対応について，いくつかの事例を紹介します。成年後見人である弁護士としては，事件ごとにいろいろな対応が考えられますので，対立が生じた原因を解明し，事件によって，あるいは，本件のように一つの事件でも段階に応じて，各親族との関係をどのように構築するかを十分に検討して，業務を遂行する必要があると思われます。

⑴ **業務に応じて親族間で権限や責任を分担させた例**

駅前の一等地に複数の商業ビルを所有している資産家の成年後見事件で，被後見人が所有物件の賃貸や管理のために不動産管理会社を作り，長男とともに経営していたという事案がありました。長男の下には2人の妹がいましたが，いずれも結婚して家を出ていました。妹たちは，週末や祝日に

10

は，必ず一人暮らしの被後見人を訪問し，生活の面倒を見ていました。この事件では，長男が自分も共同後見人に追加選任するよう争っていたのですが，家庭裁判所はこれを認めませんでした。成年後見人である私は，事業に関することについては長男を補助者として一定の範囲で業務を任せましたが，生活に関することについては妹達にも関与する機会を与えました。成年後見人として私は，両者のバランスを図るために，事業についても，生活についても，一方の独断ができないように親族間で一定のルールを作り，互いに守ってもらいました。

(2) **対立する親族の1人に権限を与える代わりに責任も負わせた例**

夫婦で料理屋を営んでいた資産家の成年後見事件で，被後見人の亡夫が認知症の被後見人の面倒を見ることを条件に自分の姪に遺言で遺産を全部相続させたという事案がありました。姪は自ら後見人として面倒を見るべく後見の開始を申し立てたのですが，死亡直前に作成された遺言の有効性を争って，被後見人の弟が強く反対したことから，第三者の弁護士として私が成年後見人に選任されました。夫婦には子供がいなかったので，法定相続分に応じて被後見人が亡夫の遺産を相続すれば，その遺産は将来妻である被後見人の親族が相続することになるのですが，遺言に従えば全部が亡夫の親族である姪の財産となってしまいます。成年後見人として私は，遺留分減殺請求権を行使して，姪から被後見人に対し相当額の現金を回収する代わりに，それ以外の遺言の効力は認めました。姪は多額の財産を承継することになりましたが，その条件として，被後見人の面倒を見る義務を負い，成年後見人である私の補助者としていろいろな協力をすることを約束してくれました。

(3) **親族が全員後見業務に関与しなかった例**

自宅で一人暮らしをしている認知症の姉について，妹が申し立てた成年後見事件で，一旦は妹が成年後見人として選任されたものの，財産目録や収支計算書を作成しないまま，放置していたため，家庭裁判所が職権で第三者の弁護士である私を共同後見人に選任し，妹には身上監護を，私には財産管理を職務分掌させたという事案がありました（民法859条の2第1項）。その後，使途不明金が見つかるなどしたため，妹は成年後見人を解任され

第1章　成年後見・財産管理に関する事例

ました。妹は成年後見人を解任されたことに腹を立て，他の兄弟に対し，自分は病気で財産目録や収支計算書の作成が遅れていたのであり，共同後見人である私が全ての財産を奪ってしまったと騒ぎ立て，私と妹及びその他の兄弟は対立するようになりました。親族同士が対立する事案ではありませんが，弁護士である成年後見人の私は，親族の協力を得られないまま，新たに裁判所が職権で選任した身上監護を職務分掌する社会福祉士の共同後見人とともに，母親の面倒を見るようになりました。もっとも，その後，妹以外の親族とは話ができるようになり，一定の協力関係を築けるようになりました。

【プライバシー保護のため事例の内容は変えております。】

COLUMN

コラム①
能力が回復した被後見人からの相談

　認知症で後見人が選任された74歳の男性から，後見を取り消してほしいとの相談を受けました。

　男性は，7年前に奥さんに先立たれ，その後血管性認知症を発症しました。

　男性は，5年ほど前に，結婚相談所で知り合った27歳の女性と同居するようになり，その女性の58歳の母を養女とする縁組をしました。

　男性は，高額な物品をその母子に買い与え，心配になった遠縁の男性が弁護士に頼んで，4年前に後見が開始されたそうです。

　後見人の手によって，58歳の女性との縁組は解消され，男性は施設に入居し，27歳の女性から隔離されました。

　その後，男性は，施設から脱走し，自宅で不自由な生活をしているところに，今の奥さんと知り合い同居を始め，半年ほど前に婚姻届を提出しました。

　事情聴取は御夫婦同席で行いました。

　御主人は，私との受け答えも，ほぼ普通にでき，趣味のオーディオや音楽鑑賞の話で盛り上がりました。

事例1　親族間に争いのある成年後見事件における成年後見人である弁護士の対応

　現在は，夫婦で仲良くやっていて，御主人は一人で電車に乗って買い物に行くし，夫婦で海外に旅行にも行きたいが，後見人が付いているので生活費が制限されていたりして，何をするにも不自由で仕方ない，とのことでした。

　後見人は，弁護士，身の回りを世話する団体，その団体の代表者の妻の3人がなっていて，彼らは何もしないのに御主人の資産から毎月報酬として多額のお金を引き出している状況でした。

　現金がなくなると，御主人の不動産を次々に売却して費用に充て，本人は後見人の資産処分に不満を持っていました。

　御夫婦は，もう後見人はいらないので，後見を取り消して自由になりたいが，後見人の弁護士に言っても，取り合ってくれないので，何とかしてほしい，とのことでした。

　お二人は，後見人たちが自分たちを「食い物」にしていると，大変不満を持っていて，後見人を呼び捨てにし，後見人の弁護士も訴えてほしいとまで話していました。

　私は，被後見人である御主人から委任を受け，診断書等を揃えて後見取消しの申立てをし，家庭裁判所は，後見を取り消す決定をしましたが，能力に不十分なところがあるとされ，結局保佐相当ということで，保佐人が選任されることになりました。

　御夫婦は，制約も少なくなったし，保佐人に選任された弁護士は，大変丁寧に対応してくれると喜んでいました。

　ただ，御夫婦は，後見人だった弁護士を許せない，懲戒にできないか，苦しんだ分の損害賠償をさせられないかと盛んに言ってこられました。

　私から見ても，後見人の弁護士も御主人の能力が回復していることは分かっていたのに自らの地位に胡座をかいて御主人に対する制約を少なくする対応を怠っていたのは，重大な人権侵害があったと考え，懲戒事由に当たる可能性が高いと思いました。

　ただ，私自身，懲戒の申立てをするのは気が進まず，奥さんに懲戒申立ての手続を説明するだけに止めました。

　しばらくして，現在の状況に満足されたのか，御夫婦は，後見人だった弁護士への憤りも解消したようで，懲戒の話は立ち消えになってしまったようでした。

　後見人弁護士と被後見人との関係について考えさせられる事件でした。

13

第1章　成年後見・財産管理に関する事例

事例2　親族間対立の激しい成年後見事務の留意点

成年被後見人である高齢の親の財産管理や監護の在り方をめぐって激しく対立する推定相続人らに対し，弁護士成年後見人として調整を図るとともに，成年被後見人死亡後の財産引渡しについて慎重な対応を要した事例

●概要図

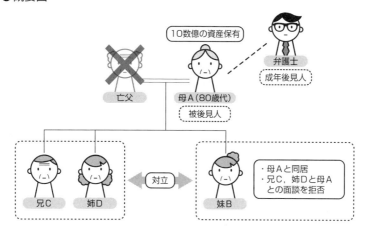

はじめに

　高齢者が成年被後見人となる成年後見事件では，推定相続人間に相互不信や意見対立があるために，親族ではなく弁護士が成年後見人に選任されるケースが一定数存在します。そのようなケースでは，成年被後見人の身上監護や財産管理をめぐって推定相続人間の対立が深刻化し，ときに相続の前哨戦のような紛争にまで発展する場合があります。

　ここでは，資産家である母について成年後見開始の審判を申し立てた同居の娘と他の兄弟姉妹が激しく対立し，その調整に困難を生じた事例を紹介しながら，弁護士が成年後見事務を遂行する際に留意した点などをご説明します。

なお，以下においては，成年被後見人を被後見人，成年後見人を後見人，成年後見監督人を後見監督人と略称します。

1 事例の概要

(1) 後見人就任までの経緯

被後見人Aは申立て当時80歳代半ばになる資産家の未亡人です。認知症に罹患し，判断能力が衰えてきたことから，Aの末の娘B（50歳代）が家庭裁判所に後見開始の審判を申し立てました。これに対して，以前からBと不仲であったBの兄Cと姉D（ともに60歳代）は，Aの判断能力がまだ失われていないとして，申立ての却下を求めました。家庭裁判所は，Aに対して後見開始の審判を行いましたが，Bが推薦した弁護士ではなく，第三者である弁護士を後見人に選任しました。なお，当時（平成16年頃）は，被後見人に一定規模の財産があれば必ず後見監督人を選任するとの取扱いがなされていなかったため，後見監督人は選任されませんでした。

(2) Aの資産

Aの夫は上場企業の創業者一族の出身であり，グループ企業の株式を含む多数の有価証券を保有していました。Aは10数年前に死亡した亡夫からそれらの有価証券の一部のほか，まとまった額の現預金と，1，2階部分に自己が居住し，3，4階は賃貸可能な4階建ての区分所有建物（東京都渋谷区所在）と別荘2棟（静岡県熱海市，山梨県南都留郡所在），さらには複数の収益物件などを相続し，総額で約10数億円の資産を保有していました。なお，Bら推定相続人も，それぞれAの夫（亡父）から自宅に隣接する駐車場の持分（各3分の1）のほか，株式の一部などを相続していました。

このようにAの一族はかなりの資産家で相当の財産を保有しており，収益物件に関する契約，保険，修繕等の財産管理業務が日々発生しました。それに加えて，後述のとおり，推定相続人らが一族の財産に対する独特の考え方あるいは習慣のようなものを有していたために，例えば，親族に対する祝い金として推定相続人から贈与を求められた金額が相当か否かで判断に迷うことなどがありました。

第1章　成年後見・財産管理に関する事例

(3)　推定相続人間の不仲の原因

　Aは，夫の死後，4階建ての区分所有建物の1，2階の居宅で住み込みの家政婦に身の回りの世話をしてもらいながら生活していました。推定相続人であるAの子らのうち同建物の3階に住んでいたB家族はデイサービスの送迎などでAを手伝い，CとDも数か月に1回程度，1，2週間ずつAを自宅に招いて面倒をみるなど，母の世話を分担して行っていました。

　後見開始審判の申立てから数年前のある日，Aの自宅建物の3階に使用貸借で居住していたBが，Aの体力と判断能力の衰え，転倒などの危険防止を理由に，突如A宅の2階部分（1階と内廊下で繋がっている）に引っ越し，ヘルパーを雇って1階に居住するAの身の回りの世話を始めました。

　Bの家族は，Aと同居し，ヘルパーの助けも借りながら，Aの入浴や食事，外出時の付き添い，デイサービスへの送迎などを行うようになりましたが，まもなく月数回のペースで高齢者施設にAをショートステイで宿泊させるようになりました。そして，CとDがAに面談しようとして自宅や施設を訪れても何かと理由を付けて面談を拒むようになりました。そのため，CとDは，BがAを抱え込んでBに有利な遺言を作成させるように仕向けたり，将来の遺産分割時にAの自宅建物を相続しようと企んでいるなどとBに不信感を抱くようになりました。

　このような状況で，BがCとDに何の相談もなくAの後見開始審判の申立てを行ったことから，CとDはこれを争い，結果として第三者である弁護士が後見人に選任されました。

本事案のポイント

　①　推定相続人間に成年被後見人をめぐる感情的な対立とともに，法律的にも将来の相続を見据えた潜在的な利害対立が存在する。

　②　推定相続人の1人による被後見人との同居が推定相続人間の対立の原因となり財産管理と生活・療養看護の両面に影響を及ぼしている。

　③　被後見人が施設に入居すれば親族との同居は解消されるが，本人

の希望や認知症の進行予防の観点からそれが望ましいのかどうか判断が難しい。

④　各推定相続人からお互いへの非難や推定相続人間の意見調整を求める要望が頻繁になされた場合の後見人のあるべき対応。

⑤　財産管理業務における被後見人一族の財産に対する独特な考え方への対処法。

2　就任に際しての注意点

⑴　後見人の本来業務と親族間調整

　後見人には，善良なる管理者としての注意のもと（民法869条，644条），被後見人の生活，療養看護（以下「身上監護」といいます。）と財産管理に関する事務を行い，被後見人を代理する責任と権限が与えられています（民法858条，859条）。これに対して，被後見人の親族間の利害や意見対立の調整は，後見人の本来の職務ではありません。そのため，後見人がむやみに被後見人の親族間の対立に介入することは慎むべきです。

　しかし，現実には，被後見人の親族は，様々な場面で後見人に対して自分たちの都合や感情を押しつけ，対応を求めてくることがあります。それを後見人の職務の範囲外だからと放置したのでは，親族間の対立を一層こじれさせ，後見人の円滑な事務遂行を阻害し，被後見人の心身の状態や生活状況に好ましくない影響を与えかねません。そのため，後見人には，被後見人の親族と適切な信頼関係を築き，後見事務を円滑に遂行できる体制を整える努力が必要と考えられます。

⑵　財産管理

　後見人は，就任後，遅滞なく被後見人の財産の調査に着手し，一か月以内にその調査を終えて財産目録を作成しなければなりません（民法853条本文）。後見人の候補者は，就任前に申立記録を閲覧，謄写することができれば，財産目録等から被後見人の財産や収支状況をある程度は把握することができますが，過去の財産処分や維持管理の方針，被後見人の意向，財

産に関する紛争の有無等の財産管理に役立つ情報は，就任後に関係者からのヒアリング等の調査をすることで初めて明らかになることが通常です。

被後見人の財産が多額かつ財産の種類も多様であることが予想されるケースでは，財産調査に予想外の時間や手間がかかる場合があるため，就任後は機動的な調査を行うことができるように，スケジュールに余裕を持たせておき，被後見人との面談，親族を始めとする被後見人の関係者からの財産の引渡しと事情聴取，顧問税理士や不動産管理会社等の財産管理に携わってきた関係者との面談等を速やかに実施できるようにしておきたいところです。

なお，結果的に本件では問題になりませんでしたが，後見人は，財産調査や親族との面談の過程で被後見人の遺言書を入手する可能性があり，遺言書の内容を確認するべきか否かについて検討を要する場合があります。

例えば，被後見人の遺言書に財産目録が含まれていれば被後見人の財産の把握に役立つ可能性がありますし，遺言に特定の預金債権を推定相続人や第三者に遺贈する等の文言が含まれている場合には，後見人が（後見制度支援信託を利用するなどの目的で）当該預金債権を解約することの是非を判断する際の材料にもなります。また，被後見人の死後に財産を引き渡す相手を判断するために，遺言執行者の指定や包括受遺者の存否を確認することが必要な場合もあります。そのため，後見人が被後見人の遺言書を発見したときは，封印された自筆証書で検認のために現状のまま保存しておかなければならない等の事情のない限り，閲覧することは問題ないと考えられますが，その遺言書が法的に有効なものかどうかは分かりませんので，財産管理において遺言内容をどの程度斟酌するかは事案によります。

この点について，「成年後見マニュアル（第3版）」（第一東京弁護士会成年後見センターしんらい編，32頁）においては，「後見人が，被後見人の遺言を探索する義務はありません。後見業務を行う中で，被後見人の遺言の存在を知った場合は，被後見人の遺言に現れた意思の実現を妨げる処分はなるべく避けるべきです。」とされています。

(3) **身上監護**

上記のとおり，被後見人の身上監護は後見事務の重要な一部であり，後

事例2　親族間対立の激しい成年後見事務の留意点

見人は被後見人の置かれている状況に応じて，適切な対応が求められます。本件のように，被後見人が推定相続人と同居していて，他の推定相続人がそれを好ましく思っていない場合には，お互いへの不信や不満が後見人や後見監督人，さらには家庭裁判所等へのクレームや過剰要求に繋がるおそれがあるだけでなく，被後見人の生活の平穏や心身の健康を乱す事態に至るおそれもあります。後見人は，就任後早い段階で，推定相続人やその家族ら関係者との面談等を通じ，相互の人間関係や過去の経緯等の把握に務め，そのような事態を回避できるように留意する必要があるでしょう。

3 本件における問題点の考察

(1) 財産管理で検討を要した点

　Aの一族がかなりの資産家であることは上述したとおりです。A，B，C，Dは，長年資産家の妻や子としての生活を送ってきていますので，Aが被後見人になったからといって，これまでの生活習慣や親族の付き合い方を急に変えられるものでもありません。そういったいわば一族の習わしをどこまで後見事務の遂行時に斟酌するべきか，後見人として判断に迷うケースがありましたので，いくつかご紹介します。

ア　親族と共有名義の不動産の固定資産税・火災保険料の負担

　　Aは，子であるC，Dの居宅の土地建物の所有権をC，Dと持分2分の1ずつ共有し，Aの邸宅の庭部分の所有権をB，C，Dと持分4分の1ずつ共有していました。これらの不動産の固定資産税は成年後見開始以前からA（Aの亡夫が生存中は亡夫）が全額負担していました。また，建物の火災保険料もA（亡夫）が全額負担していました。後見開始後，これらの税金や保険料をAの財産から支出してよいものかを検討し，家庭裁判所にも相談した結果，Aの一族の方針を尊重し，従前どおり処理することにしました。

　　どうやらAの一族の感覚では，成年後見人として我々が預かっている財産はAの名義ではあるものの，A固有の財産ではなく子や孫も含めた一族の共有財産と認識されているようでした。一族の共有財産なのだから一族のために使うのは当然ということになります。この理屈が理解で

19

第1章　成年後見・財産管理に関する事例

きてからは，B，C，DからAの財産からの支出を要求される経費に関してある種統一的な処理が可能になり，費用負担をめぐる親族間の無用な対立を回避することができるようになりました。

イ　Bに対する介護報酬及び経費の支払

前述のとおり，Bは当初Aの邸宅のある区分所有建物の3階部分に家族と生活していましたが，ある時期からC，Dに無断で2階に引っ越してAと同居を始め，もともと雇っていた家政婦や新たに雇い入れたヘルパーとともに，食事や排泄の世話，庭での日光浴，入浴の介助，徘徊しないための見守り，通所介護施設への送迎，施設利用契約の段取り，邸宅内の手すりの設置や介護ベッドのレンタル，ケアマネージャーとの打合せ，要介護認定の申請，美容室への付添いなど，Aの生活を支援するようになり，Aに後見人が選任された後もそれは続きました。

これらのBのAに対する生活支援について，Bから毎月20万円から30万円程度の立替費用（食事の材料費，ヘアサロンの料金，新聞代，外食した際の食事代，一緒に別荘に遊びに行った際の交通費など）の請求がなされるとともに，これらの生活支援に対する報酬についても請求がありました。

親族に対する介護報酬の支払については，親族間の扶養義務（民法877条）の範囲を超える程度の介護実態が認められれば，後見人の裁量で支払うことが可能と考えられています。そこで，本件においては，Aが入居介護施設でのショートステイを月に8泊から10泊程度，デイサービスも週3日ほど利用しており，終日自宅で過ごすのは月に10日間ほどであること，ヘルパーとお手伝いも毎日通って来ていることを考慮した上で，Bの貢献内容からみて過大ではなく，Bが不満に思わず，Aの財産から無理なく継続的に支払っていくことができる金額ということで，毎月10万円の介護報酬を支払うことにしました。

なお，立替費用の関係で若干問題になったこととして，次の点がありました。Bは年に数回，家族旅行を兼ねてAを連れてAの別荘を訪れていましたが，Bはこの旅行代金のうちAにかかる費用だけでなく，Aの別荘滞在時のデイサービス利用料金まで経費として請求してきました。

事例2　親族間対立の激しい成年後見事務の留意点

Aを別荘にわざわざ連れて行っておきながらデイサービスを利用させることについて，疑問に感じなかったわけではないですが，Bからはデイサービスの利用日であっても朝晩はBの子や孫と触れ合って楽しそうに過ごしていると報告を受け，写真などでも確認できたことから，Aにとっても望ましいことと判断し，これも経費として認めていました。

ウ　親族への贈与（多額の祝い金）

Aの一族では，子や孫が結婚したときは，まとまった額の祝い金を贈る習慣がありました。お祝いを贈ること自体は一般的なことですが，祝い金の額が高級セダン1台分くらいの金額であったことから，成年後見開始後，Aの孫が結婚した際に従前どおりの額を子に贈与してもよいものか，贈与するとした場合に，対立関係にある推定相続人の一部から後に不適切な財産管理だったというような指摘を受けないためには，どういう点を調査して記録に残しておくべきかという点が問題になりました。

このときは，以前に別の孫が結婚したときにもAが同額のお祝い金を贈った事実があることを当該孫からの書面とB，C，Dからのヒアリングで確認し，今回同額のお祝い金を贈ることについて異存ない旨の意見を聴取して記録に残すことができたため，家庭裁判所にも事前に相談した上で，従前と同額のお祝い金を贈ることになりました。それが被後見人の合理的意思に合致すると判断したわけです。

この点について，前掲「成年後見マニュアル（第3版）」（28頁）では，後見人の被後見人に対する忠実義務（民法858条）の観点から，被後見人の親族に対する金銭貸付又は親族や第三者への贈与は「原則として避けるべき」であり，「例外的に客観的に被後見人の意思が確認でき，許容される場合もある」が，「その場合も慎重に判断し，家庭裁判所や後見監督人に指導を仰いだ上で行うのが好ましい」と解説されています。

エ　他人への謝礼，寄付等

ウは親族に対する贈与の事例でしたが，本件では親族以外の者に対する贈与や寄付についても検討を要することがありました。

BとDは，かつてAやAの亡夫がお世話になったという人物やかつて雇っていたメイド，知人などに対して，Aの名前を使ってお中元やお歳

21

第1章　成年後見・財産管理に関する事例

暮，心付け等として数万円程度の金品を贈り，後日になって，後見人に
立替金として支払を請求してくることがありました。BとCに事情を聞
くと，過去に父や母がお世話になった方で，これまでも贈ってきたもの
だから継続するのが礼儀だし，Aの意思にも添うはずだということでし
た。これらについては，BやDが贈りたいのであれば自分の名前と費用
で贈るように伝えて拒絶することもできましたが，Aの意思や利益に反
するとまでは言えず，Cも同様の意見でしたので，付き合いの範疇とし
て社会通念上許容されると判断し，立替金としての費用精算を認めまし
た。

　また，Bからは，Aの名前で宗教団体に寄付をしたとして，やはり事
後的に数十万円の立替金の精算を求められるということもありました。
Bの説明によれば，AとBはこの宗教の信者であって，例年決まった時
期にAの名前で寄付をしてきた経緯があり，Aは宗教施設に通えなく
なった現在でもその宗教に信仰心を抱いているので，寄付を続けること
が本人の意思にも適うということでした。これについては，その宗教の
信者ではない他の推定相続人からの反発が考えられましたが，過去の資
料等からA名義で寄付を行ってきた事実が認められたことから，Aの合
理的意思に合致するものと判断し，寄付の継続を認めることとしました。

オ　邸宅・別荘の修繕，隣地工事による瓦の破損事故，耐震診断

　　Aの邸宅は，築45年以上を経過した旧耐震基準の区分建物で，1階は
Aの自宅，1階と通じる2階はB家族の居宅，3階はかつてB家族も居
住していたことのある収益物件でした。また，富士の湖畔と温泉地に別
荘を1つずつ保有していました。

　　どれも古い建物ですので，維持管理や修繕に毎年百万円単位の費用が
掛かっていました。修繕等の工事のほとんどがAと同居するBの発案に
基づくもので，多くの場合はAの生活環境を良好かつ安全に保ち，建物
の財産価値を維持するために必要と判断して実施しましたが，必要性と
緊急性が明確でない工事については延期し，又は内容を変更することも
ありました。

　　この邸宅については，隣地で大規模なビルの解体工事が行われた際に，

22

瓦が破損して落下するという事故が発生したことがありました。幸いけが人などはおらず，大事には至りませんでしたが，その後の調査で，落下を免れた瓦も留め具の劣化が激しく，いつ落下してもおかしくない状況だったことが判明しました。万一落下した瓦でAやBの家族らがけがでもしていたら，成年後見人として財産管理上の責任（善管注意義務違反）を問われかねない事態でしたが，直ちに瓦の撤去工事を行って対処することで事なきを得ました。

後日，自治体が耐震診断の費用を一部補助する制度（当時）を利用して邸宅の簡易耐震診断を行ったところ，直ちに倒壊する危険はないものの，現行の耐震基準に照らすと強度が相当程度不足しているとの判定結果が出ました。

そのため，そのような建物にAやB家族を今後も居住させていてよいのかという問題が次に浮上しました。専門業者に見積りを依頼したところ，補強工事には数千万円の費用が掛かるとのことでした。CとDは，以前からAを月に何度もショートステイに預けることに反対しており，これを期にAを高齢者施設に入居させるように強く求めてきましたが，BはAの判断能力があったころの希望により自宅で最後を迎えさせたいと言って譲らず，自らも邸宅から引っ越すことには否定的でした。

それから間もなくAが亡くなったことで，この問題は結論を出すには至りませんでしたが，Bが邸宅に住み続けているのを快く思っていなかったC，Dと，Aとともに邸宅に居住を続けることを望んでいたBとが対立し，成年後見人として難しい判断を迫られる局面になるところでした。

カ　不良資産としての賃貸不動産の管理

Aはこの邸宅と別荘のほかにいくつもの賃貸不動産を保有していました。それらのほとんどがAの亡夫が大昔に知人から購入を求められて付き合いで取得したものだったらしく，維持管理に費用と手間の掛かる不良資産と言ってもよいものでした。例を挙げると，郊外のエレベータのない3階建ての狭小ビル，築30年以上も経過した分譲マンションの一室，風俗店やファッションホテルが隣接するエリアのワンルームマンション

第1章　成年後見・財産管理に関する事例

といった具合です。

　経常的に経費が収入を上回るような赤字物件であれば，早々に売却すればよいのでしょうが，これらの物件はまともな賃借人が付いてきちんと賃料を支払ってくれれば若干の利益が見込めるというものが大半でした。そこで，売却はせずに，日常的な維持管理と賃借人の募集業務を大手不動産業者に委託し，後見人としては契約の締結，水漏れ等のクレーム対応，滞納家賃の回収，ときには明渡請求訴訟後の強制執行まで，本来弁護士が代理人として行うべき業務を後見人としての立場で行いました。

キ　ペイオフ対策としての国債の購入

　成年後見人の職務は，被後見人の財産の管理であり，被後見人が後見開始決定以前から保有している投資商品を急激な値下がりによる損失を回避するために売却するなどの理由のない限り，投資商品の売買は控えるべきというのが実務における一般的な考え方です。

　本件は世界的に金融不安が広がった時期と重なっていたことから，Aが銀行の預金口座に保有する数億円の預金のペイオフ対策をどうするべきかが課題でした。当時，個人向け国債は，国が破綻しない限り元本と金利が保証され，一定の解約手数料を支払えば償還期間にかかわらず解約できることから，安全性の高い資産とされていましたので，家庭裁判所とも相談した上で，預金の半分を使って個人向け国債を購入することにしました。

　ただ，国債は購入当初一定期間内に解約すると元本割れが生じることもあるとの指摘もあるところですので，購入を検討する際は償還期間や金利等の条件を含め，慎重に考える必要があるでしょう（前掲「成年後見マニュアル（第3版）」31頁ほか）。

　なお，Aは預金のほかにも上場会社の株式などの有価証券を保有していましたが，後見人としてこれらを売買することはありませんでした。

(2)　**身上監護に関して検討を要した点**

　本事例のように，親族間に争いがあるために弁護士が成年後見人に選任されたケースでは，ある親族にとって成年後見人は煙たい存在であり，他

24

事例２　親族間対立の激しい成年後見事務の留意点

の親族にとっては親族間の争いを優位にするために味方にしたい存在です。しかし，成年後見人としては，特定の親族に肩入れすることも敵対することもできず，公平に接することしかできません。ところが，実際にやってみると，公平に接するという単純なことが，想像以上に骨の折れる作業となることが度々ありました。

　本事例では，被後見人の推定相続人から成年後見人の事務所だけでなく，家庭裁判所にまで，幾度となく苦情の電話やFAXが入りました。その内容は，推定相続人と成年被後見人との面談が阻害されているのに放置している，成年後見人が一部の推定相続人に肩入れして他の推定相続人をないがしろにしている，財産の管理状況を開示しない，無用な修繕をするなど財産管理に落ち度がある，報酬額を開示しない，施設に入居させるほうが成年被後見人のためになるのにそれをしない，成年後見人としての適格性を有しないといったことでした。

　そのようなことが起きる度に，筆者は，電話，FAX，手紙，面談，家族への伝言など，そのときどきに最適と思われるコミュニケーション手段を駆使し，関係者との意思疎通を図ることで，なんとか困難を乗り越えてきました。

　本事例でもっとも悩ましかったのは，Aに自宅での生活を続けさせるのがよいか，施設に入居させるのがよいかという点でした。Bが同居して介護しているとはいえ，Aが自宅で生活するためにはショートステイやデイサービスを高い頻度で利用しなければならず，1か月の生活に50万円以上の経費が恒常的に掛かっていました。それだけの経費を掛けるのであれば，入居一時金を支払ってでも24時間介護付きの施設に入居させたほうがいいのではないかというのがCとDの意見でした。

　他方，Bは，Aが施設に入ることにより，BがAと同居して面倒を看る必要がなくなるため，CとDから邸宅から退去することを求められることを懸念しているようで，反対の立場でした。

　成年後見人としては，主治医やケアマネージャーといった専門家の意見も聞いた上で，Aにとって自宅と施設のどちらがよりよい環境なのかを考えるべきであり，本来B，C，Dの意見や利害は二の次ですが，冒頭でも

25

第1章　成年後見・財産管理に関する事例

触れたとおり，親族との信頼関係を維持することはＡの生活にとっても重要な意味があり，親族の意向を無視するわけにはいかないというのが筆者の意見です。

　時間を掛けて様々な事情を総合的に検討し，主治医の意見等も考慮した結果，Ａが自宅で公的な介護サービスを利用して生活できているのであれば，寝たきりなどにならない限り，無理に環境を変える必要はないだろうとの結論に至りました。

　ＣとＤは，Ｂに自宅やショートステイ先でのＡとの面談を事実上制限されていたということもあり，Ａが子と自由に会えない状況にあるのは，被後見人の意思の尊重と身上の配慮という面では問題があるのではないかと，抗議とも苦情とも取れるような意見を述べてきましたが，被後見人との面談の調整は親族間で行っていただくべきことですので，ＣとＤには不仲だからといって成年後見人に調整を依頼するのは筋が違うということを説明し，ＢにはＣとＤからＡとの面談の機会を増やしてほしいとの要望があったということを伝えて，Ｂ，Ｃ，Ｄ間による話合いを求めました。

　このように，成年後見事務は，被後見人の財産管理と身上監護という日々の職務上の判断に，親族との関係が複雑に絡み合ってきます。親族の意向を無視するのでなく，また引きずられるでもなく，成年後見人としての職責を全うすることは容易なことではありませんが，乗り越えなければならない課題と言えます。

(3)　Ａの死後の財産引渡し

　最後に，Ａの死後，感情的に対立する相続人にどのように財産を引き渡したかを簡単に説明して，本事例の紹介を終えたいと思います。

　Ａの葬儀が執り行われた数日後，Ｂ，Ｃ，Ｄを含む相続人全員に手紙を出しました。その内容は，Ａの死亡後２か月以内の特定の日時を財産引渡日に指定した上で，その日時までに弁護士宛ての相続財産引渡依頼書に相続人代表者の氏名を記入して相続人全員が署名捺印して提出してほしい，代表者に指定された者に財産を引き渡す，万一期日までに同依頼書の提出がないときは弁護士が各相続人から意見を聞いた上で任意に引渡相手を定めて財産を引き渡す，期日までに遺産分割協議書が提出されたとき，又は

家庭裁判所によって相続財産管理人が選任されたときはそれに従って相続財産を引き渡す，というものでした。

　財産引渡日までに相続人代表者が決まらない場合には任意に定めた相手に引き渡すとしたのは，相続人間で話し合ってもらうことを意図してのことでした。結果として，Aの相続人らは，弁護士の思惑どおり，話合いの上でDを相続人代表者として指定し，指定の財産引渡日に全員で弁護士の事務所に現れました。そして，相続人全員がそれぞれ財産目録を確認し，全員で財産を受け取って帰っていきました。

【プライバシー保護のため事例の内容は変えております。】

第1章　成年後見・財産管理に関する事例

COLUMN
コラム②
成年後見人を選任すれば全て解決？？
～成年後見人の職務～

　90歳のお父さんに成年後見人を付けたいと，二人姉妹のうちの二女から
ご相談を受けました。お話を聞くと，お母さんは既に数年前に他界してい
て，結婚して実家を出ている姉妹は，たまに独居のお父さんをそれぞれが
訪ねて様子を見てきたけれども，最近，どうも長女がお父さんの年金を使
い込んでいるようだ，とのこと。二女が，長女に引き出した年金を何に
使っているのかを尋ねても，長女は何も答えてくれなくて困っている，お
父さんが心配なので成年後見人を付けたい，というご相談でした。

　このご相談を受けて，後見人候補者は裁判所一任の形で申立てをするこ
ととしました。長女は成年後見は大反対であると裁判所に意見を述べるな
どしましたが，数か月後，なんとかお父さんには弁護士の成年後見人が付
されることとなりました。

　この結果に二女は，「これで安心です」とおっしゃっていましたが，二
女はさらに付け加えて，「最近長女が母の7回忌法要をしたらしいが，長
女は私に何も連絡をしてくれなかった。他の親族から法要のことを聞いた
が，事情を知らない親族はなぜ私が出席していなかったのか不思議に思っ
たらしい。私が不義理をしたように思われて，甚だ心外だ。成年後見人が
付いたので，これからは成年後見人から私にちゃんと連絡がくるから安心
だ。」ともおっしゃったのです。

　その場で，成年後見人の職務を十分に説明できていなかったことをお詫
びするとともに，成年後見人は被後見人の財産管理と，身上監護を行うけ
れども，そういった親族間の法事の連絡というようなことまで職務とする
わけではない，ということを説明いたしました。二女は，少し残念そうで
したが，理解していただけました。

　以上は一例ですが，成年後見人を付ければ何もかもやってもらえる，と
いうような過度の期待をお持ちの方も依頼者の中にはいますので，十分な
説明が必要と思います。特に，身上監護の部分では，何をどこまで成年後
見人がするべきかという議論のあるところです。成年後見人ができること，
できないことについては具体例を挙げて説明するのが必要だと痛感した
ケースでした。

28

事例3 後見制度支援信託を利用した事例

家庭裁判所から成年後見人としての選任を受け，後見制度支援信託を利用するとともに居住用マンションを処分し，後任の親族後見人に引き継いだ事例

●概要図

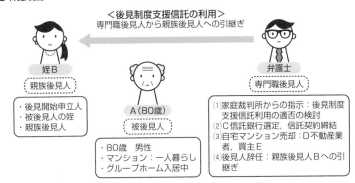

はじめに

　認知症を発症した高齢者の財産管理に関して，まず，法律専門家後見人を選任し，後見制度支援信託を利用し，親族後見人に引き継ぐケースが増えています。また，一人暮らしの高齢者が施設に入所した場合，居住用不動産に関して，どのような場合にその売却が認められるかも問題になります。そこで，後見制度支援信託を利用し，また，その過程で，居住用不動産を売却した事例をご紹介します。

〈事例の概略〉

　Aさんは，80歳の男性です。独身で，子どもはおらず，都内に居住用マンションを所有しており，一人暮らしでした。

　しかし，認知症の発症により，一人暮らしが困難となってしまったため，姪であるBさんの協力で，グループホームに入所しました。

　今後，適切な介護体制が続けられるようにと，Bさんが成年後見の申請

第 1 章　成年後見・財産管理に関する事例

をし，裁判所の調査を経て，Ａさんにまとまった財産があることから，裁判所から弁護士に対し成年後見人候補者の受任打診があったものです。

本事案のポイント

① 成年後見人の選任，職務。

② 成年被後見人の財産・収支状況の調査，財産目録の作成等。

③ 後見制度支援信託の利用の適否の検討。

④ 信託財産額等の設定・利用信託銀行の選定と信託契約締結。

⑤ 居住用マンション売却処分の検討・裁判所の処分許可申立て，許可審判受け実行。

⑥ 成年後見人辞任の審判申立て・後任の親族後見人選任の審判申立て。

⑦ 親族後見人への財産の引継ぎ。

---

1 成年後見人の選任・職務

⑴ 選任の経緯について

ア　受任の打診・記録の閲覧について

　３月のある日，東京家庭裁判所の後見センターの書記官から，事務所に電話連絡があり，成年後見人候補者として受任の打診がありました。

　事例の概要を聞くと，後見制度支援信託の利用の適否とのことでした。

　そこで，審判記録を閲覧して，受任の諾否を回答する旨を伝えました。

　受任にあたっては，利益相反の有無をはじめ事案の問題点などを把握するため，受任前に審判記録を閲覧することは不可欠です。審判記録には，申立書と添付書類，家庭裁判所の関係者への照会書，調査官の調査報告書，医師の鑑定書等が綴られています。そして，受任の諾否のために必要であると言えば，審判開始前でも後見人候補者に記録の閲覧が事実上認められています。今後の後見事務の遂行に不可欠な情報が記載されていますので，是非審判記録を閲覧すべきです。

イ 事例の概要について

　家庭裁判所に行き，審判記録の閲覧をしました。

　被後見人となるＡさんは，80歳の男性で，都内のマンションに一人暮らしで，１月から，グループホームに入所しているとのこと，また，親族については，独身で子供はなく，兄弟姉妹が４名いましたが，今は皆亡くなり，甥と姪が６名いること，そして，姪のＢさんが，成年後見の申請をしたとのことでした。

　なお，審判記録の閲覧においては，親族が後見人になることを希望しながら，第三者が後見人に選任される場合，親族間に争いがある場合がほとんどですが，調査報告書に事情が記載されていますので，特に注意し，親族間の対立を頭に入れておく必要があります。

　本件においては，親族間の対立などの事情は存しないようでした。

ウ 受任の諾否の回答について

　受任を希望することにし，家庭裁判所に住民票を提出しました。

　審判書及び後見登記には，原則として後見人の自宅住所が記載されます。後見人選任後に対立することが予想される親族に自宅住所を知られたくないなどの事情がある場合には，専門職後見人については，上申書を提出し，事務所所在地を審判書及び後見登記上の住所の記載とすることができます。また，専門職後見人が，職務上，通称を使用している場合（婚姻前の氏を使用している場合等），審判書には，通称と戸籍上の氏名が併記されますが，後見登記には，戸籍上の氏名が記載されます。

　本件においては，親族間の対立などの事情が見当たらないため，あえて事務所所在地の記載を求めることはしませんでした。

エ 審判書・指示書等の送付

　桜が花開いた３月の末日，家庭裁判所から「後見開始の審判書」が届きました。

　「審判書」とともに，「指示書」「事務連絡」が届きました。

　「指示書」は，後見制度支援信託の利用の検討の指示と留意点が記載されていました。

　「事務連絡」には，指示書の内容が具体的に記載されていました。

第1章 成年後見・財産管理に関する事例

これらと一緒に，リーフレット「後見制度において利用する信託の概要」及びガイドライン「専門職後見人の職務について」が同封されていました。

なお，後見開始審判は即時抗告できますので，確定しないと効力が生じませんから，後見人としての職務の開始は，2週間の即時抗告期間の経過を待つことになります。

オ　登記番号の通知，後見登記事項証明書について

後見開始の審判が確定すると，書記官が後見登記を嘱託し，後見登記が完了すると，登記年月日，登記番号を記載した登記番号通知書が後見人に届きます。

不動産の処分や預金口座の開設その他後見事務の多くの場面で，後見登記事項証明書が必要となります。後見登記事項証明書は，東京法務局後見登記課において取り寄せることができます。

なお，後見登記が完了する前，預金口座を開設する必要がある場合，後見開始審判書及び審判確定証明書で代用することができます。

(2) **後見人の職務：選任後に処理すべき事項について**

ポイント

① 申立人との面会，預貯金等財産の引継ぎ。
② 被後見人との面会。
③ 各種機関への届出等。
④ 財産管理。
⑤ 身上監護。

ア　申立人との面会及び預貯金等財産の引継ぎについて

審判確定後直ちに，申立人であるBさんに電話連絡し，10日後に，事務所にて，打ち合わせを行うことにしました。また，打ち合わせの時に，Bさんが保管しているAさんの預貯金通帳，カード，印鑑等を持ってきてもらうように話しました。

そして，10日後，事務所にて，Bさんと打ち合わせを行いました。

32

成年後見制度について，また，特に後見制度支援信託制度について，丁寧に説明し，申立人であるBさんとの信頼関係を築くように心がけました。

また，Aさんのマンションの登記済権利証，そして，預貯金通帳，カード，印鑑その他を預かりました。

また，Bさんからは，Aさんの状況について説明を受けました。

Aさんは，健康上特に問題はないものの，80歳を過ぎ，認知症が進み，火の不始末など一人暮らしが心配なので，グループホームに入所させるとともに，成年後見の申立てを行ったとのことでした。

申立人との打ち合わせにおいて，申立人自身・親族が親族後見人を希望していた場合，後見人になれなかったことの不満を後見人にぶつけてくることがあります。時には財産の引渡しを拒否したり，財産調査に協力しない場合もあります。対立関係者に中立の姿勢をとり，被後見人のためにのみ職務を遂行することを心がけ，申立人との信頼関係を築いていけば，次第に後見業務に協力してくれるように変わる場合も多くあります。

親族等被後見人の財産保管者があくまでも協力を拒否する場合，後見人としては，被後見人の財産について引渡訴訟等をせざるを得ないこともあります。

本件では，Bさんは成年後見申立てにあたり，自らが成年後見人になることにはこだわっていませんでしたので，打合せはスムーズに進みました。

また，被後見人が施設に入所している場合，預貯金通帳等を施設管理者が保管していたりする場合には，施設管理者から財産の引継ぎを受けることになります。

後見人にとって，被後見人の財産の引継ぎは，極めて重要な基本的な職務ですので，遺漏なきようにしなければなりません。

イ　被後見人との面会について

Bさんとの打ち合わせの後，1週間後に，Bさんと一緒に，Aさんが入所しているグループホームに面会に行きました。

第1章　成年後見・財産管理に関する事例

　Aさんは，姪であるBさんを信頼している様子で，Bさんと一緒で
あったこともあり，スムーズに面会ができました。成年後見制度につい
て，また，後見制度支援信託を検討することなどについて，そして，そ
の後，親族後見人に引き継ぐ予定であることなどについて，丁寧に説明
しました。

　また，グループホームの所長と担当職員にも，挨拶をし，自分が成年
後見人であることを説明し，Aさんの生活状況，健康状況等を聞きまし
た。そうしたところ，Aさんは，認知症があることから，徘徊の危険性
はあるものの，健康状態は概ね良好で，自分のことは自分でできるとの
ことでした。

　本件のように，被後見人が病院，介護施設等に入所している場合は，
医師その他施設の職員らから被後見人の状況を事前に確認することにな
ります。また被後見人が在宅の場合は，世話をしている親族，ヘルパー，
ケアマネージャー，デイケアセンターの職員らから被後見人の状況を事
前に確認することになります。

　その上で被後見人と面会します。被後見人の不安を和らげるため，日
頃被後見人の世話をみている親族，ケアマネージャー，施設の職員らに
立ち会ってもらい，その人らから紹介してもらう形を取った方がスムー
ズに受け入れてもらえます。被後見人の判断能力，心身の状況を観察し
ながら，意思表明できる場合には，被後見人の希望などを聞くことにな
ります。

(3)　各種機関への届出等について

　銀行取引，保険契約などによっては，後見が開始された旨や成年後見人
の氏名等を金融機関等へ届け出なければならないとされている場合がある
ので，確認することが必要です。

ア　預貯金口座の管理

　後見人にとって，被後見人の預貯金口座の管理が重要になります。

　Aさんは，マンションに住んでいましたので，管理費や共益費が口座
引落しになっていましたし，また，電気代その他の光熱費が口座引落し
になっていました。さらに，グループホームに入所していましたが，入

居費も口座引落しになっていましたので，口座管理には注意が必要でした。

　銀行，信用金庫，信用組合等各金融機関の預金取引約款には，後見開始審判があると，その旨を届け出ることを定めていますので，後見人は金融機関に届出を行うことが必要です。届出の際には，登記事項証明書，後見人の印鑑証明の提出を求められます。金融機関によっては，審判正本の写しを求めるところもあります。後見人選任登記まで時間がかかるので，口座を開設しなければならない緊急の必要がある場合，登記事項証明書に代え，審判書正本，審判確定証明書を提出することになります。

　後見開始の届出をした場合，口座名を被後見人名義のままにしておけるかは金融機関により異なります。被後見人名義で利用できる場合でも，払戻請求書には「Ａ成年後見人Ｘ」と記載し，成年後見人Ｘ本人の届出印を押印することになります。また，取引店以外での取引やキャッシュカードでの取引を認めない金融機関もありますので，事前確認など注意が必要です。

　貸地や貸家などがある場合，賃料振込口座名義や口座番号を変更すると，賃借人に通知しなければならないので，被後見人名義のままの預金口座を引き続き利用する方が便利な場合もあります。

　新規に被後見人名義の預貯金口座を開設する場合，「Ａ成年後見人Ｘ」名義の通帳が発行されます。

　本件においては，Ａさん名義の口座をそのまま利用しました。

イ　郵便物の転送

　郵便局で後見人としての転送を求めても，受け付けられませんので，一人暮らしの被後見人が長期入院し，親族も後見人の郵便物の受領に異議を述べず，合理的なものとして受け入れている場合には，郵便ポストに転送届出はがきを投函して転送を受けているケースも実務上はあります。

　なお，成年後見人が，被後見人の財産・収支状況を正確に把握し，適切な財産管理を行うため，家庭裁判所に回送嘱託の申立てを行い，審判を得ることにより，被後見人宛ての郵便物等の配達（回送）を受けるこ

第1章　成年後見・財産管理に関する事例

とができます（民法860条の2）。

　本件においては，郵便物の回送手続までは行いませんでした。

ウ　役所等への届出

　年金については，「年金受給者　通知書送付先・受取機関・口座名義変更申出書」を提出することにより，後見人の事務所に通知が送付されますし，指定の口座に年金の振込みを受けることができます。

　固定資産税や都道府県民税，市区町村民税については，納税通知書も課税庁に後見人が選任された旨の届出をすれば，後見人事務所に送付されます。

　被後見人について，介護保険の認定手続等が必要になる場合がありますので，市区町村の介護保険課に必要書類の送付先を後見人事務所とするよう届出を行います。

　健康保険被保険証（後期高齢者医療保険証）については，本人確認の必要があるとのことで，転送不可の付記をして被後見人の住所宛てに発送するケースも多いので，役所と送付方法について交渉する必要があります。

　本件においても，これらの届出を迅速に行いました。

エ　その他

　被後見人と契約関係にある相手方（自宅が借家である場合の家主，自宅が借地である場合の地主，被後見人がアパート等を所有し，賃貸している場合の借主，その他）に，後見人が選任されたことを連絡し，契約に関する情報が遺漏なく後見人に届くようにする必要があります。

　病院の支払についても，請求書を後見人の事務所に送付するよう求めれば応じてくれます。

　本件においては，グループホーム関連の支払を後見人事務所に送付してもらっていました。

(4)　**財産管理について**

ア　包括的な財産管理権・代理権について

　後見人は，被後見人の財産を管理し，その財産に関する法律行為について被後見人を代表する権限を持っています（民法859条）。

事例３　後見制度支援信託を利用した事例

また，日用品の購入その他日常生活に関する行為を除く，被後見人の法律行為の取消権も持っています（民法９条）。

イ　管理の基本原則について

後見人は，善良な管理者の注意義務及び被後見人の意思を尊重すべき義務を負っています（民法858条）から，被後見人の利益の観点に十分配慮して職務を行わなければなりません。

預金のペイオフ対策について，金融機関が破綻した場合，預金保険機構から支払われる保険金は1000万円と利息に限られますので，多額の預金がある場合には，ペイオフに備えて預け先を分散する必要があります。

後見人は他人の財産を預かっていますので，管理責任を果たすためには，管理財産について生ずる収入支出を帳簿等に記録し，それを証する領収書等を保管する必要があります。これにより，家庭裁判所への報告書の作成もスムーズにできます。

本件において，Ａさんに関わる支出は，グループホーム関連のほか，病院代や薬代その他がありましたので，領収書等を保管し，その記録を丁寧に行いました。

(5)　**身上監護**について

後見人は，被後見人の生活，療養看護及び財産の管理に関する事務を行うにあたり，被後見人の意思を尊重し，かつ，その心身の状態及び生活の状況に配慮する義務があります（民法858条）。

しかし，後見人は，日常生活の世話・介護という事実行為を行う義務はありません。

本件においては，Ａさんの入所するグループホームで，親身に対応してくれていましたので，後見人として特別な事務を行う必要はありませんでした。

2　後見制度支援信託の利用について

(1)　後見制度支援信託について

後見制度支援信託とは，被後見人の財産のうち，日常的な支払をするのに必要十分な金銭を預貯金等として後見人が管理し，通常使用しない金銭

37

第1章　成年後見・財産管理に関する事例

を信託銀行等に信託する制度です。

　後見制度支援信託を利用すると，信託財産を払戻したり，信託契約を解約するには，家庭裁判所の発行する指示書が必要となります。

　後見制度支援信託は，被後見人の財産の適切な管理，利用のための方法の一つです。

　財産を信託する信託銀行をどこにするか，信託財産の額をいくらにするかなどについては，原則として弁護士，司法書士等の専門職後見人が，被後見人に代わって決めた上で，家庭裁判所の指示を受けて，信託銀行等との間で信託契約を締結します。

⑵　**専門職後見人の職務：後見制度支援信託の利用の適否の検討について**

　後見人は，後見制度支援信託の利用の適否について検討し，家庭裁判所に報告書を提出することになります。

　家庭裁判所からの「指示書」には，親族後見人等の協力を得ながら被後見人の財産状況の調査を行い，財産目録及び収支予定表を作成し，5月31日までに，後見係に提出するようにとの指示がありました。

ア　財産目録の作成・添付資料について

　Aさんは，マンションを所有し，また，ゆうちょ銀行の貯金を含め5つの金融機関に口座を持っていて，合計残高が数千万円でした。

　また，Bさんが，成年後見開始までにAさんのために立て替えていた医療費や生活費等がありましたので，これを負債としました。

　そして，不動産や預貯金・現金，また，負債について，5月31日現在の財産目録を作成しました。

　添付資料として，マンションについて，不動産登記簿の全部事項証明書，固定資産評価証明書，そして，預貯金について，通帳の表紙及び申立時以降財産目録作成時までの記帳分のページの写しを提出しました。

　通帳については，最新の内容となるよう，作成前に必ず記帳すべきです。

イ　年間収支予定表の作成について

　Aさんの財産状況を踏まえ，将来の生活設計を見据え，年額による年間収支予定表を作成しました。

　Aさんの収入としては，厚生年金と国民年金がありました。

事例3　後見制度支援信託を利用した事例

　支出としては，生活費，医療費，マンションの管理費，住民税・所得税，介護保険料・後期高齢者医療保険料，そして，グループホーム入居料などでした。

　収支が赤字になる場合は，対処方針を記載することになります。Aさんの場合，収入が年金だけでしたので，収支が赤字になることから，不足分について，普通預金と定期預金の解約で補う予定であること，また，Aさんが現在グループホームに入居中であり，自宅マンションに戻ることが困難であることから，管理費・光熱費等の支出の点からも自宅マンションの売却を検討したい旨を記載しました（自宅マンションの売却については，後に説明します。）。

　被後見人の生活，療養看護のために必要な将来の見通しを立てることが困難な場合もあるので，収支予定表は暫定的なものでもよいと思います。

　なお，通常の後見人の場合は，遅滞なく被後見人の財産調査に着手し，1か月以内に，その調査を終わり，財産目録を作成し，家庭裁判所に提出しなければなりません（民法853条1項本文）。財産が多数ある被後見人につき，被後見人の財産の管理をしていた親族が調査に協力しない場合など，1か月以内に財産目録を作成できない場合があると思われますが，提出期限までに判明している範囲で財産目録を作成し，提出期限内に提出すべきです。その後に新たな資産が発見された場合には，追加の財産目録を提出することができます。

　後見監督人がいるときは，その立会いをもって財産調査，目録を作成することになります（民法853条2項）。

　本件においては，「指示書」指定の期日までに，財産目録及び収支予定表の作成・提出をすることができました。

(3)　後見制度支援信託の利用の適否についての検討について

　財産目録や年間収支予定表の作成を通じて把握した財産状況を踏まえて，Aさんについて，後見制度支援信託の利用の適否について検討しました。

　Aさんの場合，後見制度支援信託の利用について，数千万円の預貯金があり，また，グループホームに入居しており，健康面でも特に問題なく，

第 1 章　成年後見・財産管理に関する事例

そして，Ｂさんら親族も協力的で，後見制度支援信託を理解していること
などから，特段障害となる事由等は認められませんでした。

　なお，家庭裁判所から，以下のような後見制度支援信託の利用に適さな
い事案の例と，留意事項が挙げられています。

ア　後見制度支援信託の利用に適さない事案の例として

　　被後見人の金銭財産額が一定額に満たない事案，被後見人の財産に株
　式等の信託できない財産が多く含まれる事案，被後見人の財産に関する
　遺言の存在が明らかになっている事案，被後見人の身上に対する配慮の
　面（病状，生活状況等）に照らし，収支予定を立てることが困難な事案，
　とされています。

　　そして，上記の事由があるなどの理由により，後見制度支援信託の利
　用が適当でないと判断した場合は，その理由を記載した報告書を裁判所
　に提出することになります。

イ　その他の留意事項について

①　専門職後見人が後見制度支援信託の利用の適否を検討する中，身上
　への配慮や財産管理に専門的な知見を要したり，親族後見人の適格性
　に問題があったり，親族間に紛争があったりすることが判明した場合，
　専門職後見人が継続的に関与することを検討することになるので，速
　やかに家庭裁判所に相談すること。

②　親族後見人が，後見制度支援信託の利用に反対した場合，反対理由
　を記載した報告書を提出すること。信託の利用を不適当とする事由が
　ないにもかかわらず，合理的理由なく反対する場合は，当該親族後見
　人に財産管理事務を引き継いでも，適切かつ円滑な財産管理事務を期
　待できないおそれがあるため，専門職後見人が継続して活動すること
　を検討することになること。

③　信託契約締結後の後見事務が適正・円滑に行われるよう，必要に応
　じ，家庭裁判所と相談しながら，被後見人や親族後見人に対し，後見
　制度支援信託の利用について説明すること。

④　当初専門職のみが後見人の場合（リレー方式），信託契約締結に向け
　ての調整や事務の円滑な引継ぎのため，後任の親族後見人候補者の同

意が得られた場合，後見開始審判時等適宜の時期に，家庭裁判所から専門職後見人に対し，後任の親族後見人候補者の連絡先等を伝えること。

⑤　保険金受領や遺産分割等の職務を行う必要がある場合，課題解決後，最終的な金銭の総額から信託財産額，定期交付金額，追加信託の見込み時期，利用する信託銀行等を決定し，報告書を提出することとされています。

(4)　信託財産額等の設定及び利用する信託銀行等の選定について

後見制度支援信託の利用が適当であると判断した場合，信託財産額等を設定することになります。

ア　親族後見人が手元で管理する預貯金額について

年間収支予定表を参考にして，Aさんのグループホーム入居の毎月の費用や日々の生活費等について，親族後見人となるBさんが管理する預貯金口座に振り込まれる年金と後見制度支援信託からの定期交付金額で賄えるようにするため，Bさんが管理する預貯金口座には，基本的に後見事務の必要費用及び被後見人に関する比較的少額の臨時出費（冠婚葬祭費，旅費，交際費，軽微な手術費や短期の入院費等）に柔軟に対応できる金額を残すことにしました。

イ　信託財産について

Aさんの財産状況を調査した結果，把握した信託対象財産額である預貯金額数千万円からBさんが手元で管理する預貯金額を除いた額を信託財産額に設定しました。

ウ　定期交付金について

年間収支予定表において，収入より支出が多くなることが見込まれる場合，赤字額を踏まえて定期交付金額を設定することが必要です。

Aさんの場合，収入が年金だけで，毎月5万円程度の赤字になることが見込まれましたので，3か月ごとに15万円の定期交付金額を設定しました。

エ　信託銀行等の選定について

各信託銀行等が発行しているパンフレットなどを参考に信託銀行等を

選定することになります。

　本件では，信託銀行３社からパンフレットを取り寄せ，契約内容等について検討しました。

　信託の場合，信託銀行等への報酬が発生する可能性がありますが，信託報酬につき管理報酬ゼロ円のＣ信託銀行に決めました。

　Ｃ信託銀行に申込書等の請求をしたところ，後見制度支援信託申込書，後見制度支援信託パンフレット（兼商品概要説明書），指定金銭信託約款，後見制度支援信託契約書（ひな型），特約付き金銭信託「後見制度支援信託」の重要事項に関する説明書兼確認書，共通印鑑届が送られてきました。

⑸　**信託契約締結報告書の提出・指示書の受領について**

ア　信託契約に関する報告書の家庭裁判所への提出について

　信託財産・定期交付金等契約内容及び信託銀行を決めましたので，信託契約締結報告書を作成し，家庭裁判所に提出しました。

　報告書には，利用予定の信託：Ｃ信託銀行の後見制度支援信託，信託財産：○○○○万円，信託財産の交付金額（定期交付金額）：３か月毎に金15万円，契約申込日：指示の日から３週間以内の日，と記載し，信託財産額，定期交付金額等を設定する資料となった年間収支予定表を添付しました。なお，年間収支予定表については，自宅マンションを売却処分したことから，管理料・光熱費等の支出が減少しました。

　裁判官は，報告書の内容の相当性を判断して，信託契約締結を指示することになります。

　なお，後見制度支援信託の利用が不適当と判断した場合，理由を記載した報告書を家庭裁判所に提出することになります。

イ　家庭裁判所からの指示書謄本の受領について

　信託契約締結報告書を提出した翌日，家庭裁判所から信託契約締結の「指示書」謄本が交付されました。

⑹　**信託契約の締結について**

ア　指示書謄本を受領した７日後，Ｃ信託銀行と信託契約を締結しました。

　指示書謄本交付から契約申込みまでの期限は３週間なので，注意が必要

です。

　信託契約締結にあたっては，家庭裁判所の発行する「指示書」謄本とともに，「後見制度支援信託設定申込書」，「特約付き金銭信託『後見制度支援信託』の重要事項に関する説明書兼確認書」，「共通印鑑届」「登記事項証明書（成年後見登記）」「本人（後見人）確認資料　運転免許証（写し）」を，Ｃ信託銀行本店営業部財務コンサルティング宛てに書留郵便で送りました。

　提出必要書類等については，各信託銀行等で確認すべきです。

イ　申込み４日後，Ｃ信託銀行から「特約付き金銭信託『後見制度支援信託』の信託契約書」が届き，また，信託金額振込みの依頼がありました。

　信託契約書の内容を確認し，署名捺印の上，３日後，Ｃ信託銀行宛てに書留郵便にて送りました。

　信託金額の振込みについては，契約書発送４日後，○○○○万円を，Ｃ信託銀行本店営業部別段預金　口座番号△△　後見制度支援信託口に振り込みました。そして，Ｃ信託銀行担当に，信託金額の振込手続が終了した旨を電話連絡しました。

　なお，信託金額振込みまでに，被後見人の預貯金については定期交付金受取のために口座一つを残し，他は全て解約し，信託金額振込みのためにまとめておきました。

ウ　信託金額振込みの３日後，Ｃ信託銀行から，信託契約関連書類が届きました。「金銭信託通帳」，「後見制度支援信託契約書」，「特約付き金銭信託『後見制度支援信託』の重要事項に関する説明書兼確認書（写し）」とともに，後見人変更の手続に必要な，「成年後見制度に関する届出書」，「後見制度支援信託受取口座変更依頼書」，「共通印鑑届」の用紙が含まれていました。

(7)　財産目録の作成及び信託契約書の写し等の家庭裁判所への提出について

　信託契約締結に関する上記の手続終了３日後，「後見制度支援信託契約書の写し」，信託財産の払込みを証明する資料として「振込依頼書」及び「財産目録」を家庭裁判所に提出しました。

第1章　成年後見・財産管理に関する事例

　財産目録については，不動産につき自宅マンションを処分したのでその旨の記載，また，預貯金につき日常利用する口座を一つ残し他の全ての口座を解約したのでその旨の記載，その他の資産として，信託契約を締結した旨，信託通帳の番号，金額等を記載したものを作成し，提出しました。上記書面は，指示書謄本の交付から2か月以内に家庭裁判所に提出することとされています。

3　居住用不動産の処分について

⑴　居住用不動産の処分について

ア　成年後見人の任務は，基本的には，被後見人の健康状態を勘案し，被後見人の生活維持を図るため必要な範囲の支出に留めることで，被後見人の財産を維持するように努め，専ら被後見人の利益を図っていくという観点に立って遂行すべきものです。

　　ところが，被後見人が，介護施設への入所を希望するに至ったり，病気治療や療養のため入院し，高額な医療費・入院費等の負担が必要となる場合，被後見人の財産を流動性の高い預貯金等から切り崩し，最後には居住用不動産の処分を検討することになります。

　　この点，居住環境の変化は被後見人の精神状況に重大な影響を与えますので，居住用不動産の処分については，家庭裁判所の許可が必要とされています（民法859条の3）。

イ　Aさんは，自宅マンションを所有し居住していましたが，現在グループホームに入所しており，自宅に戻る可能性は極めて少ない状況でした。しかも，マンションでしたので，毎月，管理費2万円や光熱費等約3000円の支払が発生しており，年間で合計約27万6000円の支出になりました。

　　そこで，自宅マンションの売却が必要と考えました。

　　なお，居住用不動産とは，現に被後見人が居住している不動産だけでなく，施設に入所している場合に，もともと被後見人が居住していた不動産，被後見人が戻る可能性のある不動産も，「居住の用に供する」不動産となりますので，Aさんにとっても，自宅マンションは居住用不動産にあたり，売却するためには，家庭裁判所の許可が必要でした。

44

ウ　不動産処分における具体的な検討について

ポイント

①　処分の必要性。
②　被後見人の身上監護への影響・意向，親族の意向。
③　売買代金等処分の相当性。

　　Aさんの自宅マンションの処分に関して，処分の必要性，そして，A
さんの生活・身上監護状況への影響，意向等の確認，親族（本件ではB
さん）の処分に対する意向その他について，検討しました。
①　処分の必要性について
　　前述のとおり，Aさんは，グループホームに入所し，自宅マンショ
ンに戻る可能性が少なく，他方，管理費等の支出が発生していること
から，処分の必要性は高いと判断しました。
②　被後見人の生活・身上監護等への影響，及び，本人の意向について
　　上記のとおり，Aさんは自宅マンションに戻る可能性が少なく，管
理費の発生など支出の点等からマンション処分の必要性について，丁
寧に説明したところ，マンションの処分について十分納得してくれま
した。
③　処分についての親族の意向について
　　姪であるBさんも，マンションの処分について，納得していました。
④　自宅マンション内の荷物について
　　自宅マンションを処分する場合，マンション内にある被後見人の荷
物についての対応を考えなければなりません。
　　マンション内の荷物の対応について，AさんとBさんに相談し，B
さんは，後見人活動に協力的でしたので，特に重要なものについてA
さんの指示のもとBさんに保管してもらい，その他のものについては，
Bさんに確認してもらい，保管するものと処分するものを区別すると
いう方法をとることにして，AさんとBさんの理解・了解を得ました。
　　そして，Bさんの協力により，Aさんのマンション内の荷物につい

第1章　成年後見・財産管理に関する事例

て，対応をすることができました。

⑤　その他

　　被後見人Ａは，グループホームに入所していましたが，住民票は自宅マンションにありましたので，売却後，被後見人Ａの住民票をグループホームの住所地に移動しました。

　　また，電気・ガス，そして，固定電話の解除手続なども行いました。

　　なお，不動産の売買において，譲渡所得に対する課税（住民税を含む。）があることに注意しなければなりません。

(2)　**売買契約の締結について**

ア　**不動産業者との媒介契約について**

　　自宅マンションは，駅から徒歩５分程度，間取りは２ＤＫでした。ただし，昭和に建築され，既に30年以上が経過していました。

　　後見人としては，最も有利な条件で，しかも，できるだけ速やかに売却しなければなりません。また，家庭裁判所の処分の許可に関連して，売買代金等の相当性が当然要求されます。

　　まず，マンションの価格に関連して，不動産業者３社に依頼して，無料の不動産査定を取りました。そして，不動産業者３社との間で，マンションの売買仲介について一般媒介契約を締結し，買主を探してもらうことにしました。専任媒介契約も考えられますが，特定の業者だけに限られてしまうので，一般媒介契約を締結しました。

　　媒介契約の締結から１か月半ほど経ったある日，Ｄ不動産業者から連絡があり，買主Ｅから購入希望があるとのことでしたので，不動産購入申込書（不動産買付証明書）を提出してもらいました。

　　そして，購入希望者Ｅの売買代金，代金支払時期等その他の条件について検討し，また，不動産業者から取り寄せていた査定書などと比較検討し，相当であると判断し，Ｄ不動産業者を仲介業者として，買主Ｅとの間で，自宅マンション売買契約を締結することにしました。

イ　**自宅マンション売買契約の締結について**

　　売買契約の内容に関して，代金の支払については現金一括支払とし，また，特に，瑕疵担保責任は免責とすることにし，契約書案では，家庭

事例3　後見制度支援信託を利用した事例

裁判所の許可の申立てをする7日後を契約締結予定日としました。

　　売却許可に関して，家庭裁判所に事前に報告などを行っていたこともあり，申立ての数日後には処分許可の審判が出ました。そして，家庭裁判所の売却許可の審判書が届いた2日後，D不動産業者立会いの下，買主Eと自宅マンションの売買契約を締結しました。

　　なお，家庭裁判所の許可を得るまでに要する期間は，ケースバイケースで，売買契約締結とのタイミングは難しいところです。特に，売買契約締結の際には，購入希望者を逃すわけにいかない場合もあって，早期に締結せざるを得ない場合がありますので，売買契約を締結しても家庭裁判所の許可が得られなければ契約の効力が生じない旨の条項など，特約条項を設けておくことが必要です。

　　なお，不動産を売却し所有権移転登記を行う場合には，後見人の市区町村発行の印鑑証明書が必要です。

(3)　**家庭裁判所の処分許可について**

ア　成年後見人は，被後見人の財産に関する法律行為について包括的な代理権を付与されていますので，被後見人所有の不動産を処分することも可能です。

　　しかし，居住環境の変化は被後見人の精神状況に重大な影響を与えますので，居住用不動産の処分については，被後見人の心身の状態や生活状況に配慮し，慎重に判断する必要があることから，家庭裁判所の許可が必要とされています。

　　居住用不動産処分許可の申立ては，家庭裁判所に，申立書を提出し，これに対し許可又は不許可の審判がされます（家事事件手続法39条，117条2項，別表第1の11）。

イ　居住用不動産処分許可の申立書には，下記のように申立ての趣旨及び申立ての理由（【ポイント】①処分の必要性，②価格の相当性）を記載し，申立手数料として収入印紙800円を貼付し，郵送用切手82円を添付して，家庭裁判所に提出しました。

① 申立ての趣旨
　　申立人が被後見人の別紙物件目録記載の不動産につき別紙売買契約書（案）のとおり買主E（東京都○○区△一丁目×番×号）に対し，金○○○○万円で売却することを許可する旨の審判を求める。
② 申立ての理由
　第1　被後見人の現状
　　1　被後見人は，別紙物件目録記載の自宅マンション（以下「本件不動産」という）を所有している。
　　2　被後見人は，現在グループホームに入所しており，今後自宅マンションを使用する予定は極めて乏しい。グループホーム所在地に住民登録する予定である。
　第2　自宅売却の必要性
　　　自ら使用の予定が乏しいにもかかわらず，毎月，自宅マンションの維持管理のため，管理費・水道光熱費等合計約2万○○円がかかることから，売却処分が必要である。なお，本人及び申立人も本件不動産の処分を了解している。
　第3　売却価格の相当性
　　1　買主Eから買受希望価格○○○○万円の提示があった。
　　2　本件不動産は，マンションであるが，昭和○○年△月築で，築後既に30年以上が経過し，リフォームが不可欠と考えられ，売却処分が困難で，購入希望者を見いだせない状況で，上記金額は，固定資産評価額，不動産業者の査定額からも妥当なものであると考える。
　　3　今般，買主Eと別紙売買契約書案記載のとおり売買契約を締結したく本申立てに及ぶ。
　第4　その他の費用
　　　本件不動産の明渡しに関して，残置物の処分費用として，約○○万円の費用が見込まれる。

　以上のとおり記載した上，居住用不動産処分許可申立書を家庭裁判所に提出しました。

　なお，添付資料として，売買契約書案，処分する不動産の評価証明書，不動産業者作成の査定書，買主の住民票を提出しました。

　そして，許可申立書提出5日後に，家庭裁判所から居住用不動産処分許可の審判書が届きました。

事例３　後見制度支援信託を利用した事例

4 **後見の終了・親族後見人への引継ぎについて**

⑴　**後見人辞任許可の申立て（後見人選任の申立て），報酬付与の申立てについて**

ア　後見制度支援信託契約を締結し，財産目録や契約書の写しの家庭裁判所への提出が終わり，当初の予定どおり，Ｂさんへの引継ぎのため，成年後見人辞任許可の申立て・成年後見人Ｂ選任の申立て及び報酬付与の申立てを行うことになります。

　　成年後見人辞任許可・成年後見人選任の申立書には，「申立ての趣旨」として，次のように記載しました。

1　成年被後見人の成年後見人を辞任することを許可する旨の審判を求める。
2　成年被後見人の成年後見人Ｂを選任する。

また，「申立ての理由」として，次のように記載しました。

1　成年被後見人に対する後見開始の審判が確定して，申立人は同人の成年後見人に選任され，これまで職務を行ってきました。
2　申立人は，信託銀行との間で信託契約を締結し，財産目録の作成及び信託契約書の写し等の家庭裁判所への提出が終わりましたので，成年後見人を辞任したいと思います。
3　成年後見人候補者Ｂは，成年被後見人の姪です。
4　候補者Ｂは，毎月１回程度，被後見人が入所しているグループホームを訪れ，また，医師の診察に同行し，更には，衣類等を購入するなど，被後見人に対する十分な身上監護が期待できます。
5　財産管理及び身上監護をめぐり，特に親族間に紛争等は認められず，また，被後見人も，候補者の上記監護等を受け入れています。
6　候補者は，配偶者である夫とともに，独立の生計を営んでおり，

49

第1章　成年後見・財産管理に関する事例

> 　財産管理その他特に適格性を欠くような事情は認められません。
> 7　よってこの申立てをします。

　そして，申立手数料として収入印紙1600円（800円分2組）を貼付し，
登記手数料収入印紙1400円分，予納郵券を提出し，申立てを行いました。
　添付資料として，「成年被後見人Ａの住民票」，「後見人候補者Ｂの戸
籍謄本」，「候補者事情説明書」，「後見事務報告書」，そして，「財産目
録」を添付しました。

イ　成年後見人に対する報酬付与の審判の申立てについて
　まず，「申立ての趣旨」として，次のように記載しました。

> 　申立人に対し，平成○○年3月31日から平成○○年△月△日まで
> の間の成年後見人の報酬として成年被後見人の財産の中から相当額
> を与えるとの審判を求める。

　次に，「申立ての理由」として，次のように記載しました。

> 1　申立人は，平成○○年3月31日，東京家庭裁判所において，成
> 　年後見人に選任され，これまで職務を行ってきました。
> 2　申立人は，平成○○年3月31日から平成○○年△月△日までの
> 　間，既に報告したとおり成年後見人としての職務を行ってきまし
> 　た。
> 3　よって，この間の職務に対する報酬として相当額を付与された
> 　く，この申立てをします。

　そして，申立手数料として収入印紙800円を貼付し，「報酬付与申立事
情説明書」を添付して，申立てを行いました。
　これにより，家庭裁判所が後見人の報酬を決定しました。なお，決定
された後見人の報酬は，被後見人の財産から支払われます。

(2) **親族後見人に対する財産の引継ぎ等について**

ア　親族後見人に対する財産の引継ぎ

　　成年後見人辞任許可・成年後見人選任の申立て８日後に，審判の告知がありました。

　　告知後，親族後見人となったＢさんに対し，今後は親族後見人であるＢさんが財産管理を含めた後見事務を行うことになった旨を説明し，Ｂさんが管理することになる預貯金口座から報酬額を相殺通知し引いた上で，財産目録，信託契約書の写し及びその関係書類，預金通帳・カードを引き継ぎ，管理していたＡさんの財産をＢさんに引き継ぎました。

　　そして，Ｂさんに対し管理していた財産を引き継いだ旨を記載した家庭裁判所宛ての「財産の引継ぎの後見事務報告書」を作成し，Ｂさんに交付しました。

　　その際，Ｂさんに対し，上記の「後見事務報告書」の下段に，「上記引継書類及び管理していた財産を引き継いだ」旨，「今後，親族後見人Ｂが成年後見人Ａの財産を適正に管理し，家庭裁判所から管理財産の報告を求められたときや，成年被後見人の財産に大きな変動があったときには速やかに報告する」旨を記載し，署名捺印した上で，家庭裁判所に提出するよう指示しました。

　　また，今後の事務につき説明し，不明な点があれば家庭裁判所に問い合わせるように指示しました。

イ　信託銀行への連絡等について

　　Ｃ信託銀行に対し，後見人を辞任した旨，新たに親族であるＢさんが成年後見人として選任された旨を連絡しました。

　　そして，Ｂさんに対し，Ｃ信託銀行宛ての変更後のＢさんの「成年後見制度に関する届出書□変更」，信託金の受取口座を変更する場合の「後見制度支援信託受取口座変更依頼書」，新しい親族後見人用の「共通印鑑届」の用紙を渡し，Ｃ信託銀行に提出するように指示しました。

　　また，信託金の受取口座としていたＦ銀行の預金口座について，後見人が変更になったことから，Ｆ銀行から「成年後見人等に関する変更届出書」を取り寄せ，Ｂさんに送り，後見人の変更手続（新たな利用代理

第1章　成年後見・財産管理に関する事例

人の情報の届出）を行ってもらいました。以上で，後見人の職務が終了
いたしました。

5　おわりに

　本件では，まだまだ利用件数が少ないと思われる後見制度支援信託制度
の利用や，不動産の売却，親族であるＢさんへの成年後見の引継ぎなど，
手続面で気を配らなければならない場面が多かったのですが，これらは，
成年被後見人であるＡさんの今後の生活が円滑に進んでいくためのもので
すので，記載したとおりの手続を遵守しつつ，かつ迅速にと，一生懸命職
務を遂行し，望ましい結果に導くことができた，と自負しております。

　その後Ｂさんとお目にかかる機会こそありませんが，いつも優しくＡさ
んのことを思いやり，面倒なことも嫌がらずにやってくれていたＢさんの
ことですから，きっと成年後見人としての職務もしっかりこなしてくれて
いることでしょう。

　昨今，成年後見人の不祥事が世間を賑わすこともありますが，本人の穏
やかな暮らしを実現することを第一に考えながら，職務を誠実にこなして
いくことで，専門職としての信頼を勝ち得ることができるものと信じてお
ります。

【プライバシー保護のため事例の内容は変えております。】

52

コラム③
成年後見等の申立てと取下げの制限

　理解力や判断能力が低下している高齢者が当事者となる事件では，遺産分割協議や交通事故の示談等の委任事務処理をする前提として，家庭裁判所から成年後見人等の選任を受ける必要が生じます。成年後見が相当な程度の判断能力（重度）の場合は必要性に迷うことはありませんが，軽い認知症かもしれないな，という程度の場合には，判断に迷うところだと思います。確実に手続を行うためには，成年後見人，保佐人ないし補助人の選任を受けた方が安心ですが，同時にデメリットを依頼者やそのご家族に説明しておく必要があります。遺産分割協議等の申立ての目的を達成した後も，原則としてご本人が亡くなるまで後見等が続くことになりますし，後見人等や後見監督人等として第三者である専門家がいわば家庭内の事柄に入ってくると同時に，ご本人が亡くなるまで第三者に対する報酬の支出が発生することになります。加えて，一旦申立てをした場合には，選任審判がされる前であっても，取下げ自体が裁判所の許可を要し（家事事件手続法121条1号，133条，142条），申立ての取下げをするときは，取下げの理由を明らかにしなければなりません（家事事件手続規則78条1項）。

　ご本人が補助相当の事案で，娘さんを補助人候補者とし，家庭裁判所が第三者を補助監督人に選任しようとした時に，ご本人が強い抵抗を示されたため取下げをしようと試みましたが，結局，裁判所との協議の結果，娘さんを補助人に選任して同意権のみを付与し，代理権を付与しない形を取ることによって，第三者である補助監督人の選任を回避したことがありました。一旦申立てをしてしまうと取下げが制限されるため，注意が必要です。

第1章　成年後見・財産管理に関する事例

事例4　被後見人の事業所の明渡し

被後見人が個人事業を営んでいたため，後見人として事業所の明渡し及び事業用物品の管理・処分を行った事例

●概要図

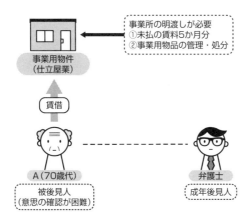

はじめに

　被後見人が，後見開始となる前に事業を営んでいた場合，そして精神上の障害によってもはや事業を継続できない状態となったにもかかわらず，廃業するための事務処理を完了していなかった場合，これは後見人が引き継いで行わなければならないということになります。例えば，被後見人が，営業活動自体は既に終了していたにもかかわらず，事業所の後片付けをしないまま放置していた場合，この事業用物件の明渡し作業は，後見人が行わねばならないのです。

　ここで，一口に事業所の明渡しといっても，事業で使用していた道具，備品，資材等が事業所内に残っていた場合，まずはそれらを適切に搬出，時には処分してしまわなければ，物件の明渡しはできません。

　しかしながら，後見人自身はもともとその事業を営んでいた本人ではありませんから，その事業用の物品の管理や処分については専門外であるこ

54

事例4　被後見人の事業所の明渡し

とが多いと思われます。

　今回は，被後見人が廃業後に後片付けをしないまま放置していた事業所について，後見人が，具体的にどのようにして明渡しを完了したのかについてご紹介させていただきたいと思います。

1 事例の概要

　Aは，40年以上個人事業で小さな仕立屋を営んできた70歳の男性です。

　Aのお店は広さ約40㎡の小さい賃貸の物件だったとはいえ，Aは，若いときに大物デザイナーに師事したり，海外にしょっちゅう出掛けて最新のファッション情報を仕入れたりと，常に研鑽を重ねてきたベテランで，オーダーメイドの高級感のある衣料を中心に扱っていました。

　Aは，お店を東京都港区青山の片隅に構え，その物件を2つに仕切って，入り口付近の一角を注文を受け付ける接客スペース，残りの広いスペースを，服地，服飾資材置き場兼アトリエとして使用していました。

　普段の業務では，Aは，デザインと製作のみに没頭し，お店の会計や事務に関することについては，会計に詳しいAの親戚の男性Bが，Aと年が近く仲も良かったため，取り仕切ってくれていました。

　しかし，Aが70歳になったころ，Bは，Aの行動が時々おかしいことに気付きました。受けたはずの注文を忘れたり，行き先を告げずにふらっと出掛けてしまって夜まで戻ってこなかったり，訳もなく大量のティッシュを買ってきたりするようになったのです。BはAが認知症であることを疑って，Aに精神科の診察を受けさせてみたところ，医師によれば，Aは既にかなり進んだ認知症を患っており，成年後見相当であるとのことでした。

　そこで，Bは，やむなくAを説得し，お店をやめて仕立屋業から引退することを決意させ，さらにAが入所する施設を探し，入所の準備もしました。また，BはAの事業についても廃業の手続をし，会計処理もすませ，あとは服飾の専門家であるA自身が服地，服飾資材置き場兼アトリエの片付けを済ませれば，物件を明け渡せる状態となりました。

　そしてBは，もはや自分では財産管理ができず，しかも妻も子どももい

55

第1章　成年後見・財産管理に関する事例

ないAの今後を任せるために，家庭裁判所に成年後見人として専門家を選任してくれるよう申し立てたのです。幸い，選任手続は順調に進み，弁護士である私がAの成年後見人となることが決まりました。

　なお，私が後見申立時の記録を閲覧したところ，Bが成年後見申立てで手一杯だったせいか，どうやらお店に使用していた物件が，月18万円の賃料を5か月分，合計90万円払い忘れた状態で，しかも明渡しも未了のまま放置されていることを知りました。後見人弁護士としては，速やかに物件の片付けを済ませ，明渡しを完了する必要があることが明らかになったわけです。

　しかし，ここで予想外の事態が起こりました。Aに後見人弁護士が付いた直後，Bが心臓発作を起こして急死してしまったのです。このため私は，一度もBに会うことができず，Aの事業に関する詳しい事情もまるで聴取することができませんでした。

本相談のポイント

① 事業所の事業用物品の管理・処分について被後見人の意向をどの程度反映させるか。

② 被後見人の意向が確認できない場合，保管・処分の困難な事業用物品を，後見人においてどう扱うか。

2　職務遂行に際しての注意点
〜被後見人の意向をどこまで反映できるのか〜

　後述しますが，後見人は法律上，被後見人の意思を尊重しつつその職務を行わねばなりません。

　さらに，被後見人Aは仕立屋業に関してはベテランのプロであり，しかも，仕事に関しては強いプライドとこだわりがあったので，本来ならば仕立屋の事業用物品の搬出ないし処分を行うについてはAが最適任者であるはずです。

56

そうであれば，私としては，逐一Aの希望を聞き，Aの指示を仰ぐ形で，事業用物品の搬出ないし処分を行うのが最も望ましいといえます。

　しかし，Aの認知症は軽いものではなく，何の用途に使うためにその服地を仕入れたのか，高価な服飾資材をどこに保管していたか等の重要な記憶がかなり抜け落ちていました。またしばしば，しゃべった端から自分の言ったことを忘れてしまうため，他人に事業用物品の処分について，具体的な指示を出せる状態でもありませんでした。

　Aがこのような状況にある中，Aの意思を尊重することには限界があり，現実問題として，事業用物品の搬出ないし処分にどこまでAの意向を反映させることができるのか，そこを見極めることが，本件を処理する上で後見人としても非常に重要なところです。

3　本件における法的問題点

　成年後見人は，精神上の障害により自らの財産を管理できなくなった被後見人に代わって，被後見人の財産を管理するという職務を負っています（民法859条）。とはいえ，これはあくまでも被後見人の利益のためになされる事務ですから，成年後見人は，成年被後見人の財産の管理に関する事務を行うに当たっては，成年被後見人の意思を尊重しなければならないと定められています（民法858条）。

　ただ，実際にこれを現場で実現しようとする場合，そう簡単にはいかない場合も多いのです。

　もちろん，被後見人が成年後見人と全く意思疎通ができない状態の場合は，そもそも被後見人の意向を確認できませんから，成年後見人としては，被後見人の意向を推測して，それに極力適うように職務を行うほかないということになります。

　問題は，被後見人が一応意思表示ができ，具体的な希望も伝えられる状態であるものの，それに応えることが困難な場合，又は，そもそも被後見人の意向を確認することそれ自体が，被後見人の精神の安定に資さない場合に，成年後見人としてはどこまで被後見人の意向を反映させる努力をするべきかです。

第1章　成年後見・財産管理に関する事例

　本件でも，お店には，応接セットや業務用ミシン，業務用アイロン，大型の作業台，冷蔵庫といった設備もありましたが，その他にも大型収納庫にぎっしりの大量の布地に，段ボール15箱ほどに詰め込まれたサンプル品，引き出し式収納棚３つ分に保管されたボタン，チロリアンテープなどの服飾資材，本棚２つ分のデザイン資料本やスケッチ画，さらにはクロゼット収納内に完成品のジャケットや制作中のベスト，等々，Ａの大切にしてきた事業用物品があふれていました。そんな中でＡには，長年思い入れのあったお店を片付けるにあたって，お店に積み上げられた大量の事業用物品のうち，自身がこだわり抜いてパリで買い付けてきた，合計100万円を超えるシルクの高級服地数点について，どうしても大事に取っておきたいという要望がありました。

　しかし，Ａは既に記憶力も減退し，お店の事業用物品についても記憶が曖昧であった上に，自分の言ったことすらすぐに忘れてしまう状態であったため，特定の高級服地数点について大事に保管してほしいという強い希望はあったものの，それを後見人に理解できるように具体的に指示することができませんでした。

　また，もともとＡには徘徊する傾向が見られましたが，お店の物品のことを思い出そうとすると，それだけで自分がまだ現役で仕事をしているような錯覚に陥ってしまい，「何で私はこんな施設にいるのだ？　仕事に行かなければ！　お客さんが待っている！」と，施設を抜け出そうとして暴れるということが度々起こったのです。

　このような場合，成年後見人としては，被後見人の具体的な意向を確認して実現する，という作業にどこかの段階で見切りをつけ，被後見人の意向を「推測」して，それに極力適うように職務を行うというスタンスに切り替えざるを得ないということになるでしょう。

4　本事例の解決

⑴　被後見人の意向の聴き取り
　本事例で，当初私としては，やはりまずＡの意向を具体的に聞き取り，その指示にできる限り従うことを目指しました。

58

そこで，私はＡの施設の職員にも付き添ってもらって，朝９時30分から Ａと一緒にＡのお店に行き，どの物品をどのように処理してほしいのか， 特に，これだけは捨ててほしくない物をまずは教えてほしい，とＡの希望 を聞いてみました。

これに対しＡは，最初の30分ほどは，「この服地は保存しておきたい」 「この服地は捨てて良い」と具体的に一品一品手に取って明確な指示をし ていましたが，途中から，自分が収集して保管していた服飾資材を前に， ぼんやりして動かなくなってしまいました。折しも季節は真夏，現地はエ アコンが旧式のせいもあって，気温があまり下げられず，日が高くなると とても高齢のＡが長時間耐えられそうにはない環境でした。

私はやむを得ず，これ以上Ａ本人が作業を続けることは限界と判断し， Ａに，これらの膨大な物品の搬出，処分について最も気になっていること やこだわりたい点は何か，と大まかな方針についてだけたずねました。す るとＡは，「自分は将来良い作品を生み出すためにと思って，数年前にパ リを訪れた際，高級なシルクの服地を数点購入し保管していた。その金額 は合計100万円を超えるはずだ。それらは大事に取っておきたい。」と話し てくれました。そこで，私は，その服地がどこにあるのか，最低限それだ けはという思いで，Ａと共にそれを探し出そうとしましたが，ほどなくＡ は，「自分はここで何をしているのだろうか。これまでのことが思い出せ ない。」と落ち着きなく室内をうろうろと歩き回り始めました。

仕方なく，私は，その日はＡに引き取ってもらい，後日改めてＡが現地 で指示ができそうな状態になってくれるかどうか，数日間様子を見ること にしました。

しかし，お店に同行した施設のスタッフの話では，Ａはお店の片付けに 行った日以来，施設で度々お店に残した物品のことを思い出しては，「何 で私はこんな施設にいるのだ？　仕事に行かなければ！　お客さんが待っ ている！」と，施設を抜け出そうとして昼となく夜となく暴れるように なったということです。

私は，この状況を踏まえてＡの主治医の意見も聞き，施設のスタッフと も相談した上で，やむなく今後はＡに仕事のことを極力思い出させないよ

第1章　成年後見・財産管理に関する事例

うにして，精神的に落ち着いて生活できるようにする，という方針を取ることに決めました。

　なお，私は，この際お店の事業用物品を一切処分することなく全て他の場所に移して保管するのはどうか，という方法も一応検討はしました。しかし，大量の服地や服飾資材等を傷めることなく保管するとなると，Aが施設に入る前に暮らしていた狭い自宅では入りきらず，他にかなり大きな衣料用の保管場所を借りざるを得なくなることから，継続的に月30万円を超える多額の費用を要することが分かり，あえなく断念しました。

(2)　事業用物品の処分

　さて，そうなると後見人弁護士としては，Aの意向を「推測」して，それに極力適うように職務を行うというスタンスに切り替えざるを得ません。

　ここで，推測されるAの意向とは，①Aが最もこだわっていた高級服地を搬出・保管すること，②それ以外の物品については，代替性がないものやAの強い思い入れがあると思われるものは搬出・保管すること，③搬出・保管の対象とならなかったものについては，可能な限り高値で換価すること，④それでも残ってしまったものはできるだけ費用をかけずに廃棄すること，であると考えられました。

　そこでまず私は，Aが最もこだわっていた高級服地を発見し搬出・保管しようとしたのですが（①），お店に残された大量の服地には，巻いてあるもの，たたんであるもの，ビニール袋に入れてあるもの，があったものの，そのいずれについても全く値札がついておらず，しかも素人には高価な品かどうかの判別ができません。

　そこで，保管の対象とならなかったものについては，いずれ可能な限り高値で換価しなければならない予定であったことから（③），私は，ブティックを営む知人複数に頼んで別々の日にAの店舗に来てもらい，どれが高価な服地か見極めてほしいと依頼しました。しかし，数時間の探索の末，彼らが出した結論は，いずれも「そんなに高価な服地はここにはない。しかも古いし，保存状態も悪かったため，全部合わせても100万円には到底及ばない。」とのことでした。

　仕方なく私は，店舗に残された事業用物品の中から，先にA自身が30分

60

ほどかけて現場で取り分けたもののほか，代替性がないもの（Aが作成したサンプル品等）やAの強い思い入れがあると思われるもの（デザイン画や使いこんだファッション資料等）を取り分け（②），施設に入る前に暮らしていたAの自宅に搬送し保管することにしました。それ以外の品については，先ほど述べたブティックを営む知人たちや，一般の中古服飾資材の買取り業者，古書店等に，可能な限り高価での買取りを依頼しました（③）（なお，ブティックを営む知人たちは，これらの物品はほとんど引き取る価値がないとのことで，わずかな国産の服地とボタンくらいしか買い取ってはくれませんでした。結局，あらゆる業者に，買い取れそうなものを買い取ってもらったにもかかわらず，買取り価格は合計でも10万円にしかなりませんでした。）。そして，それでも残った大量の物品については，やむなくできるだけ安い業者を探して，合計約20万円で廃棄してもらいました（④）。

5 おわりに

　このような次第で，私は，どうにか事業用物品を搬出ないし処分し，お店を明け渡すことができました。

　しかし，事業所を明け渡すにあたっては，上記では書ききれなかった，様々な細かい作業も実際には行っています。

　例えば，本件は上記のような面倒な過程を経ての明渡しとなる可能性がある事案でしたから，後見人に就任して2，3日で完了，というわけにはいきません。私は，就任後早めに物件の大家に連絡を取り，滞納していた家賃をきちんとお支払することを約束して，なんとか2か月ほど明渡しを待ってもらいました。

　また，水道代，電気代の支払状況もチェックし，片付け作業が完了するまでは，水道や電気が使えるように（特に夏場冬場の作業は，エアコンが使えないと非常に大変です。）しておきました。

　さらにもちろん，保存する物品の搬出先であるAの自宅もあらかじめ片付けて保管スペースを確保しなければなりません。本件では，搬入する物品がクロゼット収納1つ分の衣服に，段ボール箱が12箱と，かなりの分量だったため，Aの自宅では事前に業者に頼んで家具を移動してもらい，ど

第1章　成年後見・財産管理に関する事例

うにか保管に十分なスペースを確保できました。

　そのように2か月間の様々な苦労を重ねてお店の明渡しが完了したわけですが，私としては，今でも複雑な思いが拭い去れません。それは，仮に万が一，Aが明渡し後のあの店舗を目にするようなことがあったら，「誰がこんなまねを！　これでは仕事ができない！」と怒り悲しむであろう様が目に浮かぶからです。

　被後見人の意思を尊重したいと思いつつも，実際になかなか思うように行かないジレンマ……それに直面しつつその悩みから逃げないことも，後見人の職務の重要な部分なのではないかと思ってはいるのですが。

【プライバシー保護のため事例の内容は変えております。】

COLUMN

コラム4
裁判所を利用した協議の場

1　高齢者から法律事務を受任する場合（すなわち，高齢者の代理人になる場合），法律上は依頼者である当該高齢者の意思能力や行為能力に問題がなくとも，年相応に物忘れが目立ったり，理解力や判断力が低下傾向にあったりすることによって，打ち合わせのたびにご自身の意向が変わってしまう等し，案件の進め方に四苦八苦される弁護士も多くいらっしゃるかと思います。そのような場合への対策として，多くの弁護士は，高齢者から依頼を受ける際，当該高齢者との後のトラブルを回避すべく，例えば，

①　打ち合わせにより時間をかける

②　何度も繰り返し説明する

③　検討事項や打ち合わせのポイントなどについて簡潔にメモを作成して交付するだけでなく，弁護士の手控えにも，内容を確認した旨の署名等を頂く

等，適宜工夫しながら対応しています。個人的には，まずは，当該高齢者に対して，日頃から適宜サポートしてくださる方（案件にもよりますが，例えば，当該高齢者の子，当該高齢者と歳の離れた兄弟姉妹や甥姪などの親族）がいるのか否か尋ね，そのような方が存在する場合には，当該高齢

事例4　被後見人の事業所の明渡し

者の了解を得た上で，その方に積極的に打ち合わせ等に関与してもらう
よう心がけています。そのようにすることが，結果として，高齢者に
とっても弁護士にとっても，一番スムーズに案件を進めることができる
とともに，トラブル回避につながるように思います。

2(1)　相手方が高齢者である場合にも前記1と同じことが言えます。例え
ば，交渉に際し受任通知を郵送しても，その重要性に気づかないこと
や，そもそも受任通知を受領したこと自体を失念してしまって，なか
なか相手方の高齢者と連絡が取れないということもあります。しかし，
事前に，相手方の高齢者と関係性が深いと思われる方等を把握できる
場合であれば，その方に連絡を取ってみることで，事実上その方を橋
渡し役として交渉がスムーズに進んだりすることもあります（もちろ
ん，交渉の相手方である高齢者以外の方に連絡をする際は，当該案件に関
する守秘義務に抵触しないよう細心の注意を払う必要があります。）。

(2)　しかしながら，相手方高齢者の関係者等が事前に判明している場合
であっても，必ずしも，受任案件に協力的であるとは限りません。そ
のような場合には，どのようにすべきでしょうか。筆者が過去に経験
した例を，簡単にご紹介します。

　筆者は，事業用建物の賃貸借契約の終了に関する交渉に際し，賃貸
人側の代理人として，交渉の申入れ等に関する通知文を何度も送付し
ました。

　しかしながら，相手方からの連絡は一切なく，そのうちに契約終了
期限が到来しましたが，相手方は，その後も従前と変わらず当該建物
を使用し続けていたため，筆者が相手方のもとを訪ね，直接交渉に臨
むこととしました。

　筆者が，相手方の事務所兼自宅を訪ねたところ，最初は，相手方の
親族がインターホン越しに対応され，相手方が不在であることを述べ
ましたが，次に，慌てた様子で筆者との対応を相手方の従業員と名乗
る方に委ねてしまいました。そこで，筆者が，当該従業員に対して，
「相手方に対して何度か郵便を送付しているが，そのことについて何
かご存知か」と尋ねたところ，当該従業員は，筆者が送付した郵便物
の存在もその内容も十分理解していました。そのため，筆者は，当該
従業員に対し，相手方と直接協議する場を設けていただきたい旨申し
出ましたが，これに対する回答は避けられてしまいました。

　賃貸人側としては，何か賃借人側に意見や要望等があるのであれば，

63

第 1 章　成年後見・財産管理に関する事例

可能な限りその申出を汲んで円満な形で協議を進めようと思っていたのですが，理由を明らかにしないまま協議のテーブルにすら着いてもらえない状況では埒が明きません。

　そのため，筆者としては，協議のテーブルに着いてもらうことを目的として，裁判手続を利用することとし，通常訴訟を提起しました。

　通常訴訟を提起すると，被告となる賃借人からすれば，「賃貸人側が強硬な姿勢を示している」と考えるのが通常であることから，賃貸人の誤解を招くおそれがあります。そのため，調停の申立ても考えられるところですが，調停の場合，相手方が調停に出頭せず，調停が不成立になる可能性があるため，賃借人側の出頭を確保するためには，通常訴訟を提起せざるを得ませんでした。

　その結果，この訴訟提起をきっかけとして，親族を通じた相手方の成年後見の申立てがなされ，相手方の成年後見人として弁護士が選任されたため，この弁護士が訴訟遂行することとなりました。これにより，相手方が，そもそも，協議に耐えうる状態になかったことが分かりました。相手方関係者が，相手方が後見相当の状態にあることを筆者に伝えることなく接触を避けていたのは，推測に過ぎませんが，相手方が会社役員の地位にあり，相手方が成年後見人になると，役員の欠格事由にあたるため，その後任が必要となるものの相手方の後任となるべき役員候補者が見つからない等成年後見制度を利用することができない事情を抱えていたためかもしれません。

　なお，この訴訟は和解協議を中心に進められ，無事和解による解決に至りました。

3　裁判所を利用するという方法は，相手方当事者と感情面のもつれを生じさせる可能性が高く，そうなると事案の争点とは異なる点で対立を生み，事案の解決には適さないことも多いです。

　しかし，事案によっては，本件のように，強硬な方法であっても，裁判所を利用することで，高齢者の行為能力に問題があることが判明し，その点もクリアになった上で案件の解決を図ることができることがありますので，ご参考までにご紹介いたします。

事例5　同居していた子から勝手に払い戻された金員を親が取り戻すための立証方法について

同居していた子から勝手に払い戻された金員を親が取り戻すための立証方法について

ATMの画像が残っていなくても，親が，同居していた子から勝手にキャッシュカードでお金を払い戻された金員を取り戻した事例

●概要図

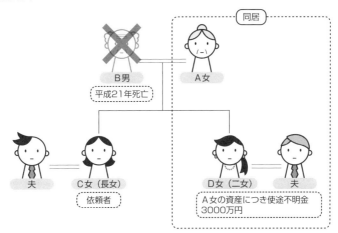

はじめに

　高齢の親と同居を開始した子が，親の預貯金から金員を払い戻し，親の財産が減ってしまうという事例において，親が子から財産を取り戻すのは簡単ではありません。同居の子が，親の財産を我が物のように扱っていても，高齢の親は，誰かの援助なくしては生活ができないため，同居期間中は，子に気を遣って，自分の通帳や印鑑を返してほしいなどと言うことができない，あるいは，加齢により判断能力も衰え，子に言われると，適切な判断ができなくなり，子の言いなりになるケースも多々見られます。さらに，同居期間が長い場合には，親の財産が子に費消された過去の時点で，既に高齢の親の判断能力が相当程度低下していた事実を立証するのは容易ではありません。しかも，弁護士として事件に関与すると，子が親の財産

第1章　成年後見・財産管理に関する事例

を勝手に払い戻したという事実に関し，裁判所が立証側に課す立証責任は，非常にハードルが高いというイメージがあります。

　親の子に対する払い戻された金員（請求金額は約3,000万円）の返還請求に関し，1審の判決ではほとんど返還が認められませんでしたが（認められた金額は約70万円），2審の高等裁判所で，請求金額の一部ですが，キャッシュカードによる払戻分（約1,000万円）については返還を認められた事例を紹介します。

1 事例の概要

⑴　A女，B男夫婦とD女夫婦の関係

　A女は，昭和5年6月生まれで，B男と結婚し，2人の間に，C女（長女）とD女（二女）の2人の子がおりました。

　B男は，若い時から複数の稼業をしており，その稼業の経理は，ずっとC女夫婦が経営していた会社の経理担当者が定期的に見ておりました。そして，平成15年頃，D女の夫が，自分らD女夫婦がB男の稼業の世話をすると言い始めました。この頃，D女の夫は，自営業の経営に失敗し，B男もD女の夫を援助してやりたいと思っていたようで，D女家族が生活するマンションも，C女がD女夫婦のためにローンでマンションを購入して貸していたという事情もありましたし，B男は，若い時から，口車に乗って粗悪品を買わされるなどの被害にもあっていて，その後始末は，ずっとC女夫婦が対応してきたため，B男の側にD女夫婦がいるなら安心と思ったことから，C女夫婦も，B男の稼業の一部（会社のうち1つのみ）をD女夫婦に任せることとしました。

　そして，平成17年8月には，D女の夫から，B男の稼業の全てを見たいと言われたので，C女夫婦は，全ての事業の経理をD女夫婦に任せることとし，自分の会社の経理担当者をB男の会社に派遣することを止めました。

　その後，平成18年7月頃，C女夫婦は，D女の夫から，最近，B男の体が弱り，時々ぼけたことを言い始めるようになったので，B男は仕事をやめたほうがいいとの連絡を受けました。C女夫婦がB男と会ってみると，確かに，相当衰弱していた様子であったため，直ちに検査を受けさせたと

66

ころ，B男はガンであることが分かりました。

　そして，この平成18年7月に，B男から，平成17年8月にC女夫婦の会社の経理担当者が全く関与しなくなった以降の，D女夫婦による行状を聞かされました。

　B男から聞いた話は，以下のとおりです。D女夫婦は，平成17年8月にC女夫婦の会社の経理担当者が全く関与しなくなると，A女とB男の各個人名義の預金通帳，生命保険証書，銀行印，実印全てを管理するようになり，A女とB男が一切の現金と財産を自由に費消することはできないようにしました。そして，D女夫婦は，B男名義の口座のお金を払い戻して，何の報告もせずに，B男の会社に貸付金としてお金をつぎ込み，B男の会社の規模から考えると不相当な給与や役員報酬としてD女夫婦に支払うようにしていた様子でした。そして，D女夫婦が財産を管理するようになった以後は，A女とB男は，D女から10日ごとに数万円ずつもらって生活をしていて，B男は，事あるごとにD女よりひどく罵られて恫喝され，精神的にも萎縮し，D女夫婦には何の反論もできずただ黙っていわれるままの生活をしていたとのことでした。稼業の現金収入も毎日，D女が来て全て持ち去っていたとのことでした。そんなつらい状況にあったならなぜもっと早くC女夫婦に知らせないのかと聞くと，A女とB男は，C女夫婦の指示でそうされているのかと思っていたとのことでした。

　さらに，平成18年7月下旬には，C女夫婦はD女の夫から電話をもらい，「A女とB男の老後の住まいとしてマンション2部屋を購入し，D女夫婦の家族と同居する」と言ってきました。C女夫婦は，この電話で初めて，A女が，A女の名義で，新築マンション2部屋（推定購入合計額は8,000万円）の売買契約を締結していたことを知りました。C女がA女にマンション購入のいきさつを聞いて見ると，A女は，「D女がお金に困っているので貸してほしいと言われ貸してあげた，今住んでいるところを追い立てられて住むところがなくてマンションを買ったらしいがいくら貸したか分からない。勝手に預金から引き出された。一度だけそのマンションは見たけれど，一緒にそこで老後を暮らすつもりはない。ただD女は，お金も住む家も無くてかわいそうだ。」などと，売買契約書に署名した認識もなく，

第1章　成年後見・財産管理に関する事例

自らが購入したのかお金を貸しただけなのかも全く理解していないような話ぶりでした。「今住んでいるところを追い立てられて」とは，C女がD女家族に貸していたマンションのことでしたが，C女が追い立てたことなどありません。また，B男は，平成18年7月にガンが分かるまで稼業を営んでおり，B男の稼業に関するA女の役員報酬がA女の預貯金として貯蓄されていたので，A女には，1億円を超える金額の残高がありました。

そして，平成18年7月以後は，C女夫婦がA女やB男名義の通帳や保険証券の再発行手続を行い，管理をするようになりました。

⑵　B男の入院，A女とD女の同居の経緯

A女とB男は，平成18年9月まで2人で同居して生活していましたが，B男は，平成18年9月にガンの手術のため入院したところ，その入院をきっかけに，D女がA女を自宅から連れ出して，D女の家で生活しようと誘って連れていき，以後は，A女はD女夫婦のもとで生活し，B男が亡くなるまで，B男と会うことはありませんでした。B男は，退院後，C女夫婦の保護の下で，入所した介護施設にて，亡くなるまで生活をしました。B男は，平成21年1月に亡くなりました。

⑶　A女について，成年後見開始が認められなかったこと

C女夫婦は，高額なマンションの購入について当事者意識がなく，話のつじつまが合わないA女の判断能力を疑い，検査を受けさせたところ，平成18年9月初めにアルツハイマー症と診断されました。

また，D女は，B男の手術日に，A女を銀行に連れていって，A女名義の通帳の再発行と預金の払戻しを試みたことも分かりましたし，A女名義の預金の取引履歴を取り寄せると，平成17年以降に，多額のお金の払戻しが認められたため，C女は，平成18年9月末に，A女の成年後見の申立てをしました。平成18年10月には，D女の夫が，B男名義の預貯金から，B男の入院期間中である平成18年9月に，ATMで毎日，約700万円を払い戻したことも分かりました。

A女の鑑定は，平成19年2月に，家庭裁判所から選任された医師が行いましたが，鑑定の結果は，画像所見は脳変性疾患の存在を示唆するものの，事情を聴取したB男に約1年前に認知症の兆候が現れてから，その異常言

68

動がＡ女を悩ませ負担となって精神状態に少なからぬ影響を与えていたこと，Ｂ男と離れてＤ女方で生活したことで，ストレスから解放され情緒が安定して精神状態が改善し，認知障害は軽度であること，自己の財産管理の実務を本人が行うことは困難かもしれないが，金銭感覚は保持されているとの判断で，補助が相当との意見でした。Ａ女は補助等の開始も同意せず，以後，Ａ女は，誰も第三者が関与することなく，Ｄ女夫婦と同居生活を続けました。

⑷　Ａ女のＤ女に対するマンションの贈与

その後，平成20年６月には，Ａ女は，２つのマンションをＤ女とＤ女の子に贈与していることが分かりました。成年後見は開始されず，Ａ女の判断能力の低下は認められていませんので，贈与が無効であるとも言えず，長女のＣ女は，もはやＡ女が自分のところに戻ってくることはないと諦めていました。

⑸　Ａ女がＣ女夫婦に助けを求めて１人でやってきたこと

ところが，５年近く経過した平成23年６月，Ａ女は，突然，Ｃ女夫婦が経営する会社の事務所に１人でやってきました。

Ａ女は，受付で，Ｃ女を呼び，「Ｄ女とお金のことでケンカをして家を出てきた。もう戻りたくない」と言い，着の身着のままで，家を出てきたようでした。Ａ女が肩から提げていたポシェットに入っていた所持品は，財布（２万円，診察券，健康保険証），カイロ，シャンプー，リンス，メガネ，宝くじ500枚（内400枚以上がはずれくじ），柿の種，ココセコムで，Ａ女は，事務所内で伝え歩きがやっとの状態でした。着ていた服装は，フリーサイズのＴシャツとステテコで，以前の社長夫人とは違ってみすぼらしい姿で，風呂に入れてもらえなかったのか，体臭もひどい状態でした。

また，Ａ女から聞いた，Ｄ女夫婦の家における生活は，以下のようなものでした。当初は，一部の通帳だけはＡ女に持たせてくれたが，そのうち，全ての通帳と印鑑を取り上げられたとのことでした。家賃としてＤ女より月５万円をもらっていたが，毎月水道代１万円，石鹸代１万円，電気代１万円……と，合計７万円をＤ女に払い，食事も，朝は，サンドウィッチのような具を挟み込んだパン１枚，昼はインスタントラーメンばかりで，夜

は，なべ物が多く，米を食べたいと思って，マンション１階のスーパーで米を買っておいても，ご飯が出てくることはなく，みそ汁も出ず，マンション１階のうどん屋で，毎日お昼は自分でお金を払って食べていたそうです。そして，家の中で，誰もA女を構うことがなく，風呂は，D女からシャワーのみときつく言われ，デイサービスで入る風呂が楽しみだったそうです。お米のほか，洋服もマンション１階の店で購入し，医療費も，マンション１階のクリニックに通院し，自分で支出していたとのことでした。

そして，A女は，D女の夫からお金を貸してくれと言われ，通帳に入っていたお金（200万円と言っていました。）を貸しましたが，返してほしいと言っても，D女の夫から「返した」と言われ，D女も夫に返すように言うこともなく，結局，返してもらえなかったと言っていました。また，A女は，D女夫婦から，C女の夫がB男のお金を全部使ったと聞かされ，さらに，C女夫婦のところに行くと山の中に捨てられると言われていたので，C女の夫を怖いと思っていたが，結局，D女にお金を全部とられ，D女の話は間違いであったと思うようになりました。さらに，A女は，マンションはあげたくなかったのに，とられてしまった，実印もD女夫婦にとられた，マンションをあげても，ありがとうとも言われず，マンションを返してもらいたいが，でも，（彼らには）住むところがなくなってしまうから，返してもらえないと思うと話をしていました。

また，A女は，平成18年９月にD女の家に行ったとき，２，３日で帰るつもりで，洋服も持たずに出たが，D女夫婦から「帰ってはだめだ」「東京中探したが，C女の夫がB男を（山の中に）隠した」ときつく言われて，A女もその話を信じていました。そして，平成23年６月にA女がD女の家を出た理由ですが，D女は，毎年自分の家族の誕生日にはA女にお祝いとして１万円を求めるのにもかかわらず，６月のA女の誕生日には１度もA女にお祝いを渡したことがなく，他方で，D女の夫の誕生日が７月なのでD女から夫の誕生日のお祝いを求められてしまうと，所持金２万円から１万円を渡してしまうことになりお金がなくなると思い，A女は，タクシーを見つけて必死の思いで家を出てきたとの話でした。

事例5　同居していた子から勝手に払い戻された金員を親が取り戻すための立証方法について

⑹　A女名義の預金からのお金の払戻し

　A女がC女夫婦の会社の事務所にたどり付いた1時間後には，キャッシュカードの一日の払戻上限額である50万円が払い戻され，翌日に残高のほぼ全額である39万円余が払い戻され，2日間で合計約89万円が，A女名義の口座からキャッシュカードで払い戻されました。

　そして，A女名義の預貯金の取引履歴を調べると，D女との同居期間中にA女名義の生命保険や定期預金も全て解約され，3,000万円以上の使途不明の払戻しがありました。銀行の払戻請求書の筆跡は，A女のものもあれば，D女のものもあり，またA女が銀行に行った際にも，必ずD女が同行していることがうかがわれました。

　そして，C女夫婦の会社の経理担当者が関与していた平成17年8月までは，A女はキャッシュカードの発行を受けたことがありませんでしたが，平成18年9月以降に，マンションに非常に近い都市銀行に新しく口座を開設して，もともと持っていた銀行（C女夫婦の会社も懇意にしている地元の銀行）のA女名義の預金から1,000万円以上のお金を移動した上，1年後には，キャッシュカードも発行され，以後，35回にもわたってキャッシュカードによる払戻しがなされ，ほぼ残高はなくなっていました。

　平成23年11月に，A女はD女に対し，約3,000万円の返還請求訴訟を提起しました。

2　事件遂行に際しての注意点

⑴　A女の判断能力について

　裁判所が最初に気にしたのは，A女の判断能力でした。原告として訴訟を遂行するには，やはり相応の判断能力が保たれていることが必要ですが，A女は，合計8,000万円もするマンションを簡単にD女に贈与したり，D女と一緒に銀行に行って言われるままに払戻請求書を記載し，金銭の管理もできない等，判断能力の低下をうかがわせる事情が認められたためでした。

　そこでA女は，平成24年の初めに，改めて医師の判断を受けたところ，平成18年9月時点と比較しても，画像診断上及び長谷川式スケールの点数

71

第1章　成年後見・財産管理に関する事例

も変わらず，問診でも医師との応答ができました。その結果，1審の判決は，判断能力について，平成23年6月時点も，平成19年2月の鑑定時と同程度の判断能力を有していたと認めました。

(2)　払戻しをした者の立証について

A女は，これまで，ATMでお金を払い戻したことがありませんでした。地元の銀行の行員が，定期的に事務所兼自宅まで来て，日々の現金の売上も含めてお金の出し入れ，管理をし，歴代のC女夫婦の会社の経理担当者が経理を見ていたので，A女自身は，1，2万円程度の範囲内ならできるものの，多額のお金の管理や運用など，自分でやったことがありませんでした。

そして，A女が所持していたポシェットには，通帳も印鑑もキャッシュカードも入っていませんでした。A女のキャッシュカードに接することができたのは，D女及びその家族だけと考えるのが合理的で，訴訟でもそのように主張をしましたが，ATMの画像は1か月で消えてしまうため，C女夫婦が落ち着いてから銀行に問合せをしたときには，既に，ATMの画像は残っていない状態でした。

他方，D女は，キャッシュカードの払戻しは知らないと主張しておりました。

(3)　A女自らが作成した払戻請求書の扱いについて

A女は，預金通帳や印鑑，実印は全てD女に取り上げられたと供述していましたが，自らが払戻請求書に署名をしていたものも存在することから，D女がA女の通帳や印鑑を保管していたと言えるかどうかが，争点の1つとなりました。

(4)　払い戻されたお金の使途について

D女が払戻請求書を作成した場合の払戻金についての使途や，A女の払い戻したお金の使途も問題になりました。平成23年6月時点のA女の所持金は約2万円しかありませんでしたので，払い戻されたお金の使途についても問題となりました。

なお，D女に贈与された後のマンションの管理費もA女名義の口座からの引き落としになっていたので，平成20年6月以降のマンションの管理費

72

相当額もＤ女に返還を求めました。

3 本件における法的問題点の考察

(1) 返還請求の根拠について

　Ａ女の返還請求の法的根拠は，Ｄ女との間で財産管理契約が締結したことを前提にした民法646条に基づく委託金返還請求と，民法704条に基づく不当利得返還請求の２つでした。

(2) Ａ女の供述の信用性に関する１審判決の判断

　１審判決は，Ｄ女に預金通帳や印鑑を取り上げられたと法廷で述べたＡ女の供述に信用性を認めず，Ｄ女との間の財産管理契約の成立を認めませんでした。

　１審判決は，Ａ女は，Ｄ女との同居期間中，外出の機会が少なく生活範囲が自宅や近隣に限られていたが，通院や散歩，デイサービスの利用で外出し，マンション１階に入っているクリニックに通院して医療費を自分で支出し，１人で買い物に行き，昼食時に外食し，１か月に１階は美容院に行ってパーマをかけ，趣味である宝くじの購入を繰り返すなどしていたから，日常的な金銭の支出は自力で行っていたこと，このＡ女の判断能力からすれば，預金通帳や印鑑をＤ女に勝手に取り上げられたまま，一度も返還を求めることなく，長期間同居を続けるとはにわかに考え難いとの判断でした。

　また，もともと内向的な性格のＡ女は，法廷に行くのは嫌だ，Ｄ女や裁判官の前で話ができないと萎縮していた様子でしたが，Ｃ女の夫が尋問の日に，「Ｄ女からお金を取り戻したくないのか。取り戻したいなら，Ｄ女にとられたとはっきり言いなさい」とＡ女を叱咤激励したところ，Ａ女は途端にやる気になり，法廷で，平成18年９月以降に初めて作った銀行の口座は知らないし，通帳や印鑑はＤ女に取られた上，Ｄ女が勝手に銀行に行った，キャッシュカードなど見たこともないし，下ろしたこともない，Ｄ女にお金を返してほしいと訴えました。しかし，Ａ女は，がんばりすぎて，銀行の払戻請求書の筆跡のうち，代理人がＡ女のものであると認めていたものまで，全てＤ女の筆跡だと法廷で供述してしまったため，１審判

第1章　成年後見・財産管理に関する事例

決では，A女の供述は，内容の具体性に乏しい上，払戻請求書の筆跡のうち，A女のものであることが明らかでA女もその旨を認めていたものについても否定するなど，明らかに不合理な内容を含むものであって，預金通帳等の管理に関しても，A女の供述内容をそのまま採用することはできないと判断をされてしまいました。

　キャッシュカードによる払戻しについても，1審判決は，払戻しの一部にA女自身が行ったと考え難いものがあるにせよ，D女がその作成，管理を主導していたことをうかがわせる具体的な証拠がなく，D女以外の者がその作成や使用に関与した可能性がないということもできないから，A女の主張をいずれも採用しませんでした。

　結局，1審判決が認めたのは，D女が払戻しに関与したと認められるもののうち，使途の裏付立証ができなかった払戻金と平成20年6月以降の贈与後のマンションの管理費の合計の約70万円程度にとどまりました。

(3)　高等裁判所における立証の工夫

　以上の1審判決は，A女がC女夫婦の会社の事務所に来た1時間後及びその翌日にほぼ全額がキャッシュカードで払い戻された金員についても，状況からしてどう考えても払戻しをしたのは，D女及びその関係者しか考えられないのに，ATMの画像がないことから，D女以外の者が関与した可能性も否定できないとしてD女の関与を否定するもので，立証側からすれば，非常にハードルが高いものでした。

　また，A女の1審の代理人が主張していた事情は，平成18年9月にA女が家を出た状況に限られていました。そこで，2審では，前述の平成15年以降，B男の稼業の一部にD女夫婦が関与するようになった事情のほか，C女が所有し，D女夫婦に貸していたマンションはひどく毀損され，平成18年7月にA女が購入した新築マンションに転居した後，原状回復費用請求訴訟の判決も認められていたこと，その他，B男の遺産分割の内容についても主張しました。

　そして，A女の預金口座の取引履歴の1つ1つを丹念に主張し，払戻しは，D女の主導や関与があると認めるのが合理的だと主張しました。具体的には，①B男の手術日にA女がD女とともに銀行に通帳の再発行を求め，

74

払戻し手続をする必要など全くないこと，②A女は，B男が入院中なのに，D女に連れられて家を出た翌日に，新しくD女のマンション近くの都市銀行の支店に口座を開設し，この開設した日に地元の銀行から1,000万円以上のお金を都市銀行の支店にお金を移していること，③都市銀行の支店にてキャッシュカードを発行したのは，口座開設から1年後であるが，この日に，300万円のお金も払い戻されていて，キャッシュカードを発行するのと同時に300万円ものお金が必要な事情の主張がD女からなされていないこと，D女も銀行に同行したと認めるのが相当であること，④以後，キャッシュカードを使って35回も，暗証番号を間違えることなく，払戻しができているが，キャッシュカードの払戻しは，D女の自宅近くのATMかこの支店のATMに限られているため，同居家族以外の第三者による払戻しは考えられないこと，⑤キャッシュカードの払戻しは，午前9時から午後1時までの時間帯に行われているところ，D女の提出証拠によれば，A女は，払戻日のこの時間帯はデイサービスに行っていて，A女が払い戻すはずはないこと，⑥D女は，A女にココセコムを持たせていたが，平成23年6月にA女の位置情報を確認して，C女夫婦の会社の事務所にいることを知り，A女がたどり付いた1時間後にキャッシュカードで払い戻すことができる1日の上限金額である50万円を払い戻し，翌日残りを払い戻したと考えるのが合理的であること，⑦A女もB男も，窃盗の被害にあった後，自宅に警備機器を設置したが，2人とも暗証番号を覚えることができず，ビジネスオフィス用の警備機器で，タグキーを機器に近づけるタイプの警備機器を設置したが，2人ともやはり誤作動が多くて，警備会社への通報が多かたこと，かかるビジネスオフィス用の警備機器の契約は平成14年9月から平成21年4月までであったことを警備会社からヒアリングをして資料とともに提出をし，ましてA女がキャッシュカードの暗証番号を間違えることなく35回もATMを操作してお金を払い戻すことなどできないこと等を主張しました。

　そして，D女が主張していた使途についても精査し，仮にD女の主張が認められるとしても，1900万円は返還されるべきと主張しました。

　2審の高等裁判所では，A女の筆跡のある払戻請求書やD女による払戻

第1章　成年後見・財産管理に関する事例

請求も，Ａ女が払戻金を受領した可能性も否定できないとしましたが，キャッシュカードによる払戻しは，Ｄ女が行ったものと認めました。つまり，平成23年6月のＡ女がＣ女夫婦の会社の事務所に辿り着いた後のキャッシュカードの払戻しは，Ｄ女によると認めるのが合理的で，そうすると，Ａ女のキャッシュカードなど見たことがないというＤ女の供述は不自然，不合理であり，かつＡ女は平成14年9月時点で警備機器の暗証番号が覚えられないのであったから，その後キャッシュカードの暗証番号が覚えられるようになったとは認めがたく，Ｄ女以外に同居期間に払い戻したものがいたとは思われないこと，キャッシュカードを作る前は，毎月のように払戻請求書による出金が行われていたのに，キャッシュカードを作った後は，専らキャッシュカードの払戻ししかないので，Ｄ女が行っていたと見るのが合理的であると判断しました。

そして1審判決で認容された分を加算し，高等裁判所は，約1000万円を認容しました。

4　本事例の解決

Ｄ女は最高裁判所に上告及び上告受理の申立てをしましたが，平成26年9月には，上告は棄却され，上告審として受理されませんでしたので，上記の高等裁判所の判決が確定しました。

そして，Ａ女は，上告審の判断がなされる前に，仮執行宣言に基づいて，贈与したＤ女のマンションを差し押さえたところ，Ｄ女はＡ女に認容額を支払ってきました。

5　おわりに

Ａ女が法廷で頑張りすぎて，自分が書いた払戻請求書まで全てＤ女が書いたと法廷で供述したため，1審では，かえってＡ女の供述の信用性が否定されてしまいました。高齢者の尋問は難しいと感じました。

また，1審の判決は，ATMの画像が入手できないために，明らかに不自然，不合理なＤ女の供述も否定しませんでしたので，立証側のハードルがかなり高いという印象です。ただ，Ｃ女夫婦からの指摘で，Ａ女もＢ男

76

事例5　同居していた子から勝手に払い戻された金員を親が取り戻すための立証方法について

も，平成14年9月の時点で警備機器の暗証番号が覚えられないことを控訴審で立証したことが決め手となり，ATMの画像はなくてもキャッシュカードによる払戻分だけは取り戻すことができました。「控訴審でキャッシュカード部分についても判断が覆らないのであれば，もはや司法は信用できない，自分も，これからの生き方も変えざるを得ない」とC女から言われたことがありましたが，この言葉は，今でも耳に残っています。控訴審であっても，諦めずに，丹念に事実を拾って主張立証することが重要と改めて痛感をいたしました。

【プライバシー保護のため事例の内容は変えております。】

第1章 成年後見・財産管理に関する事例

事例 6　成年後見制度──報酬に関する問題
～補助人が補助業務終了後，報酬の支払を受けるまで～

補助業務終了後，報酬の支払につき被補助人の協力を得ることができず，被補助人の相続人から報酬の支払を受けた事例

●概要図

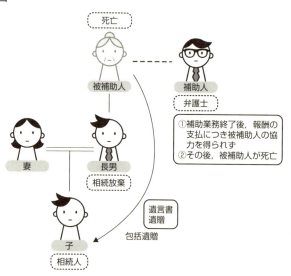

1　事例の概要

(1)　補助業務終了後，被補助人の協力が得られない状況で報酬付与申立てをし，報酬決定を得，請求しました。しかし，一向に支払ってもらえないので，被補助人の不動産に仮差押えの申立てをしました。

(2)　面接の際の裁判官のアドバイスにより，報酬債権を先取特権として，強制執行申立てをしてみましたが，執行裁判所からは認めないと言われ，取り下げました。申立書作成の過程で，被補助人が死亡していたことが分かりました。

(3)　被補助人の唯一の相続人である長男に対する仮差押申立てに変更し，仮差押決定を得ましたが，長男が相続放棄をし，仮差押取消決定申立て

78

をしてきました。

(4) 仮差押えを取り下げ，相続財産管理人選任申立てをすることにしました。相続財産管理人より，長男が，遺産は被補助人の遺言により，長男の子に包括遺贈された旨主張していることを知らされました。

(5) 長男及び長男の子に，遺言無効訴訟をしないことを条件とした和解を打診し，そのとおりの和解が成立，報酬だけでなく，回収にかかった費用も含めて全額回収できました。

2 法的問題点の考察

(1) 報酬を受領するまでの一般的な流れ

成年後見人等が報酬付与申請をすると，裁判所が被後見人の財産状態などを考慮した上で報酬額を決め，報酬付与決定という審判を下します。審判で決定した報酬額は，通帳を預かっている成年後見人であれば，自ら被後見人の口座から引き落とすことができますので，報酬受領の問題が生じることはありません。

これに対して，包括的な財産管理の委任を受けていない保佐人や補助人等の場合は，被保佐人や被補助人自身（又はその配偶者等の家族）が通帳を管理していることが多く，被保佐人等に直接支払ってもらうことになります。そのため請求したにも関わらず，一向に支払われないという事態も生じます。

(2) 報酬付与の審判の性質

報酬付与の審判は，被後見人等特定の者に金銭の支払を命じるものではなく，後見人等に対し報酬請求権もしくは報酬を受領する地位を付与，形成する審判であり，その審判書は債務名義とはならないと解されています。

このことから，債務名義にならない報酬付与の審判決定では，報酬を支払わない被保佐人等からの回収は困難を極めることになります。大底は，費用対効果の関係から，諦めることが多いのではないでしょうか。

(3) 本事例について

本件は，補助人が報酬を受領するまでの体験談です。当初は，被補助人の不動産に仮差押えをして和解で解決するつもりが，思わぬ相手の策に翻

第1章　成年後見・財産管理に関する事例

弄され，困難を極めた回収になりました。しかしながら，家事手続や登記
の実務に関する興味深い論点も多く，債権回収でこれほど多くの貴重な体
験ができた事件は，ほかにはありませんでした。

3　実際の解決までの実務

⑴　補助取消審判まで

　本事案における被補助人は，一人暮らしの裕福な年金暮らしの60代女性
でした。ただ，足腰が悪くて一人で外を出歩けず，パニック障害の持病が
あることもあり，相当程度日常生活に支障をきたしていました。また，被
補助人には，持病のため働けないということで生活保護を受け，一人で近
所で生活している40代の無職の長男がいました。被補助人は，この長男か
ら暴力的に金を無心され，おびえる毎日を送っていました。そこで，被補
助人は補助開始の申立てをし，財産管理を弁護士にしてもらうことにした
のです。

　平成22年10月，私が補助人に選任されました。ただ被補助人は，発作を
発症しない限り能力には問題がなかったので，被補助人の希望で通帳等は
被補助人が引き続き所持することにし，私が通帳管理をすることはありま
せんでした。

　私が，就任後長男に毅然と接したこともあり，長男からの無心はピタリ
と止みました。私は，平成24年の1月に第一回目の報酬の審判を受け，問
題なく被補助人から報酬を受領しました。

　ところで，長男の無心が止んだころから，長男の元妻が被補助人の前に
頻繁に現われ，被補助人の世話をかいがいしくするようになっていました。
この元妻は，長男のDVがひどくて離婚したとのことでした。今は，長男
の住むアパートから徒歩5分くらいの都営住宅に住み，長男との間の子で
ある高校生の一人息子と2人で，母子家庭の手当てを受けながらパートを
して生活していました。長男以外に身寄りのない被補助人は大喜びでした。

　私は，この，離婚原因が夫の暴力だったにもかかわらず，元夫のそばに
住み，そして，別れた夫の母に献身的に仕える，心やさしい元妻とも連携
をとりながら，その後も補助人のために，入退院手続，転居の手続，預金

の整理等，法律上の代理行為だけでなく様々な事実行為を被補助人のために行っていました。

ところが，私は，平成24年9月，突然何の前触れもなく，被補助人の代理人だという司法書士から，補助取消審判申立てをする旨及び被補助人への直接の連絡を禁ずる，との通知を受領しました。私は，被補助人との今までの関係，及び被補助人の，常に礼を尽くす律儀な性格から，そのようなことを急にするはずはないと思い，非常に不可解に思いました。しかしながら，その後私には誰からの連絡もないまま，平成25年3月に補助の事由が止んだとの理由で補助取消決定が出て，私の補助業務は終了しました。

(2) 報酬付与決定まで

私は，補助終了に伴い同年3月に報酬付与の申立てをすることにしました。報酬付与申立ての際には補助終了時点の財産目録の提出が必要です。しかし，私の手もとに被補助人の通帳はありませんでしたので，被補助人の代理人司法書士に被補助人の通帳のコピーの送付を数回依頼しましたが，送ってくれることはありませんでした。私は困って裁判所に相談したところ，裁判所から，前回の報酬付与申請の際に提出した財産目録を提出すればそれで判断すると言われ，その通り提出し，無事，同年4月末に報酬決定が出ました。金額は70万円ほどでした。

(3) 報酬請求

同年5月に入ってから，報酬決定謄本を添付して，司法書士に請求書を送付しましたが連絡はありませんでした。私は，金額も少額なので，諦めることも考えましたが，突然連絡を断たれ，解任同然に補助が終了したことが心に引っかかり，少々手間がかかっても報酬だけはきちんと支払ってもらおうと思いました。この時点では，被補助人が有する不動産に仮差押えでもして本訴をする前に和解すればいいと，軽く考えていました。

(4) 第一回目の不動産仮差押申立て

私は，平成25年9月に不動産仮差押立てをしました。

裁判官との面接では担保の額が問題となりました。債権が70万円程度なのに，不動産（土地及び家屋）の額は固定資産評価額で5000万円弱もあったのです。

第1章　成年後見・財産管理に関する事例

　仮差押命令における担保額の決定の方法については，目的物価額基準説と被保全債権基準説があります。債務者の被る可能性のある損害を担保するという担保の基本的性格からすると，仮差押えの対象である目的物の価額を基準として担保額を算定し，これに被保全債権額を勘案するという折衷説が妥当であると言われています。

　折衷説によれば，基本的に不動産の価格を基準とすることになります。その評価の方法ですが，土地の上にその土地を利用する建物がある場合，土地と建物の評価は個別に算出されます。そして，土地は評価額の3割程度の金額で評価し，残り7割程度の金額は建物の敷地利用権として建物に吸収されます（実務では「吸い上げ」と言います。）。この理論で計算すると，土地の評価額は1000万円くらいになりました。債権額は70万円程度なので，この土地だけに仮差押えをすれば足りることとなり，また，担保の額は，この1000万円を基準に決められることになります。

　担保額について，私は担当裁判官から，本件も土地の評価額を基準とはするが，本件では債権の有効性が確実である，との理由で，被保全債権額の1.5倍程度の金額である110万円としたい旨提示されました。土地の評価額からすれば1割程度に抑えられていることになります。裁判実務上も，土地の評価額を基準としながらも，妥当な担保額を決定するという，折衷説が取られていることが分かりました。被担保債権額より高い担保金を供託することになりましたが，本訴になっても敗訴することはないと思い，私もそこは割り切りました。

⑸　強制執行申立て

　担保の額もほぼ決まり，書面の補正等をして2回目の面接に臨んだところ，裁判官から強制執行を検討してはどうか，と意外なことを言われました。裁判官から見せられた論稿には「成年後見人の報酬は主に財産管理事務の対価であるから，（その財産にとっては）共益費用に該当し，成年被後見人の総財産の上に第一順位の一般の先取特権を有すると解される（民306，329）。そうすると成年後見人はこれを行使して報酬請求権の満足を得ることができると解される。民事執行実務においてもこれが承認されることが望ましい。」（東京家裁後見問題研究会「東京家裁後見センターにおける

82

成年後見制度運用の状況と課題」判タ1165号120頁）と記載されていました。

　事務所に戻り，東京地方裁判所民事執行センターに問い合わせたところ，「前例がなく，申し立てられてみないと分からない。」とのことでした。このままでは仮差押えは認められそうにないので，仮差押申立手続は保留にして，とりあえず強制執行の申立てをすることにしました。

　ところが，強制執行申立ての書類作成中，取り寄せた住民票から驚きの事実が判明しました。なんと，被補助人が平成25年6月に既に死亡していたのです。私の補助取消決定からわずか3か月後ということになります。仮差押申立書には債務者の住民票の添付が不要だったため，全く気付きませんでした。あわてて唯一の相続人である長男を債務者として申立書を書き換え，戸籍等の追加書類を準備し，どうにか同年9月の中旬に強制執行申立てをすることができました。

　執行裁判所からは，初めてのケースということもあり裁判官会議で検討するので少し待つように言われました。2週間後，電話連絡が来ましたが，執行裁判所としては，成年後見人等（本件は補助人）の報酬債権は一般先取特権の対象とならないと考えるので，強制執行申立ては認めないとのことでした。

　てんやわんやの騒ぎで申立書を作成したことが無駄になりましたが，強制執行申立ては取り下げざるを得ませんでした。ただ，被補助人の死亡の事実を知ることができたので，よしとすることにしました。このとき，私は「財産分離」（民法941条）の方法をとることも考えましたが，仮差押えが保留になっていたので，仮差押えを継続することにしました。

(6)　第2回目の仮差押申立て

　今度は母親に金を無心していた長男が債務者なので，不動産を売却されてしまうおそれがさらに強くなりました。そこで，従前の被補助人を債務者とする仮差押申立てを取下げ，大急ぎで新たに長男を債務者とする仮差押申立てをしました。同じ裁判官だったので保全の必要性もスムーズに認められ，担保の額も前回と同じ金額を提示され，あとは担保金を供託したら決定が出るだけ，というところまで来ました。

第1章　成年後見・財産管理に関する事例

(7)　仮差押えの登記

　ただ，一つ問題が生じました。担保供託後，仮差押えの決定が出ると書記官の嘱託により法務局で仮差押えの登記がなされる（民事保全法47条3項）のですが，登記簿上，まだ相続登記がなされておらず被補助人の名義のままだったのです。供託書の当事者の記載の関係もあり，執行を可能にするためには供託の前に私が債務者の相続の代位登記をして，登記名義を長男にしておく必要があるとのことでした。この代位登記には15万円ほどかかることが分かりました。さすがの私も，数十万円の報酬のためにそこまでやる必要があるかどうか大いに悩みました。しかし，最終的に債務者から回収できると信じて代位登記をし，その後，担保を供託，仮差押決定をもらい，平成25年10月下旬，無事，書記官の嘱託による仮差押えの登記がなされました。

(8)　相続放棄

　仮差押えの決定が相続人である長男に送達されたころ，私は長男に請求書を送付しましたが何の連絡もありませんでした。本訴を考え出した同年11月末，なんと，長男が，自分は相続放棄をしたので当該土地の所有者ではないとして，事情変更による保全取消しの申立てをしてきました。申立書によれば，相続放棄の申述をしたのは仮差押決定の送達の後の，被補助人の死亡から5か月も経過した同年11月中旬でした。長男は，保全取消しの理由を作るために相続放棄をしたとしか考えられませんでした。私は，本来の債務者である長男の支払拒否の強い意思を感じ，高額の不動産（他に多額の現金も相続できていたはずです。）がありながら，なぜ相続放棄をしてまで70万円程度の支払を拒むのかと，うんざりしながら第一回目の保全取消しの審尋期日に出頭しました。

　するとさらに驚いたことに，申立人でもない元妻が，非公開の審尋であるにもかかわらず心配そうな顔で傍聴席に座っていました。このとき私は，この仲睦まじい2人が「離婚」しており，それぞれが生活保護や母子家庭の補助等のあらゆる公的補助を受けていることを思い出しました。この元妻は，長男が被補助人からお金を無心できなくなったので，自分もその恩恵にあずかれなくなり，今度は自ら被補助人に取り入り，その資産を意の

84

ままにしようと考えたのでしょう。そのためには，何より補助人の存在が邪魔であり，そのために今回の補助取消しから報酬不払いの一連の行為を画策したのです。また，長男が被補助人の多額の財産を相続すると生活保護が受けられなくなるので，長男と自分の間の子である高校生の息子に相続させる算段をしたのでしょう。たぶん，現在も強く信頼関係で結ばれている元夫である長男も，それに賛同したのだと思います。私は本件をめぐる今までの不可解な出来事についての疑問が，このとき全て解けたのでした。

⑼ 相続財産管理人申立て

　私は，期間徒過による相続放棄申述の無効を主張し，保全取消しに異議を申し立て，仮差押手続を続行させるか，それとも仮差押えは諦めて相続財産管理人選任を申し立てるか，考えました。長男は，受遺者の存在を主張することは確実でした。ただ，保全の手続ではあくまで長男の相続放棄だけが争点になるので，受遺者が誰であるかは判明しません。これに対して，相続財産管理人を申し立てた場合は，土地だけに関する特定遺贈であれば相続財産管理は継続するので，私の債権は相続財産から回収ができます。また，包括遺贈だった場合は相続財産管理は終了しますが，受遺者が判明するので今度はその者に対して請求することができます。そのような理由から，ほぼ，受遺者は長男と元妻の子だとは想像がつきましたが，私は受遺者を明確にする目的で，相続財産管理人選任を申し立てることにしました。ただ，その場合でも，当該土地に遺贈の登記をされないよう，保全取消決定の前又は同時に，相続財産法人への登記がなされることが必須でした。

　同年12月中旬，私の申立てにより，相続財産管理人が選任されました。相続財産管理人が，相続財産法人の登記を保全取消し決定前にできるか否か法務局に問い合わせたところ，登記の実務では，相続財産法人の登記は，土地については現在の長男を所有者とする登記の抹消登記をした後，相続財産法人への名義変更を長男と相続財産管理人が共同申請する必要があると言われたとのことでした。すなわち，本件では，長男の協力が得られない状況では仮差押登記取消前に相続財産管理法人の登記をすることは事実

第1章　成年後見・財産管理に関する事例

上不可能である，ということになります。この点は誤算でしたが，幸いなことに仮差押えの対象ではなかった家屋については，被相続人名義のままだったため，相続財産管理人単独で相続財産管理法人の登記ができました。家屋だけでも受遺者の登記を防ぐことができ，受遺者による第三者への土地建物の売却の可能性は低くなるので少し安心しました。

　そのこともあり，私はその後の処理を相続財産管理人に任せることにし，仮差押申立てを平成26年1月中旬に取り下げました。

⑽　和　解

　案の定，長男は，相続財産管理人に対し，長男の子（元妻と同居している高校生）に包括遺贈する旨の，被補助人の平成25年6月8日付け自筆遺言（死亡日は同年6月15日）を提出し，相続財産管理の終了を主張してきました。

　包括遺贈の事実を認める場合，相続財産管理は終了し，早急に長男の子を所有者とした仮差押申立てを再度しなければなりません。その場合，新たに保全の必要性が検討されますので，長男の子に一回も請求をしていない状態で，仮差押えが認められるかどうか分かりません。すぐに認められなければ，その間に売却されてしまうおそれが大きくなりますので，長男の子に請求をし，反応を待つ時間はありません。

　一方，遺言無効を主張する場合には，相続財産管理人が訴訟を提起し争っていくことになります。相続財産管理人からは，争う場合には申立人である私が追加予納金を納めることが必要になると言われました。訴訟のための費用ですから相当多額になると思われました。今まで債権回収のためにかかっている費用が担保を除いて20万円を超えており，その上，万一敗訴した場合を考えると，これ以上の出費はためらわれました。

　さすがにここまでかと，私は諦めかけました。ただ，一方で私は，あの被補助人が死亡1週間前に遺言書を書けるはずはなく，当該遺言書は偽造であるとの疑念を強く持っていました。

　そこで，私は，仮差押えを取り下げた土地について，取下げ後まもなく，長男の子が遺贈により取得した旨の登記がなされたことを確認し，登記申請時に提出された，被補助人が作成したという自筆遺言書を，法務局に閲

86

覧しに行きました。案の定，そこには，私が見慣れた被補助人の字体とは似ても似つかない，不自然な字体の遺言書があり，私は遺言の偽造を確信しました。そして，偽造だとすると，長男も遺言書の無効を争うのは是が非でも避けたいと考えるのではないかと思い，最後の手段として長男及び長男の子に，遺言無効の訴えをしないという条件での和解を打診することにしました。

相続財産管理人を通して和解の打診をすると，長男及び長男の子はそれぞれ代理人を立ててきました。和解交渉で私は代理人らに対し，今までの苦労話を聞いてもらい，報酬金相当額及び第1回目の仮差押から相続財産管理人申立てまでかかった実費分を全額賠償してもらわない限り和解しない，と強気で臨みました。この提案に対しては，両弁護士とも，ただただ，条件をのむ代わりに遺言無効を争わないでほしいと，その点を念入りに確認するのみで，平成26年5月初旬，遺言無効を争わないことを条件に希望どおりの和解が成立しました。その後，私は相続財産管理人選任処分の取消申立てをし，平成26年6月，取消しの審判が出され，全ての手続が終了しました。報酬決定から実に1年2か月後のことでした。

4 終わりに

支払を拒む者から報酬の支払を受けることが，いかに大変であるかを事例として紹介いたしました。この方法は時間も費用もかかりますので，誰でもできるものではありません。現行制度のもとで，後見人等（後見監督人，保佐人，補助人等も含む。）が報酬をスムーズに受領するためにできることは，結局，被後見人だけでなく，その親族等からも信頼を得るべく努力し，成年後見制度の理解を求めること以外ないのではないかと思われます。

【プライバシー保護のため事例の内容は変えております。】

第 1 章　成年後見・財産管理に関する事例

COLUMN

コラム⑤

認知症患者が起こした不法行為の責任を誰が負うか？

　超高齢社会の到来に伴い，高齢者が事故を起こし，損害を第三者に被らせる事件が多発するようになりました。そのような事件の中でも，特に衆目を浴びた事件の最高裁判決が，先般ありました。その事件とは，認知症患者が家から外出してしまい，列車にはねられ，列車の運行を阻害したことによって鉄道事業者が被った損害を，介護を行っていた家族・親族に請求したというものです。

　まず法律上，不法行為があったとしても，行為者に自らの行為の責任を負わせられるだけの能力がなければ（これを「責任能力」といいます。），損害賠償義務を負わせることはできません。このようなルールは，近代法秩序の大原則ですが，ここでは深く立ち入らないことにします。本件においては，不法行為者が高度（要介護4）の認知症患者であったため，この「責任能力」が認められませんでした。

　その上で民法上は，責任無能力者の起こした不法行為について，「責任無能力者を監督する法定の義務を負う者」が，その責任を負うとされています（民法714条）。このため，介護を行っていた家族・親族がこの714条（もしくはその準用）の義務を負うか，が裁判上の争点となりました。

　第一審では，同居していなかった長男が，親の財産の管理等を行っていた地位にあることなどから，714条を準用した責任を負い，同居して介護にあたっていた妻が，家に設置してあったセンサー（勝手に外出しようとするとブザーが鳴る）を切っておいたことなどから，通常の不法行為責任を負う，という判断がなされました。

　一方，第二審においては，長男には監督義務が認められないという判断となりましたが，夫婦間の協力扶助義務（民法752条で定められています）などを根拠に，妻が714条の監督義務者に当たるとされた上で，上記事実などから，監督義務を怠ったものとして，この妻が責任を負うことになりました。

　しかし，最高裁（最判平28・3・1民集70巻3号681頁）では，714条該当性について，結論を異にしました。まず，①同居の配偶者であっても，714条にいう法定監督義務者とはならないとしました。ただし，②身分関係や日常生活における接触状況に照らし，責任無能力者による第三者への加害行為防止のための監督を現に行い，事実上の監督を超えるほどに監督

88

義務を引き受けたというような特別な場合では，714条の法定監督義務者に準じて同条が類推適用される，という基準を立てたのです。このような基準を立てることは，夫婦や子供といった定型的な判断ではなく，事案の事情に即した判断をする，ということを意味するのだと考えられます。

そして本件においては，妻が介護をしていたといっても，妻自身も要介護1状態であり，長男の妻に手伝ってもらいながら介護をしていたという事実から，先の基準に言う第三者への加害行為防止のための監督が実際に可能であったり，その監督義務を引き受けていたとは言えない，と判断し，妻への714条の適用・準用を否定しました。

また，同居をしていない長男についても，月数回実家を訪れていた程度では，妻同様に監督が可能であったり，監督義務を引き受けていたとは言えないと判断し，同様に714条の適用・準用を否定しました。

上述の通り，最高裁判所は，認知症患者＝責任無能力者の起こした不法行為について明快な基準を打ち立てたというよりは，事案ごとに実情を精査し，介護者らに責任を負わせることができるほどの事情があるかどうかを判断しようという態度を明らかにしたものにとどまると考えられます。

それでは，認知症患者が不法行為にあたる事件を起こした場合，どのような解決が望ましいのでしょうか。

介護者にとっては，日々の介護の激務に加え，第三者への損害賠償まで責任を負わされるとなれば，介護すること自体のリスクが意識されるようになるでしょう。要介護者にとって適切な介護が行われないという状況すら発生しかねません。介護者が基本的に責任を負う，という結論は避けられなければならないでしょう。

とはいえ，被害者側から見れば，たまたま加害者が認知症患者であったからといって，十分な損害の賠償がなされないまま放置されてよいわけはありません。本件事案では，被害を受けたのが鉄道事業者という大企業であったため，この視点が欠けがちです。

例えば自動車事故では，加害者に十分な賠償能力がない場合に備えて，強制加入の自賠責保険によって，一定限度ですが被害者救済を社会全体で担保しています。

超高齢社会は，ますます進んでいく一方です。高齢者の介護及びそれに付属する問題について，家族・親族関係に依存した解決ではなく，社会全体においてその責任の引き受けをもっと考え，実践しなければならないのではないか，と強く思います。

第2章
消費者被害・詐欺被害に関する事例

第２章　消費者被害・詐欺被害に関する事例

| 事例 7 | 高齢者がリフォーム詐欺に引っ掛かった事例 |

一人暮らしの高齢者（80歳代女性）が，実体のないリフォーム契約をさせられて，金銭をだまし取られた事例

● 概要図

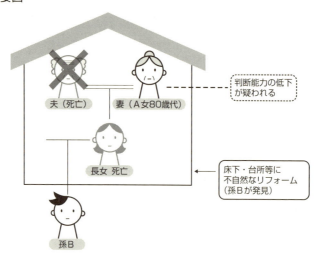

はじめに

　高齢者をターゲットとする悪徳商法は，後を絶ちません。

　相談できる者が周りにいない高齢者夫婦や独居高齢者が，何らかのきっかけで顔なじみになり，寂しい生活につけ込んで，頻繁に出入りするなどして偽りの信頼を獲得した者との間で，ただ財産の散逸しか生まない契約をさせられてしまうというのが，典型例です。

　投資詐欺・現物まがい商法や原野商法と呼ばれるものは，一つの組織が大勢の被害者を生む事例などで，過去に大きな社会問題となりました。

　それ以外にも，実態のなかなかつかみにくい悪徳商法は多く，最近では，判断能力の乏しくなった高齢者相手に，不必要かつ高価な衣料品や寝具をクレジットで大量に買わせる，次々商法という悪徳商法が問題となりまし

92

た。

リフォーム詐欺も，下火になったとはいえ，一時期社会問題化した悪徳商法の一つです。

無料点検などの口実で家に上がり込み，点検をしたふりをして，「床下の木が腐っている。換気が良くないせいだ。」などとでっち上げ，心配になった消費者に高額なリフォーム契約を結ばせるというものです。

このようなリフォーム詐欺のターゲットとなってしまうのは，高齢者に限ったことではありませんが，特に一人暮らしの高齢者の場合には，判断力の低下などにつけこみ，多重の契約を結ばせられることがあるので，より多額の財産の費消につながってしまい，被害の深刻度が高くなってしまうことがままあるのです。

本件では，リフォーム詐欺に遭ってしまった高齢者の被害について，どのような手順でどのように解決すべきなのかを検討します。

1 事例の概要

(1) 被害者について

被害者のAさんは，15年前に夫を亡くして以来，一人暮らしを続けてきました。Aさんと亡夫の間には娘がおり，娘は結婚して子供もいましたが，亡夫と娘は，ずいぶん前から折り合いが悪かったことで，Aさんと娘との間も没交渉といった具合でした。夫が亡くなってしばらくして，娘も亡くなってしまいましたが，娘の子供（Bさん）は娘の生前から海外に居住していたことで，AさんはBさんともほとんど音信不通の状態であり，Aさんは親族の助けを借りずに15年間一人暮らしをしていました。

それでもAさんは，亡夫が自宅及びかなりの預金を残していたため，誰の世話にもならずに，独立して生活できてきました。

(2) 事態の発覚

そんな中，Bさんが日本に帰ってくることになり，久方ぶりにAさんと会うことになりました。

しかしBさんが，Aさんと久々に会ってみても，要領の得ないやりとりが多く，一人暮らしできちんと生活できているか不安になり，一度Aさん

第2章　消費者被害・詐欺被害に関する事例

の自宅を訪れてみることにしたのです。

　訪れてみてBさんは驚きました。

　家の中の各所は雑然としていましたが，一人暮らしを長年続けてきた家相当の様子といえばその程度でした。

　しかし，台所の一部だけがリフォームされていたのです。一人暮らしで自分の料理を作るだけの環境であれば，改めて台所をリフォームする必要はないですし，なにより台所全般ではなく，ほんの一部分だけが不自然に最新機器に交換されていたのです。

　BさんがよくよくAさんに聞いてみると，「何年も前から，親切な人たちが家に何度も来てくれて，いろいろ直してくれた」と言われました。しかし，詳しい話を聞こうとしても，少し細かい話になった途端，要領を得なくなってしまいます。

　心配になって家の他の部分も見てみたところ，床下に換気扇が何台も並んでいました。Bさんは海外に長く居住していたため，日本の木造住宅の床下に換気扇が設置されていることの意味が分からなかったため，いろいろと調べたところ，湿気対策工事として設置されることがあるが，数台必要になることはない，ということが分かりました。

　Bさんは，Aさんの判断力の低下を疑うとともに，本当に自分の意思でリフォームしたのか疑問に感じたため，不必要な工事代金を取り戻すことができるかどうか等を，弁護士に相談してみることにしたのです。

本相談のポイント

① 　高齢者の法律相談の特色は，本人に判断力が残っているかどうかにあります。通常の判断力が残っている場合には，特に，他の事件処理と異なることはありません。

② 　判断力に不安がある場合，早めに本人以外のキーマンを押さえておかないと事実の把握が困難になってしまい，弁護士過誤になるおそれもあります。

③ 　本人の判断力が危ない場合，成年後見の申立てを含め，委任契約や被害届，告訴が可能になる準備をしなければなりません。

> ④ なんと言っても，証拠を集めないと始まりません。

2 受任に際しての注意点

B女から本件を受任するに際しての注意点は，以下の通りです。

(1) 判断能力

まず，本人に判断力が残っているかどうかです。事情聴取するにしても，委任契約を締結するにしても，成年後見，保佐相当であっては，手続を進めることができないからです。

私は，Bさんからの相談を受けて，すぐにリフォーム詐欺を疑いました。Aさんの被害回復のため，下記のような代金取戻しのための行動に入るとしても，本人の意思能力が認められなければ，その後の行動の正当性が疑われることになってしまいますので，すぐにAさんに会って，その見極めをすることにしました。

しかし，Aさんは私に対しても，リフォームに及んだことは伝えられても，詳しいことは何も説明できない状態でした。

このため私は，Bさんに対し，今の状態では何かの行動に出ることも難しいので，医師の診断を受け，その結果次第で成年後見人を選任し，その成年後見人に被害回復のための活動をお願いしなければならないと思う，と伝えました。

BさんはAさんを連れて診断を受けることにしましたが，やはり成年後見相当と判断され，Bさんは成年後見人の選任手続を行うことになりました。

(2) 事情聴取の相手方

判断力に不安がある場合，早めに本人以外のキーマンを押さえておかないと事実の把握が困難になってしまい，弁護士過誤になるおそれもあります。

一般的には，高齢者の親族や，親しくしている近所の人，利用している行政機関の福祉担当者などに，事情聴取の協力を依頼することになろうか

第2章 消費者被害・詐欺被害に関する事例

と思います。

　本件においては，Aさんはずっと一人暮らしをしている中で，行政機関の福祉の世話も受けていなかったようでした。しかも上記のとおり，親族・孫とは疎遠になっていたようでしたので，契約当時の事情を知る者はいませんでした。

　そして実際の被害回復活動については後に選任される成年後見人が行うことになるのですが，Bさんから相談を受け，実際にAさんに会って，成年後見の助言などをした私が，Bさんの協力を受け，できる範囲でのAさんの被害実態の把握や，被害回復のための調査を行うことにしたのです。

(3)　適用法規の検討

　本人の負担が少ない解決手段から検討し，説明する必要があります。

3　法的問題点の検討

(1)　特定商取引法

　①　Aさんは，自宅で契約をしているので，リフォーム業者から契約内容を明らかにする法定書面を受け取った日から起算して8日を経過していなければ，クーリングオフを行うことができます（特定商取引に関する法律9条1号）。

　②　次に，ここからがミソなのですが，リフォーム業者から契約内容を明らかにする法定書面（特定商取引に関する法律4条）を受け取っていなければ，8日間の期限は始まりませんので，いつでもクーリングオフを行うことができます（特定商取引に関する法律9条1号）。この法定書面は厳格な規定が置かれていますので契約書をきちんと確認する必要があります。

　③　不実告知

　　リフォーム業者が契約締結の勧誘をするに際し，不実の告知をしてはならないとされています（特定商取引に関する法律6条）。この内容としては，契約締結の事情に関する事項も含まれますので（特定商取引に関する法律6条1項6号），消費者契約法4条1項1号の「重要事項について事実と異なることを告げること」よりは広いと考えられま

す。

　不実告知がある場合，当該契約の取消しができます（特定商取引に関する法律9条の3第1項1号）。

(2) 消費者契約法

① 消費者契約法4条1項は，消費者は，事業者が消費者契約の締結について勧誘をするに際し，当該消費者に対して重要事項について事実と異なることを告げるなどの行為をしたことにより，誤認をし（当該告げられた内容が事実であるとの誤認。物品，権利，役務その他の当該消費者契約の目的となるものに関し，将来におけるその価額，将来において当該消費者が受け取るべき金額その他の将来における変動が不確実な事項につき断定的判断を提供すること。当該提供された断定的判断の内容が確実であるとの誤認），それによって当該消費者契約の申込み又はその承諾の意思表示をしたときは，これを取り消すことができる，とされています。

② また，同法4条2項では事業者が消費者契約の締結について勧誘をするに際し，当該消費者に対してある重要事項又は当該重要事項に関連する事項について当該消費者の利益となる旨を告げ，かつ，当該重要事項について当該消費者の不利益となる事実（当該告知により当該事実が存在しないと消費者が通常考えるべきものに限る。）を故意に告げなかったことにより，当該事実が存在しないとの誤認をし，それによって当該消費者契約の申込み又はその承諾の意思表示をしたとき，同条3項は，事業者が消費者契約の締結について勧誘をするに際し，当該消費者に対して不退去等の行為をしたこと（一　当該事業者に対し，当該消費者が，その住居又はその業務を行っている場所から退去すべき旨の意思を示したにもかかわらず，それらの場所から退去しないこと。　二　当該事業者が当該消費者契約の締結について勧誘をしている場所から当該消費者が退去する旨の意思を示したにもかかわらず，その場所から当該消費者を退去させないこと。）により困惑し，それによって当該消費者契約の申込み又はその承諾の意思表示をしたときは，これを取り消すことができるとされています。

第2章　消費者被害・詐欺被害に関する事例

　　同条4項は，業者が消費者にとって分量が著しく超えるものである
　ことを知っていたときにも取消しができるものとしています。

(3)　**民　法**

①　民法96条

　　業者によってありもしない建物の瑕疵やリフォームの理由を申し向
けられた（詐欺）ことや業者の言動により恐怖させられた（強迫）こ
とによって契約締結に及んだ場合，契約を取り消すことが可能です。

②　民法95条

　　業者の虚偽の説明が動機となった契約を締結したと評価できる場合，
一定の要件を満たせば，錯誤による契約の無効を主張することができ
ます。

③　民法90条

　　契約内容や業者の言動があまりに常軌を逸しているなど，場合に
よっては契約そのものが公序良俗に反するものとして，無効を主張す
る場合があります。

④　民法709条等

　　業者の詐欺的手法や公序良俗に反するような手法により契約に至っ
たことについて，不法行為による損害賠償責任を追求できると考えら
れます。

　　過去には，詐欺リフォーム会社に対する損害賠償責任が認められた
事案も存在します（東京地判平19・3・26・平16(ワ)14553号等）。

(4)　**業者との交渉及び訴訟**

　弁護士としては，被害回復のため，業者と交渉します。すなわち，当該
契約に上記のような要素があることから，取消しや無効事由があること及
び不法行為としての損害賠償義務があること等を主張し，少しでも被害金
銭の回収を試みることになります。

　任意の交渉が不調に終わった場合は，業者を相手に同様の理由で訴訟を
提起するほかありません。ただし，訴訟の前提としての相手方の所在特定
等に困難をきたすことが多いのが，悪徳商法の典型です。

事例７　高齢者がリフォーム詐欺に引っ掛かった事例

(5)　刑法上の責任

　刑法上の詐欺の要件（刑法246条）に当てはまるのであれば，被害届，告訴という手続を行い，捜査機関による捜査・検挙を促すことが可能です。

　過去には，詐欺リフォーム会社の社長への実刑判決が下った例があります。

　捜査機関による捜査資料は，民事上の責任追及の際の証拠に活用できます。

　立件された場合は，刑の軽減を目指す加害者による被害の一部弁償が行われる場合もあります。

4　本事例の顛末

　Ｂさんと，Ａさん宅をくまなく探して回りましたが，リフォームにかかる契約書や，代金支払の領収書を全く見つけることができませんでした。預金口座の出金をみると，まとまったお金が下ろされた形跡が数回あったのですが，いずれも数年以上前のことであり，そのころのＡさんの意思能力がどうだったのかも既に分かりませんでした。

　また，Ａさんにはリフォームにかかる事情をその後も数回聞いてみたのですが，記憶が明確になることはついにありませんでした。

　このため私は，選任された成年後見人の弁護士に対し，Ａさんがリフォーム詐欺の被害を受けたと思われること及び関与した業者の特定が困難であったことについて引き継ぎをすることしかできませんでした。

　その後，成年後見人にもことの顛末を聞く機会がありましたが，加害業者への責任追及は行えなかったとのことです。

　これからの日本は，ますます高齢化社会が進展していくと思われます。そうすると，高齢者がこのような被害の危機にさらされる機会も減ることはないでしょう。高齢者案件の特徴として，本事案のように，被害の顕在化がしにくいことや，被害原因の特定が難しいことが挙げられます。

　私にとっては非常に悔しい経験でしたが，それでも何らかの参考になろうかと思い，あえて事例を挙げさせていただきました。

　　　　　　　【プライバシー保護のため事例の内容は変えております。】

第2章　消費者被害・詐欺被害に関する事例

事例8　高齢者が自宅を売られてしまい，業者は財産管理契約，任意後見契約を締結していた事例

高齢者が自宅を売られてしまい，業者が財産管理契約，任意後見契約を締結していたため，横領罪として刑事告訴をした事案

●概要図

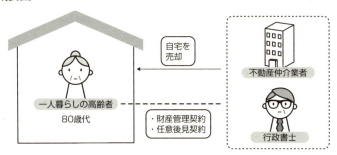

はじめに

　一人暮らしの高齢者で，自分で老後の生活を考えなければならないような立場に置かれた場合には，不安や寂しさにつけ込まれ，「代わりに財産を管理してあげる」，「施設に入居する費用を捻出するための方策である」などと称して自宅の売却契約，財産管理契約，任意後見契約をさせられることさえあります。

　本件は，まさに一人暮らしの高齢者が判断能力の低下により，リフォーム業者，行政書士，不動産仲介業者らによって預金のみならず，自宅不動産までをも騙し取られた事案でした。

1　事例の概要

(1)　経　緯

　受任当時，83歳であったB女には，夫A男と長女がいましたが，長女は15年前に，またA男も10年前に亡くなっていたため，それから一人で暮らしていました。今回，B女の事件を受任したのは，B女の自宅売却を聞き

つけた孫C（長女の子）からの相談でした。

(2) 経済状況

A男は，商社の元役員でB女に港区内に自宅と数千万円の預金を残していたため，B女は，A男の死後，親族や役所の助けを借りることなく，一人で生活していました。

(3) リフォーム詐欺による財産散逸

ところが，A男が亡くなってから2，3年経過したあたりからB女の判断力が落ち始め，その頃から頻繁にリフォーム業者がB女宅を訪れるようになりました。リフォーム業者は，B女の判断力の低下と寂しさにつけこみ，B女と複数のリフォーム契約を締結して，お金を騙しとっていました。その中には，台所の改造費として数百万円，また床下の湿気対策として百数十万円もするものがありました。B女の自宅の床下を覗くと，何台もの換気扇が所狭しに並んでいました。B女は，上記リフォーム契約により，A男が残してくれた預金は著しく減少し，これまでと同じ生活を続けていくことが困難な経済状態になっていました。

(4) 自宅の売却

さらに，本件は，悪質なリフォーム業者に騙され，預金が尽きてきたB女に対し，さらに追い討ちをかけるように，今度は不動産仲介業者と行政書士が結託して，B女の自宅が売却されました。

不動産仲介業者は，施設に入る費用を捻出するためと称してB女の自宅を売却させ，行政書士は，その自宅売却金についての財産管理契約，及び任意後見契約を締結し，財産管理契約に基づき自宅売却金を自由に費消するとともに，自らを後見人とする任意後見契約を締結することで，後の責任追求を困難にしようというもくろみであったと思われます。

本相談のポイント

① 高齢者の法律相談の特色として，本人に判断力が残っているかどうかを見極める必要があります。

② 本人に通常の判断力が残っている場合は，特に他の事件処理と異なることはありませんが，判断力に不安がある場合には，早めに本

第2章 消費者被害・詐欺被害に関する事例

> 人以外のキーマンを押さえる必要があります。キーマンを押さえて
> おかないと，事実の把握が困難になってしまい，弁護士過誤になる
> おそれもあるからです。
> ③ 本人の判断力が危ない場合，成年後見の申立てや委任契約のほか，
> 被害届・告訴など刑事事件としての対応も準備しなければなりませ
> ん。刑事事件の選択が結果的に被害回復を早め，効果的なことがあ
> ります。

今回は，刑事事件の選択により，民事事件を有利に進めることができま
した。

2 受任に際しての注意点

B女から本件を受任するに際しての注意点は，以下のとおりです。

(1) 判断能力

まず，本人に判断力が残っているかどうかを見極めることが重要です。
事情聴取をするにしても，委任契約を締結するにしても，本人の能力が成
年後見，保佐相当であっては，手続を進めることができないからです。本
件については，B女の自宅売却に気がついた孫Cにより，自宅の売却契約
の解約，財産管理契約，任意後見契約の取消しが行われ，同人の申立てに
より成年後見人が選任されました。

(2) 事情聴取の相手方

本人の判断力に不安がある場合，早めに本人以外のキーマンを押さえて
おかないと事実の把握が困難になってしまい，弁護士過誤になるおそれも
あります。本件のキーマンは，B女から自宅売却を聞きつけた孫Cでした。

3 法的問題点の検討

(1) 公正証書による財産管理契約，任意後見契約の取消し

B女の財産を回復しても，回復した財産が財産管理契約により，悪徳業
者の手に入ってはどうしようもありません。悪徳業者を受任者とする公正

証書による財産管理契約及び任意後見契約の取消しについては，孫Cの協力のもと本人が公証人の認証のある書面で行いました。

なお，任意後見契約の取消しは，任意後見監督人が選任される以前であれば本人が公証人の認証のある書面でする必要があります（任意後見契約に関する法律9条1項）。

(2) 売買契約の取消し

B女の自宅については，既に買受人との間での売買契約が締結され，手付金が交付されているという状態にまで進んでいました。B女の自宅の売却は，仲介手数料の取得を謀った不動産仲介業者と財産管理契約により売買代金を騙し取ろうとした行政書士とが結託して行ったものですが，自宅を買い受けた買受人は善意の第三者でした。

そのため，不動産仲介契約については詐欺を理由に取り消したものの，売買契約自体を取り消すことができず（民法96条2項），B女の自宅を取り戻すことはできませんでした。

(3) 刑事告訴

事案の重要性と早期解決の必要から，告訴事実は，自宅売却金の手付金をB女から委託を受けて預かったと称するものを被疑者（被告訴人を特定していない）とし，その被疑者が手付金を横領したというものでした。告訴事実を詐欺罪ではなく，横領罪としたのは，本件について相談した警察から，本人が認知症であるため，被疑事実は犯罪事実として立証が確実な事実で被害届を出してほしいと言われたためです。詐欺罪を告訴事実とすれば，被欺罔者が騙されたことを認識し，騙されたと供述できることが必要となりますが，B女は騙されたことさえも認識できない状態であると考えられたからです。

4 本事例の解決

(1) 相手方からの訴訟

B女と財産管理契約を締結した行政書士からは，B女のために支払った生活費等の立替金請求事件の訴えが提起され，またそれとは別に，不動産仲介業者からは，遠隔地の支部に自宅売却の不動産の仲介報酬請求の支払

第2章　消費者被害・詐欺被害に関する事例

督促命令が申し立てられました。当方は，直ちに督促異議を申し立て併せて本案前の抗弁として，管轄違いの抗弁，裁量移送の申立てを行うとともに，上記訴訟に対して，意思無能力を理由とした財産管理契約の無効主張や売買の手付金の返還等を求めて反訴を提起するなど，相手方との紛争は泥仕合になっていきました。

(2)　**刑事手続の進行**

①　上記民事裁判と並行して先に告訴していた上記刑事手続が進行し，不動産の仲介業者と行政書士は業務上横領罪で有罪となりました。

②　刑事事件が有罪となったことで，B女から財産を騙し取ろうとした不動産仲介業者と行政書士の意図が明らかとなり，反訴は有利に進んだものの，上記キーマンである孫C（同人が成年後見人となっていた。）が，祖母を騙されたことによる被害感情が強く全額回収に拘ったため，和解することができませんでした。

　最終的には，本訴も反訴も全面勝訴でしたが，手付金の全額回収が困難なことは容易に予想されましたので，B女の今後の生活のために和解し，一部でも回収しておけば良かったと思う残念なケースでした。

【プライバシー保護のため事例の内容は変えております。】

事例9　高齢者が複数の業者から消費者被害に遭った事例

事例 9　高齢者が複数の業者から消費者被害に遭った事例

独り暮らしの高齢者が複数の業者から消費者被害に遭い，被害回復を行った事例

●概要図

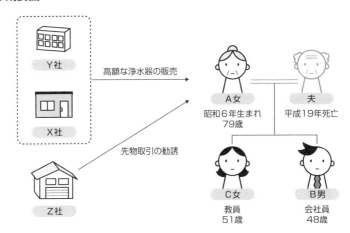

はじめに

　高齢者は自宅にいることが多く，また，生活や健康の面で不安を抱えていることも多いため，その不安につけ込んだ悪徳業者に狙われることが多く，訪問販売等の被害に遭いやすい状況にあります。
　ここでは，独り暮らしの高齢者が複数の業者から消費者被害に遭った事例を紹介しながら，実際にどのような道筋で被害回復を図ったかについてご説明していきたいと思います。

1　事例の概要

(1)　被害前の経緯

　A女は，昭和6年生まれで事件当時78歳でした。彼女は，郷里の東北の

105

第2章　消費者被害・詐欺被害に関する事例

高校を卒業し，家庭で兄弟らの面倒を見ていた後，結婚に伴い上京してからは，3か月程度事務員として就職した経験があるのみで，もっぱら専業主婦として1男1女を育てあげました。

　子供たちがそれぞれ結婚して独立してからは，東京都区部の戸建て住宅に夫と二人暮らしでしたが，平成19年に夫を亡くしてからは，感情の浮き沈みが大きく，ときおりふさぎ込むなど，やや不安定な精神状態となりましたが，介護等が必要な健康状態ではなく，自分の身の回りのことは自分で賄えること，また，A女が長年居住している我が家を離れることを嫌ったこともあり，都内に住む子供たちは，頻繁に顔を見せることとし，しばらくはA女の様子をみることにしました。

(2)　浄水器購入契約

　A女は，平成21年1月，自宅で浄水器の販売を行っているX社の販売員の訪問を受け，浄水器1台を37万円で購入する契約を締結させられました。このときは，数日後に，A女宅を訪問した長男B男が，本件浄水器を見つけ，A女から契約を聞き出し，直ちにX社に対して，契約をクーリングオフにより解除する旨を通知したため，X社は，代金を返還し，浄水器を回収する結果となりました。

　平成21年12月，A女は，X社の関連会社（X社と代表者が同じ）であるY社の販売員の訪問を受け，第1契約と同一の浄水器を37万円で購入する契約を締結しました（第2契約）。さらに，翌22年2月には，Y社の別の販売員の訪問を受け，屋外給水管に設置する給水濾過装置1台を工事費込み20万円で購入する契約を締結しました（第3契約）。

　A女は，B男に本件契約について知られると叱られるのではないか，と思い，浄水器を目立たない位置に設置してもらったほか，契約書も隠していたため，B男が本件契約について知ったのは，第3契約締結から1か月余りが経過してからでした。

(3)　海外先物取引

　平成21年9月ごろ，海外先物取引の受託業務を業とするZ社（なお，Z社は，金融取引についての許可は取得しておらず登録もされていません。）の販売員がA女の自宅を訪問し，応対したA女に対し，「預金のようなもので

す。」等と述べて，海外先物取引を執拗に勧誘しました。

　さらに，その後，この販売員は，A女を，Z社事務所に連れて行き，上司らとともに，先物取引の仕組み，リスク等の説明を行わないまま，A女に海外先物取引口座を開設させ，取引保証金として700万円を出資させ，その1週間後には，取引保証金として追加で300万円を出資させました。

本相談のポイント

① 　A女本人の意思確認。

② 　浄水器購入契約について，クーリングオフの期間制限。

③ 　海外先物取引業者に対する責任追及。

④ 　更なる消費者被害の防止。

2　受任に際しての注意点

　本件の最初の相談は，A女本人からではなく，A女の長男B男（会社員，当時48歳）と長女C（教員，当時51歳）の二人からでした。そのこともあって，私が本件を受任するに際して留意したのは以下の諸点でした。

(1)　A女本人の意思確認

　本件各契約の当事者は，A女本人であり，各契約の被害回復の委任者は，A女である必要があります。高齢者が消費者事件の被害者である場合，高齢者本人は，被害に遭ったという自覚がなく，家族よりも業者の担当者を信頼して，契約の解除，取消等に応じず，最悪，家族との関係が悪化することもあります。

　そこで，A女本人を交えて面談をしたところ，A女本人も取引については疑問を有していたものの，家族に迷惑をかけたくないという気持ちが強く，契約について隠したり，相談をせずにいたという事情が明らかになりました。

　A女からは，浄水器が自分に不要のものであること，海外先物取引についてはその仕組み・内容が分からないまま，言われるままに取引に応じたことなどの回答を得られました。一方，自分が取引に応じたのに，それを

第2章　消費者被害・詐欺被害に関する事例

解除等するのは，よくないことで，相手方に迷惑をかけるのではないかと危惧していました。「私では決められない。」と困惑するなど，判断能力の低下した様子もみられました。「よくないことをするのではない。」「正当な要求であって不当な要求をするものではない。」ことを説明し，判断能力等については，Ｂ男，Ｃ女らのサポートを得ることとし，当事者能力にも欠けるところはなく，Ａ女本人からも委任に依存はない旨の回答が得られました。

(2)　契約書面

　Ａ女に，各契約の締結経緯，その状況等について，直接尋ねてみましたが，「はっきりとは覚えていない。」「（相手の指図どおりに）そのまま記入したことはあった。」など述べましたが，具体的な点については正確に把握していなかったため，契約書面や相手方からの受領書面が重要であり，相談者らにその確保をお願いしました。

　ただ，Ａ女は第1契約のクーリングオフの際に，Ｂ男に注意されたこともあり，各契約がＢ男やＣ女に知られると，叱られるのではないかと，書面の一部を隠したり，廃棄したりしていました。幸いなことに重要な契約書面は，裏がメモに使われていたものの，残っていました。

　併せて，先物取引業者に対して，取引に係る書面の開示を請求しましたが，本人の代理人からの請求であるにもかかわらず，本人の個人情報であることを理由に開示を拒否されたため，訴訟へと移行することとしました。

(3)　さらなる被害の防止

　Ａ女が複数の業者から被害に遭っている状況に鑑みると，Ａ女の情報が悪徳業者に共有されている可能性も考えられます。Ｂ男，Ｃ女らとの同居や施設への入居は無理としても，補助・保佐・後見制度の利用により，不動産を含めたＡ女の資産の安全を確保しておく必要があります。相談者らもその点は，相談に来る前から検討しており，被害回復手続と並行してこれらの手続を進めることとなりました。

3 本件における法的問題点の考察

(1) 浄水器購入契約のクーリングオフの期間制限

　訪問販売により売買契約を締結した場合，書面により契約を解除するクーリングオフを行うことができますが，そのクーリングオフ期間は一般的に7日以内といわれています。B男が本件第2，第3契約に気づいたときには，既に両契約の締結から8日以上が経過していたため，B男は，クーリングオフはできないものと考えていました。

　しかし，特定商取引に関する法律（以下「特商法」といいます。）におけるクーリングオフの起算点は，契約の締結日ではなく，「申込書面又は契約書面を受領した日」であって，その起算日から8日を経過した場合にはクーリングオフを行うことはできない旨規定されています。そして，申込者が，特商法5条の書面を受領していない場合や，受領した書面に特商法5条の重要記載事項が欠けている場合は，クーリングオフの起算日は進行しないというのが通説・判例です（東京地判平6・9・2判時1535号92頁ほか）。いいかえれば，これらの書面を受領していないか，これらの書面に不備があれば，クーリングオフが可能となるため，契約書面の記載内容の確認が重要です。

(2) 海外先物取引

　本件各取引は，市場において現実に発注・決済がされていない海外先物取引を装った架空取引である可能性が高いと考えられます。その場合，Z社は，市場に取引を発注するものと装い，その旨誤信したA女から委託保証金名下に金員を詐取したといえます。

　また，海外先物取引の勧誘においては，国内公設市場の先物取引の勧誘の場合（商品先物取引法215条，商品先物取引業者等の監督の基本的な指針Ⅱ-4-2参照）に比べてより厳格な適合性の原則が要求されます。そして，このような適合性原則に違反する勧誘については，社会相当性を欠くとして，損害賠償を認める判例法理が形成されています。

　国内公設市場における先物取引の場合は，商品先物取引法218条1項，2項が業者の顧客に対する説明義務を規定していますが，契約締結前及び

第2章　消費者被害・詐欺被害に関する事例

契約締結に際しての説明義務について明文の規定はありません。しかし，海外先物取引は，基本的な取引の仕組みは，国内公設市場における先物取引と同じですから，国内公設市場における先物取引の事案と同程度の説明が必要であるのみならず，海外先物取引の場合は，海外相場の動向確認，相場決定要因である現地の情報確認などの点で国内公設市場での取引よりもはるかにリスクが高くなるという点で，より高度な説明義務が要求されるというべきです。

　勧誘にあたった担当者らが，不法行為責任を負うほか，Ｚ社も，その組織的行為として，法人としての責任を負い，また，担当者らに対する使用者責任を負うものと考えられます。そして，Ｚ社代表者は，会社の代表者としての業務監督義務について任務懈怠があり，それについて重大な過失もあったと考えられますから，会社法429条1項に基づく損害賠償責任を負うものと考えられます。

4 本事例の解決

⑴　浄水器購入契約

　本事例では，Ｙ社は，Ａ女に対して，第1契約，第2契約とも，契約書面を交付していたものの，いずれの書面においても，特商法4条6号，同施行規則3条1号で記載することが要件とされている代表者名の記載を欠いていました。

　さらに，Ｘ社とＹ社とは代表者が同じであるほか，両社がＡ女に交付した領収書の筆跡，印紙の消印等が同一と見受けられるなど，Ｘ社とＹ社とは実質的に同一と見られること，第3契約の給水濾過装置は，第2契約の浄水器と機能が共通しており，独り暮らしのＡ女宅において両方を併用する必要はなく，過剰な販売であるものと思われました。

　第2契約からは，約100日が経過していましたが，Ｙ社に対して，以上の主張をまとめて，クーリングオフによる解除等を主張し，代金の返還を求めたところ，Ｙ社は，結果的に，クーリングオフに同意し，代金の返還と浄水器等の無償撤去に応じました。

110

(2) 海外先物取引

　本件では，平成22年6月に，法人としての会社のほか，販売担当者，その上司，法人代表者らについても責任を追及する訴えを提起しました。しかし，会社は既に営業をやめて，事務所も畳み，社員も全て退職済みであったため，法人のほか，上司，販売担当者らには送達ができませんでした。代表者については，会社登記に記載されていた住所に居住しており，送達されました。

　期日に出頭してきた代表者は，大学を卒業しても職が見つからず，アルバイト先で知り合った人から，代表者として名前を貸してくれるだけでいいと言われて，手伝ったもので，実際の出資・会社運営を行っていたものは別におり，取引の実態についても，会社の資産がどうなっているかも何も知らされていないとの反論でした。

　会社財産の行き先も，他の関係者の所在も不明な上，彼にも十分な資産があるとは思えない状況では，仮に請求が満額認められた場合であっても，その回収可能性は著しく低いと予想されました。そのため，依頼者らと相談し，彼の支払能力を考慮した上で，200万円の一括支払を受けることで3回目の弁論準備期日において和解により終結させることとなりました。

5　おわりに

　高齢者の消費者被害では，被害者本人が被害を認めないケースや，被害に遭ったことを隠すケースが多々あります。本件でも，A女は，契約書面や浄水器が家族に見つからないようにしていました。B男も，前回のクーリングオフの際に，母親をきつく叱ったわけではなく，注意を促した程度の認識だったのですが，自分の子供に注意されること自体がA女にとってはとても恥ずかしく，お金の損失よりも避けたいと思わせる事情だったようです。

　また，「悪徳業者」的な業者の場合，本件の先物取引業者のように会社を畳んで，関係者が行方をくらますケースが多くあります。本件の浄水器業者のように返金に応じるケースは，その運営がまだうまくいっている場合です。この場合，他の被害者との関係では早い者勝ちの回収となってい

第2章　消費者被害・詐欺被害に関する事例

る点は悩ましいところです。

【プライバシー保護のため事例の内容は変えております。】

事例10 家政婦の使途不明金につき返還請求訴訟をした事例

家政婦が，高齢独居男性の預金通帳から使途不明の金員を引き出すなどしたため，成年後見人が，不明金の返還請求訴訟を提起した事例

●概要図

はじめに

　80歳の男性が身の回りの世話をする女性を雇用したところ，その女性は男性に認知症の症状が生じてから同人の預金から不明朗な支出をし，かつ親族が訪問しても会わせないなどの態度をとり，男性を遠方の施設に入所させてしまいました。親族から成年後見開始の申立てがなされ，私が成年後見人に選任され上記女性に対し使途不明金の返還訴訟を提起し和解によって解決した事例について，ご説明していきます。

1　事例の概要

　本人（男性，以下「X」といいます。）は大手企業に勤務してきて退職し79歳のころ，脳梗塞で倒れ入院した後，退院し自宅で療養し通院治療をするようになりました。Xが80歳になったころ，妻が認知症になり同人の介護をするようになりました。Xには子供がいなかったこともあり家政婦紹介所から家政婦（以下「Y」といいます。）の紹介を受けて，同人に妻の介護を依頼することにしました。翌年Xの妻は死亡し，Xは大変衝撃を受けて，このころから認知症を発症し始めました。また，Yは，当初妻の世話をしていましたが，妻の死後もX宅に出入りを続けXの世話をするように

113

第2章　消費者被害・詐欺被害に関する事例

なりました。Xは妻が生存中家政婦紹介所との間で妻の介護を依頼する契約をしており，Y以外の家政婦も交代でXの自宅を訪問していました。しかし，YはXの妻の死後Xとの間で直接の契約をしたとしてYだけが訪問するようになり，他の家政婦の訪問はなくなりました。Yは，Xの銀行預金通帳等を預かり，日常の支出をして金銭を管理するようになりました。またXには兄弟がいたのですが，その兄弟がXの自宅に来ても，Yは家に入れさせず，兄弟との面会をさせないようになってきました。

　Xが81歳になったころ，YはXの認知症が悪化したとして精神病院へ入院させました。Yは，Xの入院の際に同人から通帳，金銭の管理を任されたとのことで，病院への入院費用の支払等をしていました。

　その後Yは，Xの症状が少し良くなったことを理由に，同人を退院させてA有料老人ホームに入所させました。この老人ホームは，自宅からも遠く不便でしたが，YはXが希望していることを理由に，このホームに入所させました。Yの長女がXの入所の際の保証人になっていたことが後日分かりました。またYは，Xの親族にA老人ホーム入所を知らせず，後日入所したことを知らせても，しばらくその住所を知らせませんでした。

　このころ，Xの兄弟は，Yの態度に不信感を持ちはじめ，Xに後見人を選任してもらい適正な財産管理を後見人に任せるべきとのことで兄弟間で意見が一致してきました。

本相談のポイント

① 　高齢者の身の回りの世話をする家政婦が，不明朗な支出をした疑いがあるにもかかわらず，同人が本人の預金通帳，印鑑等を保管して任意に引き渡さない場合の対応方法。
② 　不明朗な支出金の返還請求訴訟における本人の承諾能力が欠如することの立証方法。
③ 　不明朗な支出をしている疑いがあるとき，金員の受領について，ⅰ報酬，ⅱ好意による援助の対価，ⅲ本人からの贈与，等といった反論がなされた場合の対応方法。

114

事例10　家政婦の使途不明金につき返還請求訴訟をした事例

2　本事例の解決

⑴　成年後見人の選任申立て

　Xの弟さんは，家庭裁判所に対しXの成年後見の選任の申立てをし，私が弁護士成年後見人として選任されました。Xが82歳になったときのことでした。

⑵　後見人による預金通帳等の返還請求

　私は，選任開始決定後にXに面会したところ，同人は自分が自宅から離れているA老人ホームにいる理由が分からない様子でした。私は，自宅からも遠方にあり兄弟の訪問も困難なため，A老人ホームに相談しましたら，同じグループで自宅に近いB有料老人ホームを紹介してもらうことができ，同老人ホームに移転することにしました。

　私は，Yに対しX本人の預金通帳の引渡しを要求しました。これに対しYは，代理人弁護士を依頼し，私はY代理人と交渉を継続することとなりました。その結果，Xの預金通帳だけでなく，実印，印鑑登録カード，運転免許証，自宅の権利証，ゴルフ会員権，年金手帳等の引渡しを受けることができました。YがXからこれほど多数の重要書類を預り保管していたことも驚きですが，その管理の根拠になる書面などは，全くなく，不明朗な管理の疑いが濃厚でした。

⑶　返還に応じない場合の手段

　本件事案では，Yは私に対し預金通帳等の引渡しを任意にしてくれましたが，もしもYがこれを拒否した時，後見人はどう対応すべきだったのでしょうか。

　本件で私は，Xの親族の協力を得てXの自宅に入ることができましたので，自宅内にあった郵便物などを見ることができました。そのためXの取引銀行からの郵便物を見て口座のある銀行名が分かりましたので，直ちに銀行に照会して銀行口座を凍結することができたでしょうから，仮に私がYからX本人の預金通帳の返還を受けられなかったとしても，Xに不利益は生じなかったものと思われます。

　実は，私がYに対しXの預金通帳等の引渡しを求める以前に，Xの親族

115

第2章　消費者被害・詐欺被害に関する事例

から相談を受けた別の代理人弁護士がYに対しXの預金通帳等の引渡しを求めた，ということがありました。そのときには，YはXが代理人弁護士に預金通帳の引渡しの依頼をするはずがないとして，その引渡しを拒否した，とのことでした。

このように，本人の家族等が後見人の選任前に預金通帳等の引渡し等を求めたにもかかわらず，Yがこれを拒否したというときには，どういう対応が可能だったのでしょうか。

この場合，成年後見人が選任されるまでの間，選任の審判を待っていては本人の生活，療養看護に支障が生じ，また財産が危うくなるなどの恐れがあるなど，緊急に本人の行為を制限等するために，法は「審判前の保全処分」の制度を設けています（家事事件手続法126条1項，134条，143条1項）。裁判所は，本人のために財産管理人を選任して本人の財産を管理させますが，財産管理人の選任だけでは本人の財産管理処分権が残るために，本人による財産処分の危険が高い場合には，裁判所は後見命令を発することもあります。この申立ては，①後見等開始の審判の申立てがあり，審判の効力が生じていないこと，②後見開始等の審判の申立てが認容される蓋然性があること，③保全の必要性があること，の要件を満たすことが必要です。

仮にYがXの預金通帳等の引渡しを拒否するだけでなく，預金口座から現金を引き出すなどして費消する蓋然性が高い場合，審判前の保全処分を申し立て，財産管理人を選任して，YによるXの銀行預金の引出しをさせない必要があったかもしれません。しかし，Yに対するXの親族の代理人からの預金通帳の引渡し要求によって，事実上Yをけん制することができました。そのため，この申立ての必要性はなく，早急に後見人の選任を申し立てて，その選任を得ることでXの財産保全ができたのです。

(4)　後見人のYに対する返金訴訟の請求内容

さて私は，受領を受けたXの預金通帳を精査したところ，多数の使途不明金やYに対する毎月20万円の給与名目の出費や，特別ボーナスとして100万円の出費があるのを発見しました。さらに，YはXから車の譲渡を無償で受けて，自動車の登録名義を移転していることも分かりました。私は，Y代理人に対し，使途不明金の説明を求め，また給与やボーナス名目

事例10　家政婦の使途不明金につき返還請求訴訟をした事例

の受領金について返金を求めました。しかしＹは，預金から引き出された
金員はその都度Ｘに説明して承諾を得て支出しており，不明朗な出費では
ないこと，また月20万円の給与もＸの承諾を得ており，またＹは，Ｘの介
護をＹの長女ともども家族ぐるみで世話をしてきたのであり20万円の金額
は正当である等と反論して，返金を拒否しました。私は，Ｘ本人の判断能
力が低下しておりその承諾は，法的に無効である可能性が高いことも主張
しましたが，Ｙの態度は変わりませんでした。私は，これ以上交渉での解
決は困難と判断し，裁判所の許可を得て，Ｙに対して使途不明金の返金訴
訟を提起しました。

　後見人である私のＹに対する返金訴訟の請求内容と，これに対するＹの
反論は，以下のとおりです。

①　Ｘ本人の預金通帳から引き出された領収書等の裏付けのない使途不
　明の出費約150万円の返還。
　（Ｙの反論）
　　Ｙは，Ｘから依頼されて同人の財産管理をしていたが，それは専門
　家としての仕事でしたわけではなく，素人が好意で行ったものだから
　領収書等がないのはやむを得ないし，支出する際にその都度Ｘに必要
　性を説明し同人の了解を得ていたから，何ら不正なことはない，領収
　書のない支出の多くは，病院関係者やＡ老人ホームへの謝礼等であり
　領収書がないことは当然である，と反論しました。また，Ｘに判断能
　力があったとも主張しました。

②　Ｙが給与名目で引き出した月額20万円，合計120万円の返還。
　（Ｙの反論）
　　Ｙは，Ｘから毎月20万円をお礼として支払うと述べられ，両者が合
　意しているし，Ｙは長女にも手伝ってもらうなど家族ぐるみでＸの世
　話をしており介護と財産管理についての当然の対価であるから返金す
　る必要はない。Ｙは，Ｘから一時20万円を30万円に増額するとの提案
　を受けたこともあるが，多すぎるとしてこれを断ったこともあり，良
　心的に対応したつもりである。また，一時給与が減額されたこともあ
　り，このこともＸに判断能力があったことの証拠といえる。

117

第2章　消費者被害・詐欺被害に関する事例

③　Yが特別ボーナスとして引き出した100万円の返還。

（Yの反論）

　　Yは，X退院後自宅での生活が困難なことから，有料老人ホームに入所させるため適当なホームを探したところ，Xが少し自宅から離れるが温暖な施設がいいといったので，同人をつれてA老人ホームを見に行き同人も納得したので，同ホームに入所してもらった。Xは，Yに対し，A有料老人ホームを探すのに苦労をかけたとして100万円を特別ボーナスとしてあげるといい，Yはこれを受け取った。Xの意思に基づくものである。

④　YがXから無償譲渡を受けた同人の車両の返還。

（Yの反論）

　　Xは，医師から車の運転を禁止された後に，Yに対し，もう車を運転できないので不要だから車をあげると何度も言われたところ，Yはただでもらうわけにはいかないとして，これを何度も断った。しかし，Xが繰り返し車をあげるといい続けるため，Yはそこまで言うのなら，とこれを受け取ったにすぎない。Yは自分からXに譲渡を申し入れたわけでは全くない。XはYに車を無償で譲渡する合理的な動機があったことからも判断能力が十分あった。

⑸　**Xに承諾能力が欠如していたことの立証等**

　上記のようにYは，Xの承諾を得て支出等の財産管理行為をしたことを強く主張しました。そこで，Xに承諾するだけの判断能力が本当に当時存在したのかが争点となりました。

　私は，X本人が80歳で妻を亡くしたころ，ないし遅くともXが精神病院に入院したころには判断能力を失っていたのであり，上記のX本人の承諾は法的に無効であると主張，立証しました。

　私が主張の根拠としたのは，Xが通院していた病院の診療録でした。そこには，Xが脳梗塞で倒れ入院し，その後の通院の際の問診において，記憶障害が次第に進行していることを訴えており，医師の診断でも認知症が進みつつあることが記載されていましたので，妻を亡くしたころには意思能力を欠いていたことは明らかと思われました。

118

事例10　家政婦の使途不明金につき返還請求訴訟をした事例

　例えば，Xは，電話を受けたことをすぐに忘れてしまう，有名人の名前も分からない，自分の年齢を言えない，今年が何年か言えない，自分の姓名の漢字が書けない，誰と病院に来たか言えない等と訴えていました。

　症状についても，昼と夜の区別がつかず，夜歩き回る，家の外で排泄行為をするとの記載もありました。精神病院での長谷川式簡易知能評価スケールは10点未満で，高度の認知症レベルとされ，認知症の進行が明らかであると診断がされていました。

　こうした記載から，私は，遅くともXが精神病院に入院したころには，意思能力を喪失していたこと，それ以降XがYに財産管理を委託する能力はないから，Xの承諾があっても法的に無効であると主張しました。

　その他，私は，YはXが精神病院に入院した後に財産管理を依頼されたと主張するが，その具体的証拠がないこと，特に金銭出納帳に領収書が添付されないなど不合理なことがあること，Yの家族までXの介護を手伝う不自然さがあること，XからYへの車の自動車登録名義の移転に関する委任状の筆跡がXのものではないこと等を主張しました。

(6)　**問題点**

　本件訴訟において特に問題となったのは以下の2点でした。

　①　症状の変動

　　裁判においてYは，Xの症状が変動ないし「寛解」しており正常な判断能力の状態の時もあったこと，診療録に家族構成，Yの世話に感謝している，Yが自宅に来て一日やってもらう家事の内容，その他多くの事項について医師と普通に会話をしていること，入院時検査時に記憶障害があったが，今回正常レベルまで改善されたこと等の記載があることを指摘し，Xの判断能力に変動があり改善傾向にあったことを強調しました。

　②　介護・管理行為の対価性

　　Yは，Xの介護と財産管理を依頼されたとして，その対価として毎月20万円の支払を受けたこと，A老人ホームへの入所にあたり特別ボーナスとして100万円を支払われたこと，車の譲渡は合理的な理由があったこと等の反論をしました。YがXの介護や預金の管理をして

119

いたことは事実と思われましたので，その対価としての給与を全く否定できるかは疑問もありました。また特別ボーナスとしての100万円も，常識的にみて相当高額であるもののX本人に意思能力があるとされれば，これを全面的に否定もできません。また車の譲渡は，無償なので，不合理性が強いといえますが，車が不要になったことからこれを譲渡したとすれば，その動機は必ずしも不合理とはいえません。こうした点が，問題となりました。

(7)　和解の成立

裁判官の勧告もあり，Yは後見人である私に対し200万円を支払うことを内容とする和解が成立しました。その明細は，概ね100万円が車の返還分で，残りが使途不明金，給与及び特別ボーナス名義の支払金の返還分の割合でしたが，和解ですので正確な内訳はありません。

私は，裁判において後見開始申立ての1年前の期間内の本人の意思能力欠如の立証が予想以上に困難であることを痛感しました。医師の診療録には，本人の意思能力を疑わせる記載が多数あるものの，同時に正常な意思能力を推測させる記載もあることが，能力の有無についての評価を困難にし，裁判官も心証がとりにくかったようです。しかし，特別ボーナス名目の支出や車の無償譲渡は，対価がないか又は疑わしいことから，この点を切り口として和解による解決となりました。

本人の判断能力は，後見開始申立ての相当以前から低下していることが一般的と思われます。しかし，本人の判断能力は，暫時低下する場合もあり，明白にこの時期から判断能力を失ったと断定しにくいでしょうから，病院の診療録等を精査するなどして，本人の全体的な意思能力の欠如を立証していく姿勢が必要かと思われます。

以上，実務の参考になれば幸いです。

【プライバシー保護のため事例の内容は変えております。】

事例11 高齢者が購入した商品につき契約取消しをした事例

自宅にて一人暮らしの認知症高齢者である成年被後見人が購入した商品につき，取消権の行使を検討した事例

●概要図

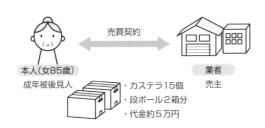

はじめに

　現在，成年後見等制度を利用している人は，約20万人であり（平成28年時点），潜在的な後見ニーズ（判断能力が不十分とみられる人の総数：推計約870万人）のわずか2％を満たしているにすぎません。

　また，約20万人のうち，専門職（弁護士及び司法書士）が後見人等に選任されているのは約50％に及びます。

　単身世帯の高齢者が増加していく中で，成年後見制度の利用はより増加していくと考えられます。そして，市民後見人の普及に時間がかかることから，専門職が後見人等に選任される数はより増えていくと思われます。

　専門職が後見人等に選任された場合，本人の身近にいるわけではないため，本人の日常を支援できるわけはありません。

　そのため，本人が理解をしないまま多額の商品を購入したり，悪徳業者から消費者被害を受けたりすることを未然に防止するには，専門職のみの行動では困難な点が多くあります。

　ここでは，被後見人である本人が高額商品を購入した際に，実際にどのように取消権を行使したか，取消権の行使にあたって考慮すべき事項をご説明したいと思います。

121

第2章　消費者被害・詐欺被害に関する事例

1　事例の概要

⑴　本人の状況

　本人は，東京都大田区在住，昭和6年生まれの高齢者女性です。64歳の時に脳梗塞を発症し，それを原因とした脳血管性認知症を患っています。

　単純な会話はできますが，長く会話すると全く関係の無い内容を話し出すことが多く，記憶力は散漫です。

　脳梗塞の後遺症として，右半身にわずかな麻痺があり，歩行の際には杖を利用しています。

　結婚して夫がいましたが，20年以上前に離婚をしています。子どもはいません。弟と妹が1人ずついますが，遠方に住んでおり，10年以上当事者同士では連絡をとっていません。

　離婚をする前に購入したマンションに居住しており，所有者は本人です。

⑵　生活状況

　本人は，公務員として仕事をしていたため，年金のみで生活費・医療費を賄うことができます。もっとも，預貯金等はほぼ無かったため，余裕がある生活ができる状況ではありません。

　週2日のデイサービス，週3日の介護サービスを利用しています。食事は，デイサービス，介護サービス利用の日以外は配食サービスを利用しています。

　自宅近隣に友人が数人おり，公務員時代の同僚とも交遊があります。また，交遊関係の縁で神道系の宗教団体に入信し，毎週集会に参加しています。

⑶　本人と関わった経緯

　本人は，夫と離婚した後，長期間単身での生活をしていましたが，脳梗塞が発症して以降，ケアマネージャーやヘルパーさん等，介護関係の方だけでなく，友人や同僚の支援もあって生活を継続していました。

　しかし，年齢を重ねるにつれ，本人自身で行えることが少しずつ減り，配達サービスを利用して購入していた食材を腐らせるようになったため，同僚が本人の生活が不安であるとして当職勤務の法律事務所に相談に来ま

した。

その後，本人と協議の上，平成24年2月に補助開始の審判申立てを行い，当職勤務の法律事務所が同年4月に補助人として選任されました。

補助人選任後，約2年間は，本人と密に連絡をとりながら身上監護等を行っていました。銀行口座等の財産は，毎月の収支を補助人が確認する以外，管理は主に本人に任せていました。

しかし，平成26年10月頃から，生活に必須な支出以外に，月額数十万円を本人が引き出すようになりました。

本人に確認をしても記憶が曖昧のため具体的なことは分からず，領収書を確認しても金員の使途が不明なものが多くありました。また，本人は食材購入の配達サービスの利用を継続していたところ，単身では使い切れない量の食材を購入することが増えました。

後に，入信している宗教から，寄付金を求められていることが分かったため，使途不明金は寄付に充てていた可能性が高いと考えています。

以上のことから，本人の財産管理をする必要性が高まり，本人と協議をし，説得の上，平成26年12月に後見開始の審判申立てを行い，平成27年1月から当職勤務の法律事務所が補助人から継続して後見人に選任され，後見人として関わるようになりました。

(4) 商品購入の事実の把握

平成28年3月に，週3回利用している介護サービスのヘルパーさんから本人宅に見慣れない段ボール箱が2つあるとの電話連絡がありました。

電話にて，ヘルパーさんに段ボール箱の内容確認のお願いをし，同封の請求書から内容が15個のカステラであり，請求額が約5万円であることがわかりました。代金の支払方法は，商品の送付と共に請求書を送付し，指定口座に代金を振り込むことになっていました。

その後，ヘルパーさんから連絡のあった同日夕方に，本人宅に赴き，ヘルパーさんからの連絡について実際に確認しました。

本人に事情を聞いたところ，本人がダイレクトメールを見て，電話にて注文をしていたことが分かりました。

そのため，クーリングオフを利用することは困難と考えました。

第2章　消費者被害・詐欺被害に関する事例

　そこで，購入した物が食材ではなく，数量・金額から日用品の購入・その他日常生活に関する行為とはいえないと考えられたため，売買契約の取消権を行使することとしました。

(5)　商品購入の理由

　後見開始以降，本人の銀行口座の管理は後見人が行い，生活費として毎週1万円を現金書留にて送金するようにしました。その他，食材購入の配達サービスを解約し，配食サービスを利用することとし，その請求は事務所宛てにするようにしました。

　そのため，本人は以前と比較すると自由に使えるお金が少なく，そのことに不満があったようでした。

　そして，本人から話を聞くと，本人は，自由に使えるお金が少なくなったため，宗教団体に対して寄付ができなくなり，その代りに贈答品を宗教関係者に送るつもりだったとのことでした。

本相談のポイント

①　取消権行使の法的効果。

②　取消権行使における注意事項。

③　本人の身上監護。

2　取消権行使の法的問題

(1)　法的効果

　成年被後見人の法律行為は取り消すことができ（民法9条），取り消された法律行為は，初めから無効な法律行為として扱われることになります（民法121条）。

　そして，法律行為が取り消されると，当事者は，受け取った利益を互いに返還しなければなりません。これは，受け取った利益を保持する法律上の原因がなくなったためであり，返還義務の性質は，不当利得返還義務（民法703条，704条）になります。

124

なお，成年被後見人の場合，返還義務の範囲は，「現に利益を受けている限度」に限られ（民法121条ただし書），これは「その利益の存する限度」（民法703条）と同じことと解されています。民法121条ただし書は，悪意の成年被後見人にも適用があるため，成年被後見人が法律行為を取り消した際に負う返還義務は，常に「現に利益を受けている限度」となります。

⑵ 「現に利益を受けている限度」の内容

成年被後見人の法律行為を取り消した際に，成年被後見人が負うことになる具体的な返還義務の内容が問題となります。

不当利得返還義務の客体について，判例は，できる限り利得した原物をもって返還すべきとし（大判昭8・3・3民集12巻309頁），利得の性質上それが不可能な場合，または利得した物を利得者が費消しもしくは処分するなどの理由で原物返還が不能となった場合にだけ，価格で返還するものとしています。

そして，上述のとおり，民法121条ただし書の「現に利益を受けている限度」（以下「現受利益」といいます。）と民法703条の「その利益の存する限度」は同様と解され，現受利益は，受益者の受けた利益のうち，なお残存する範囲をいいます。

例えば，賭博等によって受けた利益を浪費した場合には，現受利益はないとされ，生活費に利用した場合には，それがなければ他の財産から生活費を支出しなければならないから，原則として利得は全額現存するとされています（大判大5・6・10民録22輯1149頁，大判昭7・10・26民集11巻8号1920頁）。

そのため，成年被後見人が受けた利益を生活費として利用したと判断できる場合には，現受利益として返還義務を負うことになると考えられます。

したがって，法律行為を取り消した後，成年被後見人が返還義務を負う可能性はあるため，その点に注意する必要があります。

特に，原物を返還できない場合には，上述のとおり返還義務の範囲が問題になり，利益相当額の返還をする必要が出てくるため，成年被後見人が負う返還義務の範囲を検討しなければなりません。

第2章　消費者被害・詐欺被害に関する事例

(3) 返還義務の主張立証責任の所在

　現受利益の主張・立証責任については見解の対立があり，返還請求権者（相手方）側に利益現存の主張・立証責任があるとする見解と，不当利得者側に利益不存在の主張・立証責任があるとする見解があります。

　前者は，民法121条ただし書の趣旨を理由とし，後者は，利益を受けた者にはその利益は存在しているはずであるから，利益の減少又は消滅の効果を求める者がその減少又は消滅の効果を根拠づけなければならないとの考えを理由とします。

　また，民法703条の現存利益の返還に際して，判例は，金銭交付の不当利得返還の場合には，返還請求権の消滅を主張する者が利益の現存しないことを主張・立証すべきであるとしています（最判平3・11・19民集45巻8号1209頁）

　判例は，金銭交付の事例であり，受けた利益が金銭の場合には原則として交付された金員全額が現受利益になると考えられるため，受益者に返還請求権の消滅に関する主張・立証責任があると判示したとも考えられています。

　しかし，上記判例が金銭交付であることを特殊事例として示しているわけではありません。

　そのため，返還請求権の消滅につき，主張・立証責任を受益者が負うか否かは，争いがあるため，法律行為の取消しを行う際には，紛争になった場合を考え，考慮する必要があります。

3　本件における取消権の行使

(1) 原物の返還

　ヘルパーさんから後見人に連絡がなされた後，当職を含めた後見人事務所担当弁護士数名で本人宅を訪問しました。その際，原物であるカステラ15個が入った段ボール箱2つを確認しました。

　本人に対して，カステラをなぜ購入したのか確認したところ，「日頃お世話になっている，宗教関係者や友人等に贈るつもりで購入した。」とのことでした。

よくよく話を聞いてみると，毎週１万円の生活費では，宗教関係者への
お礼もできず，寄付金も入れることができないため，代わりとして送ろう
としていたようです。

本人に支払をどうするつもりだったのかと尋ねると，全て後見人が立て
替えるものとして考えている旨の発言をされました。

そこで，担当弁護士から，後見人は本人の財産を管理しなければならな
い立場であることを説明しました。そして，本人の財産状況として，年金
による収入はあるものの，今後医療費が増加する可能性が高いこと，１人
暮らしが難しくなれば施設への入所費用もかかることを伝え，確実に必要
といえないものへの支出はしないことを伝えました。

本人は，担当弁護士の言葉全てを理解できたかは分かりませんが，カス
テラの支払ができない以上は，返還するしかないことは理解してくれまし
た。

そして，カステラ15個が入った段ボール箱２つを本人宅から運び出し，
当日中に売主に宅配便にて送付し，返却しました。

⑵　売主への連絡及び説明

翌日，売主へ連絡をとり，本人が成年被後見人であり，本件の売買契約
を取り消すことができること，当職勤務の弁護士事務所が成年後見人に選
任されており，包括的な代理権を有していることを説明しました。

説明にあたっては，本人の状況，成年後見制度の趣旨，取消権が付与さ
れている理由を詳細に伝え，取消権を行使することが法律に則していること
とを認識してもらえることを意識しました。

多くの人が，成年後見制度について聞いたことはありますが，制度の趣
旨や法律上の権利，後見人等の立場についてまで認識，理解はしていませ
ん。

そのため，単に法律行為を取り消す旨の通知をするだけでなく，上記の
点を説明し，納得してもらう必要があります。

また，本件では，口頭で上記の点を説明した後，売主から商品の詳しい
状況を聞かれたため，段ボールは開けたものの，商品自体は開封していな
いこと，そのまま宅配便にて返送したことを伝えました。

第2章　消費者被害・詐欺被害に関する事例

　本件は現物返還ができたため，返還義務の範囲は問題にならずに済みました が，後々に紛争に発展する可能性もあるため，売主への説明は重要と考えました。

　そして，売主に対する口頭での説明の後に，ＦＡＸにて取消権行使の通知，後見開始の審判書の写し及び登記事項証明書の写しを送り，確認をしていただくこととしました。

　口頭での説明のみでは，成年後見人であることの証明ができないため，早急に確認していただく必要から，ＦＡＸにて送付しました。

　なお，その後，郵送にて同内容の取消権行使の通知，後見開始の審判書の写し及び登記事項証明書の写しを再度送っています。

(3)　取消権行使の際に注意した点

　本人が購入していた品が食品であり，賞味期限があるもののため，早急な対応を心がけました。そのため，売主に連絡をとる前ではありましたが，原物返還が可能と判断した時点で，返送することとしました。

　また，過失のない売主に対して，納得してもらうよう詳細に説明する必要があると考え，単に取消しの通知しを送付するだけでなく，電話での説明を行いました。

　説明の際に注意した点は，上記のとおりです。

　結果的に，電話での説明によって売主に納得していただくことができ，取消権の行使はスムーズに行うことができました。

4　その他想定できる事案

　本件は，原物があったため，返還義務の範囲の問題は生じませんでしたが，例えば，カステラを既に配布していた場合や，本人が消費していた場合には，返還義務の範囲が問題となりえます。

　本人がカステラを消費していた場合は，食べ物として消費している以上，生活費になると考えられるため，現受利益としてカステラ代金相当額の返還義務が生じます。

　また，本人が既に贈答品として配布していた場合も，一般的には本人の生活費としての支出を免れたと考えられ，生活費として現受利益があり，

128

カステラ代金相当額の返還義務が生じます。

仮に本件において，カステラが既に消費されていた場合には，売主に対して不当利得返還について説明をした上で，返金額について交渉をすることになったと思われます。

5 おわりに

本件では，商品購入を即時に把握できたことが取消権行使をスムーズに行うことのできた要因だと考えられます。

成年後見人の主な職務は，本人の意思を尊重し，本人の心身の状態や生活状況に配慮しながら必要な代理行為を行うこと，財産を適正に管理していくことです。

しかし，本人の身近に所在し，身上監護を行うことは困難であり，本人の毎日の生活状況を把握することは難しいです。

そのため，ケアマネージャーや介護サービスのヘルパーさん，訪問看護の看護師さん等との連携が重要になります。連絡を密にとることで，問題が生じたときに早急に事態を把握することが可能です。

そして，問題を把握した後には，即時に対応することが重要になります。

上述のとおり，法律行為の取消しにおいては，返還義務の範囲が問題となる以上，売買契約であれば購入した品物の内容・数量の確認を即時に行う必要があります。

また，例えば不動産の修繕の請負契約等であれば，工事に着手する前に契約を取り消す必要があります。

以上のことは，その他の消費者被害の場合でも同様です。本人の状況の把握，問題が生じた際の即時の対応ができれば，問題のスムーズな解決に繋がると考えます。

【プライバシー保護のため事例の内容は変えております。】

第2章　消費者被害・詐欺被害に関する事例

COLUMN

コラム⑥
高齢者が詐欺被害に遭った場合の告訴についての
留意点と反省点

　8年もの長い間，信頼していた甥により劇場型詐欺に遭っていた80歳代の男性の代理人として，告訴をしたことがあります。

　犯罪被害にあったから告訴してほしいとの相談を受けた場合，その証拠があるのかを注意深く確認しなければなりません。特に，相談者が高齢者の場合には，認知症の症状の一つとして被害妄想による場合があるので，十分な聞き取りをし，その話に沿う証拠があるのかを可能な限り確認すべきだと思います。

　本件においては，相談者である男性の甥が，弁護士や検察官，裁判所職員になりすまして，「叔父さん（男性の弟）が事件を起こしたので，その後始末をするために金が必要だ。」など虚偽の話を男性にしていました。

　男性は，疎遠であった弟が以前から素行が悪かったこともあり，甥の話をすっかり信じてしまい，男性の娘が気付いたときには，1回に数万円から数百万円ずつ，合計約1億5000万円もの大金を騙し取られていました。

　本件の詐欺話自体は何とも荒唐無稽であり，にわかには信じられないような内容でした。

　しかし，詐欺の文言のほとんどは甥からのメールとして残っていましたし，金銭のやり取りも銀行振込みの形で残っていました。

　そこで，私は，男性の話は真実であると確信し，本件を受任し，告訴状を作成し始めました。告訴状を作成するにあたっては，事件を時系列に整理して，証拠をもって説明をするとともに，多数の登場人物についても説明するなど，少しでも分かりやすくなるように心がけました。

　他方，男性とその娘は，一刻も早く警察に話を聞いてもらいたいとの思いから，家の近くのA警察署に事情を説明しに行きました。

　ところが，案の定，警察の対応は冷たいものだったようで，私も途中からA警察署に駆けつけることとなりました。

　A警察署は，弁護士である私が詐欺の内容や被害状況を説明し，証拠による裏付けも可能であるから告訴する予定だと話すと，態度を軟化させ，耳を傾けてくれたように思います。

　一般論として，警察は，被害届や告訴状を受理したがらない傾向にあり

130

ます。
　そこで，告訴状をスムーズに受理してもらうためには，警察署に告訴状の案を持って説明しに行くことが有用だと思います。
　ところで，本件において，甥は栃木県に住んでおり，事件の現場は栃木県であると考えられました。他方，男性が相談に行ったＡ警察署は東京の隣の県にある男性の自宅近くの小さな警察署でした。
　そこで，どちらの警察署に告訴状を提出するのがよいのか，悩むこととなりました。
　結局，捜査がしやすいのは事件の現場である栃木県の警察署であろうが，高齢の男性が何度も警察署に行かなければならない可能性があること，Ａ警察署には既に被害状況の説明をしていること等を考え，Ａ警察署に告訴状を提出することにしました。
　ところが，告訴状は無事受理されたものの，その後，なかなか捜査が進まず，何度もＡ警察署に捜査を催促する電話をかけるはめになりました。
　その度に，Ａ警察署の担当者が「忙しくて，なかなか栃木県まで捜査に行くことができず，捜査を進められない。」と言い訳がましいことを言うので，「やはり事件の現場である栃木県の警察署に告訴状を提出したほうがよかったのかな，事件が終わる前に高齢の依頼人に何かあったらどうしよう。」と落ち込みました。
　ところが，告訴から４年たち，警察の担当者が代わった途端，事件の捜査があれよあれよと進み，ようやく甥は逮捕されました。甥の背後には反社会的勢力がいたようです。
　知り合いの検察官に本件の話をしたところ，「Ａ警察署のような小規模な警察署では『この事件ばかりしていられない。』との発言も，その適否はともかく理解できる。」とおっしゃっていたので，告訴する際には，告訴状の提出先の警察署の規模等も検討すべきだったのかもしれません。

第3章
介護契約・介護事故・老人ホームに関する事例

第3章 介護契約・介護事故・老人ホームに関する事例

事例 12 デイサービスセンターにおける介護事故

82歳の老女がデイサービスセンターで昼食の食事介護を受けている時，副食を喉に詰まらせ心肺停止状態で救急病院に搬送されたが，1か月後に誤嚥性肺炎により死亡した。遺族側は，施設を相手に通所介護契約に基づく注意義務違反を理由として損害賠償を求める訴訟を提起し，施設側が約700万円を支払うことにより裁判上の和解をした事例

●概要図

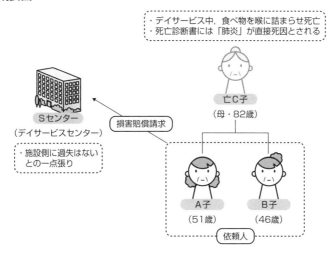

はじめに

　高齢社会で介護を受ける高齢者が増え，これに応じて介護事故も増加しています。介護事故は，密室の環境下で発生することが多く，その上，施設側は事故の発生を隠そうとする傾向にあります。
　私が扱った介護事故を例に，立証に苦労しながら裁判上の和解で解決に至った経緯をご説明いたします。

事例12　デイサービスセンターにおける介護事故

1　本件事例の概要

⑴　依頼の経緯

　本件は，弁護士会の法律相談所に相談に来られたA子さん（当時51歳）と妹のB子さん（当時46歳）のお二人の姉妹の相談から始まりました。

⑵　相談の内容

　平成20年12月11日の相談カードの「相談内容」欄を読み返してみると，以下の記載がなされています。

　「82歳の母（亡C子さん）が，デイサービス中，食べ物を喉に詰まらせて平成20年9月16日に死亡した。ケアマネージャーからは，以前，ミキサーにかけた食べ物を与えるよう注意がなされていた。1.5センチから2センチくらいのチクワが与えられたらしい。施設側は，治療費と葬儀代だけ支払う，過失はないと言っている。慰謝料の請求はできるか。」

　同じく，相談カードの「回答」欄を読み返してみると，以下の記載がなされています。

　「ケアマネージャーの指導状況とデイサービスセンター側の当時の食べ物の与え方から，過失を立証していく。指導の事情を聞いた上で，過失の有無を判断し，交渉を弁護士が行うか決める。」

⑶　受任に至る経緯

　弁護士会での相談の際，A子さん姉妹に，私の事務所でより詳しい事情をお伺いする約束をしました。

　その際，A子さんは，弁護士費用のことを心配されていましたが，費用については，A子さんの資力等を考え相談に乗ること，また，事情聴取と資料収集の段階では費用は請求せず，施設側に対して交渉等を開始する時点で着手金等を決めることを説明しておきました。

　平成20年12月19日午後1時30分から，私の事務所でお二人からお伺いした亡C子さんの死亡に至る経緯と施設側の対応は以下のとおりでした。

　「……A子さんは東京都江戸川区のアパートの1階に住んでいるが，亡C子さんはそのアパートの2階に一人で住んでいた。

　亡C子さんは，2階への上り下りや一人での生活が大変になってきたの

135

で，平成18年８月ころから，アパートの１階のA子さん夫婦の部屋に移り，以後，A子さん夫婦と一緒に生活するようになった。

その頃は，まだ亡C子さんは，一人で散歩に行くこともでき，食事も自分で摂ることができていた。

平成20年になって，アパートの前の道路の舗装工事で亡C子さんが外に出られなくなった時期があって，その時から亡C子さんは足腰が急速に弱って一人では歩けなくなり，平成20年５月には車いすを使うようになって，食事も自分ではできなくなった。

亡C子さんは，平成20年４月23日要介護度１，同年５月８日には要介護度５の認定を受けた。

その際，ケアマネージャーのM子さんには大変お世話になり，以後もM子さんには亡C子さんの介護について相談し，助言をしていただいている。

亡C子さんは，M子さんのアドバイスで，平成20年５月９日，江戸川区内にある老人通所介護施設（デイサービスセンター）の「Sセンター」と通所介護契約を締結して，同月13日からSセンターでデイサービスを受けることになった。

デイサービスは，週１回火曜日の朝８時40分にSセンターがワゴン車で自宅に迎えに来てくれて，施設では，機能訓練，入浴，レクリエーション，昼食などの介護をしてくれるとの話であった。

亡C子さんは，平成20年５月13日から同年８月５日まで毎週火曜，同年７月１日だけを除いて合計12回，Sセンターに通った。

亡C子さんは，Sセンターと並行して，平成20年６月27日からは，Nセンターでデイサービスを受けていた。

平成20年８月５日午後，Sセンターの事務次長からA子さんのパート先に突然電話があった。

事務次長は，亡C子さんは，Sセンターで昼食の食事介護中食べ物を喉に詰まらせ，異物は取れたが心配停止状態となったため，救急車でT大学病院に救急搬送され，集中治療室にいるので至急来てほしい，との説明をした。

A子さんは，パート途中だったが，T大学病院に駆け付けた。

亡Ｃ子さんは集中治療室で，意識はない状態だった。

亡Ｃ子さんは，その日中に，Ｔ医療センターに搬送され，同年８月15日
には自発呼吸を開始し，その後集中治療室から個室に移されたが，意識は
回復しないまま，同年９月16日午後７時36分死亡した。

結局，８月５日の朝，Ｓセンターに送り出した時に，「行ってくるね！」
と嬉しそうに話していたのが，母親の亡Ｃ子さんの元気な姿を見た最後と
なった。

死亡診断書には，「肺炎」が直接死因と書いてある。

Ａ子さんとＢ子さんの姉妹は，亡Ｃ子さんの死亡の経緯を聞くために，
同年９月19日，Ｓセンターに行って，Ｓセンターの社長のＮ氏から詳しい
話を聞いた。

Ｎ氏は，老人が食べ物を喉に詰まらせる事故は時々あり，Ｓセンターと
してもできるだけのことはしたので施設側に過失はない，の一点張りで
あった。

Ａ子さん達は，どうしても亡Ｃ子さんの死亡に納得がいかなかったので，
再度，Ｎ氏に対し，職員から事情をよく聞いてもらった上で，もう一度詳
しい説明を受けることにした。

Ａ子さん達は，同年９月22日，再度，Ｓセンターに赴き，Ｎ氏から以下
のような説明を受けた。

「当日，亡Ｃ子さんは，午後12時30分から食事を始めた。

ヘルパーが食事介護をしていたが，12時50分ころ，昼食にでた『チク
ワ』を喉に詰まらせて苦しそうになったので，ヘルパーは介護士を呼んで，
介護士が亡Ｃ子さんの背中をたたいて，喉に詰まったものを出そうとした
が出なかった。

吸引器具は使っていない。

午後１時ころには，亡Ｃ子さんは心肺停止状態となり，救急車を呼び，
救急車が午後１時５分ころ到着して，救急隊員によって喉に詰まっていた
『一口大，1.5～２センチくらいのチクワ』が取り除かれ，Ｔ医大病院に搬
送された。

施設側の遺族への対応については，あらためて説明する。」

第3章　介護契約・介護事故・老人ホームに関する事例

　A子さんたちは，再度，同年9月26日，Sセンターに赴いて，N氏から施設側の対応を聴いた。

　Sセンターは，弁護士に相談したが，この件については，亡C子さんの死亡までの治療費は支払うが，それ以外は支払う必要はないとの判断であり，ご了解いただきたい，とのことであった。

　A子さんたちは，これでは納得できないと言って，話は物別れになってしまった。

　その後，同年10月10日，Sセンターの代理人弁護士から，A子さんとB子さんに対し，内容証明郵便で，亡C子さんの死亡までの治療費と葬儀費用を支払うことで示談したいとの申入れがあった。

　A子さんたちは，同年11月10日，Sセンターの代理人弁護士の事務所に行って，弁護士に，葬儀費用と治療費の合計140万円の領収書を突き付け，別に「慰謝料5000万円を支払え。」と話した。

　しかし，Sセンターの代理人弁護士から，同年12月1日，内容証明郵便で，治療費，葬式費用と交通費の合計134万円は支払うが，その他の支払義務はないと回答してきた。……」

　以上の説明をし，A子さんたちは，Sセンター側の説明や弁護士の回答に納得がいかない，亡C子さんの事故の状況も良く分からない，亡C子さんが死亡したことについてSセンターに責任がないか調べて，Sセンターの責任を追及してほしい，と話していました。

本相談のポイント

① 遺族感情の尊重

　高齢者とはいえ，朝には元気に送り出した母親が，病院の集中治療室で意識もない状態で横たわっているのを見た家族の感情は，察するに余りあります。

　このような相談では，家族の感情を弁護士が十分引き受けた上で，事件への対応方針の検討に進むべきです。

　弁護士としては，できれば事件の全体像を早期に把握し，証拠の収集方針や勝訴の可能性などを検討したいのですが，こちらはプロ

でも，相談者はいわばアマチュアで，事件についての説明は要領を得ず，時間軸も無視して説明することが多々あります。

　私は，このような事件の最初の相談では，家族に自由にできるだけ多く話してもらい，なんとなく全体像が把握できれば良いと考えています。

　2回目，3回目の相談で，弁護士側から，争点になりそうなところを詳しく聞いて，方針を決めれば良く，最初の相談で立証の困難さや損害の算定の説明を始めると，家族に，「この弁護士は，一体本当に自分の味方になってくれるの？」と思われてしまいます。

　まずは，ご家族の話をよく聞いてあげる態度に徹することが弁護士には求められるのではないでしょうか。

　本件でも，弁護士会でのA子さん姉妹からの聴取の際には，私はもっぱら聞く側に徹して，事務所での2回目以降の相談で，こちら側から争点になりそうなところを聴き，弁護の方針を説明しました。

　最初の相談は，弁護士会でのたった30分の相談でしたが，A子さん姉妹は，相談終了のときには，表情も和んできて，「先生，今日はよく話を聞いていただいてありがとうございました。宜しくお願いします。」と2人そろってペコンと頭を下げて，部屋から出て行かれました。

②　証拠の収集の困難さの説明

　本件のような施設内での死亡事故では，家族がその実態を知ることは困難で，事故状況は施設側の説明に頼らざるを得ないのが実情です。

　本件でも，A子さん姉妹は，Sセンターからの説明を受けましたが，説明したN氏の説明に納得がいかなかった，と何度も話していました。

　おそらく，直感的に，A子さん姉妹は，N氏の説明に誠意を感じなかった，もっと言えば，この人は全部を話してくれてないと感じたのではないでしょうか。

　事件の当事者，特に加害者である相手方の説明から事件の真相を

把握しようとすることには，そもそも限界があります。

人の記憶は，「その人の」記憶です。ビデオやカメラのように客観的に外部の事象を記録し，再現することはできません。意識せずにも，不利な記憶，苦しかった体験は，心の奥底に沈めてしまいます。自分に有利に合理化して説明します。

したがって，当事者から事情を聴くにも，できれば複数の人からの聴取を心掛けなければならないと思います。

本件では，施設側の人たちは既に保身に入り，弁護士に依頼していたので，施設側からの事情聴取は無理な状況でした。

私は，Ａ子さん姉妹に，施設側以外の人で，本件について事情が分かる人をできるだけ挙げてもらい，その人たちと面談することにしました。

③　事件の見込みの説明

本件は，通所介護契約を締結した当事者間で発生した事故で，法的には，施設側に対し契約に基づく注意義務違反の責任，すなわち，債務不履行責任を問う事件です。

一般的に，契約責任では，故意過失の挙証責任は施設側にあり，Ｓセンターは事故が自らの責めに帰すべからざる事由に基づくことを証明したとき責任を免れる，と説明されます（民法415条等）。

しかしながら，一般論ではそうでも，実際には，「被害者側は事故の発生を主張するだけでよく，後は，施設側の反論を待てばよい」とは考えられないことは当然です。

亡Ｃ子さんや家族の施設とのコミュニケーションの状況，具体的には，亡Ｃ子さんの身体的な状況等を家族がどれだけ施設側に伝えていたか，亡Ｃ子さん側にも事故の発生について責められる事情，例えば，食事介護を受ける際の亡Ｃ子さんの対応に問題はなかったかなど，被害者側の過失が問題となる可能性もあります。

したがって，契約責任を問うとはいえ，立証についての安易な見通しの説明をすることは避けるべきでしょう。

また，損害，特に逸失利益や慰謝料については，亡Ｃ子さんが高

齢であったことから，高齢者以外の被害者と同様に考えられないところもあります。

　このような点も，十分説明をしておくことが必要です。

2　受任するに際して注意したポイント

(1)　関係者からの聴取の徹底

　本件では，相談時点で，Sセンター側は既に弁護士を選任していたので，Sセンターからの直接の聴取はできない状況でした。

　したがって，本件についての実態の把握は，A子さん姉妹，A子さん姉妹が信頼していたケアマネージャーのM子さん，亡C子さんがSセンターと並行して通所介護を受けていたNセンター，亡C子さんが最初に搬送されたT大学病院の担当医からの聴取や残された介護記録等の文書に頼らざるを得ませんでした。

　私は，後に述べるように，これらの人たち全部に面談して，亡C子さんのいわば「生きていた」時の状況等を把握するように努めました。

(2)　交渉での解決の可能性

　本件については，SセンターやSセンターから依頼を受けた弁護士は，既に，A子さん達に，治療費や葬儀代の支払をすることでの示談解決の提案をしていました。

　私としては，任意の交渉によってSセンター側からこれ以上の譲歩を引き出すことは困難との判断を持っていましたが，裁判でも相手となるであろう弁護士なので，一度は顔合わせの意味を含めて，面談することにしました。

　面談で，相手方弁護士が何を争点として考えているかを探り，また，人となりが分かれば，裁判の進め方の参考になるかなとも考えました。

(3)　裁判のスケジュール

　事故発生までの信頼関係から「お世話になってきた」施設への責任追及に消極的なこともあってか，介護事故についての先例はそれほど多くありません。

第3章　介護契約・介護事故・老人ホームに関する事例

　特に施設内の誤嚥事故で，争点も多く，立証にも時間がかかることが予想されたので，裁判の進行についてのスケジュールの予想は難しかったのですが，Ａ子さん達には，争点整理，証拠調べ等の一応の説明をし，ある程度の長期化を理解していただきました。

⑷　当事者の確定

　本件は，亡Ｃ子さんの損害賠償請求権を相続した遺族が原告となります。

　したがって，亡Ｃ子さんの相続人を確定し，相続人全員から委任を受けた方が請求できる損害賠償額が多くなります。

　本件では，亡Ｃ子さんは再婚で，先夫との間に長女Ｄ子さんがいたので，Ｄ子さんからの委任状の取り付けをＡ子さんに頼みました。

⑸　弁護士費用

　本件は，先例も乏しく，争点についての立証や法的問題を考えると進行に難航が予想されました。

　本当は，着手金として，日弁連旧基準どおりの金額を頂いて仕事を開始したかったのですが，被害者であるＡ子さん姉妹は，最初から弁護士費用を心配していたこともあり，これは無理な相談です。

　私としては，Ｓセンターの責任がゼロの可能性はないと考え，最終的には金額の多寡は別にして，金銭の支払を得ることはできると考え，着手金として10万円，報酬金はＳセンターが支払う金額の15パーセントとすることを説明し，Ａ子さん達の承諾を得ました。

　本件は，弁護士会での法律相談での受任事件でしたので，弁護士会の了承も得ました。

3　法的問題の考察

　本件の争点を列挙すると，以下のとおりです。

⑴　通所介護契約に基づく食事介護の際の注意義務

　通所介護契約は，判断能力，身体能力が劣り，介護が必要な老人を対象とするものであり，施設は通所介護契約に基づく信義則上の附随義務として，対象者の生命・健康等の安全を確保すべき義務を負います（「安全配慮義務」を認めた最判昭50・2・25民集29巻2号143頁・判時767号11頁等）。

142

本件では，契約書は作成されませんでしたが，全国社会福祉協議会が公表した介護サービスのモデル契約書である『モデル「指定訪問介護（ホームヘルプ）」利用契約書』12条1項は，「事業者及びサービス従事者は，サービスの提供にあたって契約者の生命，身体，財産の安全・確保に配慮するものとします。」と定めています。

本件の通所介護契約も，介護を要する老人に対して介護サービスを提供するものであることから，同様の義務を黙示の前提として締結したものと考えられます。

また，平成11年3月31日厚生省令37号「指定居宅サービス等の事業の人員，設備及び運営に関する基準」98条4号は，「指定通所介護は，常に利用者の心身の状況を的確に把握しつつ，相談援助等の生活指導，機能訓練その他必要なサービスを利用者の希望に添って適切に提供する。……」と定めています。

以上で求められる義務を，食事介護の際にSセンターが履行したかが争点となります。

(2) 通所介護施設における窒息事故発生時の救護義務

同様に，窒息事故発生後に，Sセンターが排出措置や119番通報に際して上記義務を履行したかが問題となります。

(3) 窒息事故と死亡との因果関係

本件では，窒息事故の発生から死亡まで42日経過していること，死亡診断書の直接死因が「肺炎」とされていて窒息とはされていないこと，亡C子さんが死亡当時82歳の高齢者であったこと等を考え合わせ，本件事故と亡C子さんの死亡との因果関係が問題になります。

(4) 高齢者の死亡事故における損害の算定

死亡事故で被害者に発生する損害は，死亡に至るまでの治療費，葬儀費，事故に遭遇しなければ得られたであろう収入等の逸失利益，近親者に発生する慰謝料です。

本件で死亡したC子さんは，死亡当時82歳の高齢者で，年金生活者でした。

逸失利益に関しては，平均余命約9年間分の国民年金と遺族年金を請求することになります。

第3章　介護契約・介護事故・老人ホームに関する事例

　高齢者が死亡した場合に問題となるのは，慰謝料額を高齢者以外の人が死亡した場合と同様に扱って良いのか，ということです。

　小学生が死亡した場合の両親の悲しみ，働き盛りの夫が死亡したときの残された家族の悲しみ，これに比して，ほぼ天寿を全うしようとしている老人が偶々事故に遭遇したことにより，親族に多額の慰謝料が支払われる結果になることをどう考えるかです。

　もちろん，人の価値は万人で同じで，事情も千差万別，難しい問題です。

　また，裁判では問題となることはないのですが，葬儀費用は，人が生まれた以上いつかは必要になるものです。これも，事故で死亡したときだけ，加害者に支払わせる結果になることが，因果関係，すなわち，事故がなければ葬儀費用は発生しなかったと言えるかの点から疑問と言えば疑問です。

4 実際の解決までの実務

(1)　事情聴取による本件の実態の把握

　本件では，平成20年12月29日から平成21年2月13日にかけて，A子さん，亡C子さんが要介護状況になったときから相談に乗ってもらいA子さん姉妹も信頼していたケアマネージャーのM子さん，亡C子さんがSセンターと並行してデイサービスを受けていたNセンターの関係者，亡C子さんが最初に搬入されたT大学病院の担当医師のI医師などに面会し，事情を聴き，資料の提供を受けました。

　事情聴取や提供された資料から，以下の事実の裏付けが取れました。

　「……亡C子さんは，平成20年4月までは食事は一人で摂ることができ，また歩行もできる状態だった。

　その後，自宅前で道路工事が始まり，外出を暫くしなかったため，足腰が衰え，平成20年5月に入り，車いすも使うようになった。

　Sセンターに通い始めた後の平成20年7月ころから，亡C子さんは足が弱くなり自力歩行ができなくなり，また，食事も全介護（スプーン等を自分で持てないため，介護者に口に入れてもらう。）状態となった。

　亡C子さんは，平成20年6月ころから食事中むせることが多くなったので，自宅での食事は，うどん・冷や麦をみじん切りにしたものやゼリー状

の流動食としていた。

　亡Ｃ子さんは，平成20年６月27日から，Ｓセンターとは別の老人介護施設であるＮセンターにおいて短期入所（ショートステイ）を始めたが，その際，同施設に提供した医師作成の平成20年６月24日付け「短期入所生活介護利用に関する意見書」には，亡Ｃ子さんの当時の状況について，「(1)所見　身体機能は低下しており，ほとんど終日寝たきりである。」，「(4)その他注意すべきこと　時々誤嚥を認めるため注意，観察要」等の記載があった。

　ケアマネージャーのＭ子さんからも，Ｓセンターに，亡Ｃ子さんの身体状況の変化は文書で伝えられていた。

　これらのことから，亡Ｃ子さんは，本件事故が発生した平成20年８月５日当時，ほとんど寝たきりで，身体機能，特に嚥下機能が衰えていたことは明らかで，誤嚥事故の発生の可能性は極めて高く，当時既に12回のデイサービスを行っていたＳセンターもこの事実を知り，又は，少なくとも容易に知りうる立場にあった。

　亡Ｃ子さんは，平成20年８月５日，Ｓセンターにおいてデイサービスの提供を受けたが，同日午後12時40分ころ，Ｓセンター職員から昼食の食事介護を受けている時，副食の練り製品（約１×1.5センチの大きさのチクワ又は笹かまぼこ。Ｔ大学病院のＩ医師から排出された食物の写真の提供を受けた。）を喉に詰まらせ，Ｓセンターの職員がタッピング（背中を叩く）により取り除こうとしたが，取り除くことができず，午後12時59分に119番通報がなされ，午後１時９分救急隊が到着した（時間経過は，Ｔ大学病院のＴ医師作成のメモによる。）。

　救急隊到着時，亡Ｃ子さんは心肺停止状態であった。

　喉に詰まった食物は，救急隊員によって排除された。

　亡Ｃ子さんは，Ｔ大学病院に搬送され，応急の蘇生措置がとられ，同日中にＴ医療センターに転院し，同病院に入院した。

　亡Ｃ子さんは，集中治療室で治療を受け，平成20年８月15日には自発呼吸を開始したが，意識は回復しないまま，同年９月16日午後７時36分，死亡した。

145

第3章　介護契約・介護事故・老人ホームに関する事例

　死亡診断書には，直接死因は「肺炎」とされているが，解剖の結果は，「繰り返し起こしている肺炎，膿瘍形成，逆流性食道炎，慢性膀胱炎」の診断がなされている。……」

(2)　交渉による解決の試み

　以上の事実の裏付けが取れたことを受けて，私は，平成21年3月11日，Ｓセンターが委任している弁護士と弁護士会で面会しました。

　Ｓセンターの弁護士は，Ｓセンターに過失を認めた上での交渉はできない，亡Ｃ子さん側で法的手続を取ってもらった上で，裁判所の判断には従う，とのことで，話合いによる解決はできないこととなりました。

　交通事故も含め，本件のように加害者側が損害保険をかけている事例では，よく弁護士からこのような言い方をされることがあります。

(3)　訴訟提起

　Ａ子さん姉妹には，本件は交渉による解決は無理で，裁判による解決しかないことを説明し，訴え提起の了承を得ました。

　平成21年5月22日に提起した訴えの内容は，概ね以下のとおりです。

ア　責任原因

　① 　誤嚥防止措置義務違反

　　　Ｓセンターは，嚥下力の弱い亡Ｃ子さんに対する誤嚥防止措置として，常食・常菜をミキサー食に変更し，あるいは，とろみをつけて嚥下し易いようにする等適切な措置を講じた上で，食事介護に際しては，被介護者である亡Ｃ子さんがあおむけにならないようにする等介護者と亡Ｃ子さんの位置関係を適切に保ち，飲み込みの速度に合わせて十分な時間をかけ，また，嚥下の状況を観察しながら，場合によっては適宜飲み物を飲ませる等すべきであったのに，Ｓセンターは，漫然かつ機械的に食事介護を行い，約1センチ×1.5センチの喉に詰まりやすい形状の練り製品を亡Ｃ子さんの口に入れて嚥下させようとした。

　② 　救護措置義務違反

　　　Ｓセンターは，亡Ｃ子さんに誤嚥事故が発生した後の排除措置として，タッピング（背中を叩く）だけでなく，吸引器等の使用又は口腔内の掻き出し等により誤嚥物を気道内から迅速に取り除き，心肺機能

の停止後は，心臓マッサージ，人工呼吸等の救急救命措置を適宜施しながら，直ちに救急車を要請し，その応急措置を求めるべきであったのに，Ｓセンターは，亡Ｃ子さんに対し，単にタッピング措置のみ講じただけで，吸引器は使用せず，口腔内の掻き出しも行わず，また，呼吸，脈拍の停止後も人工呼吸，心臓マッサージ等の救急救命措置も行わず，しかも，誤嚥発生後19分経過してようやく119番通報した。

イ　亡Ｃ子さんに発生した損害

以下の，合計4948万166円

① 治療関係費

45万8968円

② 逸失利益

1100万4153円

国民年金と遺族年金の合計年額154万8180円に対する83歳女子の平均余命約9年間分

③ 葬儀費

82万9045円

④ 慰謝料

死亡に至るまでの入院に対する慰謝料

73万8000円

死亡慰謝料

2500万円

(4)　訴訟の進行と裁判上の和解の選択

裁判は，平成21年7月10日の第1回弁論から平成22年9月15日まで13回に渡って，弁論，準備手続及び和解手続が行われました。

原告側から準備書面(1)～(3)，被告側からは答弁書及び準備書面(1)～(4)が提出され，証拠としては，Ｓセンター関係では通所連絡ノートをはじめ亡Ｃ子さんの介護関係の記録多数，亡Ｃ子さんが並行してデイサービスを受けていたＮセンターでの介護関係の記録（送付嘱託），Ｔ大学病院のＩ医師の手書きメモ等はじめ診療記録一式，介護事故に関する文献等が提出されました。

第3章　介護契約・介護事故・老人ホームに関する事例

裁判の主な争点は，以下のとおりでした。

ア　責任論

①　チクワの加工品を1×1.5センチに刻んで提供したことが　亡C子
さんの当時の身体状況から誤嚥防止措置として十分だったか。

　　亡C子さんの嚥下状況の変化をSセンターが把握していたか，それ
に対応して食事介護の方法を刻み処置やゼリー状の流動食にする等適
切に変更していたか等が問題になりました。

②　食物を喉に詰まらせたときの救護措置としてタッピングだけで十分
か，手による掻き出しや吸引器具の使用まで要求されるか。

　　本件では，Sセンターは，タッピング措置だけしか行わず，また，
吸引器具の備えはありませんでした。

③　Sセンターの救急隊への連絡が遅きに失したのではないか。

　　本件では，Sセンターは，亡C子さんが食物を喉に詰まらせてから
19分後に救急隊の要請電話をしていました。

　　亡C子さんの喉に詰まった食物は，救急隊によって容易に取り出さ
れています。

　　本件に類似の誤嚥事故の事例として，誤嚥事故の際，発見した職員
が吸引器を取りに行かなかったこと，誤嚥発見後119番通報まで15分
かかったことについて施設側の過失を認定した下級審判例もあります
（横浜地川崎支判平12・2・23，緑陽苑事件。平田厚『社会福祉法人・福祉
施設のための実践リスクマネジメント』（全国社会福祉協議会，2002）119
頁）。

イ　損害論

　　亡C子さんが死亡当時82歳の高齢者であったことから，死亡慰謝料と
しての金額の相当性も争点となりました。

　　争点も絞られた平成22年6月21日に行われた第9回準備手続において
裁判所から和解の打診がありました。

　　A子さん姉妹は，この時点で既に事故発生から約2年経過していたこ
とから早期解決の意向が強く，また，A子さんは証人尋問でキーマンと
なるであろうケアマネージャーのM子さんには亡C子さんの生前大変良

148

くしていただいたという思いがあり証人としての出頭まで頼むことを躊躇していました。

　結局4回の和解手続を経て，本件は，裁判所の和解勧告を受け入れることとして，慰謝料600万円，その他治療費等128万8013円の合計728万8013円の支払を受けることで平成22年9月15日裁判上の和解が成立しました。

　和解の成立をA子さん宅の留守電でお知らせしましたところ，A子さんから，翌日，「おはようございます。このたびは，長い間本当にお世話になりました。ありがとうございました。改めてお礼に伺います。……」との内容のファックスが送られてきました。

5　終わりに（本件を振り返って）

　本件では，密室状態で発生した事故の過失立証の難しさを痛感しました。

　施設側は，当然のことながら，「事故」の発生，介護について自らの責任を裏付ける事実を隠そうとします。

　介護施設の責任を追及していくには，残された「記録」や周囲の人の供述をつなぎ合わせ，事件の実態，施設側の介護の実情を明らかにしていくことになります。

　本件では，Sセンターが作成し保管していた亡C子さんと家族との日常の連絡事項を記載する「通所連絡ノート」の本件事故の発生した平成20年8月5日の「家族への連絡」欄には，「本日も一日お疲れ様でした。」との，あたかも当日何事も発生しなかったかのような記載がなされ，また，「養護の内容」や「健康チェック」欄には事故当日の介護の内容が前回と全く同じように記載されていました。

　このような記載からは，施設側の介護が極めて機械的に行われていたことが伺われます。

　大切な家族の介護を依頼する介護施設の実態は，知れば知るほど，恐ろしくなってきたというのが，私の実感でした。

【プライバシー保護のため事例の内容は変えております。】

第3章 介護契約・介護事故・老人ホームに関する事例

事例13 ショートステイにおける死亡事故に対する法的対応

横浜市に住む妻が、ショートステイ（宿泊サービス）における事故で亡くなった夫（当時，70代前半の年齢）に関して、横浜市において当該ショートステイを経営する法人に対し損害賠償を請求した事例

●概要図

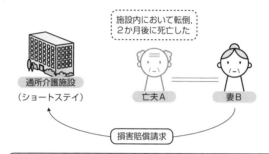

はじめに

　肉親が施設に入居中又は通所中に事故で亡くなるケースがかなり見受けられます。

　この場合，遺族が当該施設を経営する法人に対し損害賠償を請求することがありますが，この場合における法的な問題についてご説明していきたいと思います。

1　事例の概要

　本件は，法人の開設する通所介護施設でショートステイの提供を受けていたAが，本件施設内において転倒し，その後，脳内出血を発症し，その合併症として発症した肺炎により死亡したことについて，Aの相続人である妻Bから，当該法人に対し，介護契約上の債務不履行又は不法行為に基

150

事例13　ショートステイにおける死亡事故に対する法的対応

づく損害賠償として，慰謝料等の支払を求めたいとして，相談された事案であります。

本相談のポイント

① 　ショートステイ利用者に対する日頃の施設側の対応はどうでありましたか。

② 　本件転倒事故前後における施設側の対応はどうでありましたか。

2　受任に際しての注意点

私がBから本件を受任するに際して特に留意して聴き取ったことは，以下の諸点でした。

① 　Aの転倒がいつ，どこで，なぜ，どのように起きたのか。

② 　病院には，誰が，いつ連れて行ったのか。

③ 　転倒事故とAの死亡との間に因果関係があるのか。

④ 　事故に関係する記録や証拠をBはどの程度持っているのか。

⑤ 　本件は医学的知見が必要とされる部分がかなりあることから，しかるべき協力医を得られるかどうか。

Bからの事情聴取の結果，私は，受任し，管轄の地方裁判所に損害賠償請求訴訟を提起しました。

3　本件における原告及び施設側（被告）の主張

　（注）　以下における原告の主張，施設側の主張及び裁判所の判断は，基本的には，第一審におけるものであります。

⑴　転倒防止義務違反の有無

転倒防止義務というものがそもそもあるのか，あるとした場合，その義務はどの程度までの義務かが争われました。

この点についての原告の主張は，次のとおりです。

151

第3章 介護契約・介護事故・老人ホームに関する事例

　被告である施設側は，Aとの宿泊介護契約に基づき，ショートステイを提供するに当たり，長期間，Aの身体を預かることから，介護事業者として，Aの生命・身体に危害を及ぼさないように，事故防止のために必要な措置を講じ，その安全に配慮すべき義務を負っており，安全配慮義務の一環として，Aが本件施設内において転倒事故を起こすことを防止する義務を負っていた。そして，Aは，本件事故当時，70歳代と高齢で，高い要介護の認定を受け，歩行が不安定で徘徊する傾向がある等，転倒の危険が高い状態であり，原告は，施設側に対し，このようなAの状態について伝えており，施設側はこれを十分に認識していたのであるから，Aが夜間に徘徊し，転倒することは十分に予見可能であった。施設側としては，転倒を防止するため，Aのベッド自体を，転倒する危険性が高い場所から離して配置したり，Aがベッドルームを出たことを把握するセンサーやAがドアを開けたことを感知するブザーを設置したり，宿泊職員を直接Aのベッドルームへの出入りが見える位置に配置したり，Aのベッドルームをトイレの近くに配置したり，Aのベッドルームにポータブルトイレ等を設置したり，夜間でも足下や周囲が見える程度の明るさを保っておいたりする等の方法によって，Aの夜間の徘徊を防止し，転倒を防止すべきであった。それにもかかわらず，施設側は，本件事故時，これらの措置をとらず，本件施設のAが宿泊していたエリア内に職員をわずか1名しか配置しておらず，Aの徘徊を止めることも，Aの徘徊に気づくこともできず，Aの転倒を防ぐことができなかったから，施設側は，転倒防止義務に違反した。

これに対し，施設側の主張は，次のとおりです。

　一般的に，施設側が介護事業者として，利用者の生命・身体に危害を及ぼさないように，事故防止のために必要な措置を講じ，その安全に配慮すべき義務を負っていることは認める。

しかし，本件事故当時，本件施設のAが宿泊していたフロアには，Aを含めて5人の利用者がいたのみであり，職員を1名配置し，Aの隣室に控えていたことで十分な人員体制をとっていたといえるし，さらにその上階にも1名の職員が待機していた。

介護施設においては，厚生労働省の指導により，原則として利用者の身体を拘束することはできないし，本件事故当時（平成18年ころ），センサーやブザーを設置することは一般的ではなかった。また，本件事故は，Aの自室のすぐ近くで起きているから，本件においてAを転倒させないようにするためには，Aが転倒しそうになったときには直ちに手を差し伸べることができるような近接した位置で常時監視しなければならないが，これは非現実的であり，介護施設において，このような過度の注意義務まで負担するものではない。

したがって，施設側としては，Aの転倒を防止するために，Aが移動できる範囲を限定し，歩行の障害となるような物品を置かないよう留意することで足りるところ，施設側は，Aの移動できる範囲を縮小するためにデイルームからプレイルームと呼ばれる広間等に行けないようにテーブル等を置き，デイルームには歩行の障害となるような物品を置かない等の措置をとっていたから，施設側は，転倒防止義務には違反していない。

施設側は，転倒防止義務の存在は認めるものの，本件の場合は，同義務には違反していないという主張であります。

(2) 早期に受診させる義務（早期受診義務）違反の有無

まず，原告側の主張は，次のとおりです。

施設側は，Aの転倒が発見されてから数時間後に受診したC病院から，施設に戻るに当たり注意書を受領していたから，C病院から本件施設に戻ったAについて，本件注意書に従い，3時間ごとに起こして反応を確認する等，状態を注意深く観察して，なかなか目を覚まさない，体が傾く等の脳内出血の発生を示す異常を感じた場合には，速や

第3章　介護契約・介護事故・老人ホームに関する事例

かにC病院に連絡し，C病院の指示に従って早期にAを受診させるべき義務を負っていた。

　Aは，原告側が脳内出血の発生を示す異常があったと主張する当日の朝，起こしてもなかなか起きず，当日の日中にはほとんど寝ており，失禁が度々あり，座位の状態で上体が右に傾くなど，脳内出血の発生を示す異常が見られる状況であった。

　したがって，施設側は，当日中にAを受診させなければならなかったにもかかわらず，施設側がAを受診させたのは，翌日の午後であったから，施設側は，Aを早期に受診させるべき義務に違反した。

これに対し，施設側の主張は，次のとおりです。

　Aは，本件事故以前から右に傾く傾向や傾眠が見受けられ，失禁したのも当日が初めてではなかった。そして，Aに本件脳内出血が発症したのは，当日深夜から翌日未明にかけてと推測され，当日の時点において脳内出血の初期症状を示していたとは考えられないから，施設側が当日中にAをC病院に受診させず，翌日になって異常を示したAを受診させたとしても，早期に受診させる義務に反したとはいえない。

　施設側は，早期受診義務は認めているものの，同義務には反していないという主張です。

　もっとも，本件の場合，Aがいつ異常を示したかが争われておりますので，どの時点までにC病院に受診させるのが「早期」といえるのかが問題となった事例です。

(3)　記録義務違反の有無

　原告の主張は，次のとおりです。

　施設側は，本件宿泊介護契約上，Aに異変があった場合には，病院においてAが適切な治療を受けられるようにするため，及び後日施設側の対応の適切性をA又はその親族が確認することができるようにす

154

事例13　ショートステイにおける死亡事故に対する法的対応

るため，Aに関する，体温，食事の量，睡眠時間，意識の有無，行動の内容等について注意深く観察し，詳細な記録を残すべき義務を負っていた。

　しかし，施設側は，Aに関する当日の記録を残さなかったから，上記記録義務に違反した。

これに対する施設側の主張は，施設側は，「連絡日誌において，Aの体温，血圧，服薬，食事の摂取量，排泄，睡眠時間，意識の有無及び行動の内容等について記録をつけていた」というものでした。

以上が両者のやり取りですが，連絡日誌には，どういうわけだか，前後の何日間についてはきちんと書かれておりましたが，肝心な当日については，全くといってよいほど書かれておらず（裁判所の認定は違いますが），大きな疑問が残りました。当日の記録は欠損のような状況でした。

⑷　転倒と死亡との間の相当因果関係の有無

この部分は，高度の医学的知見を要する部分ですが，両者の主張は，以下のとおりです。

まず，原告の主張ですが，次のとおりです。

　本件事故と極めて近接した時点で本件脳内出血が発症したことから，本件事故により本件脳内出血が引き起こされたことは明らかであるところ，本件脳内出血の原因としては，外傷後遅発性脳内血腫又はアミロイド血管障害性出血が考えられる。外傷後遅発性脳内血腫であれば，出血が確認された2日前の転倒である本件事故が本件脳内出血の原因となっていることは明らかである。また，アミロイド血管障害性出血であっても，外傷によって発生しうるところ，転倒後1日から2日後という近接した時期に生じた脳内出血であることから，転倒による頭部打撲に伴うアミロイド血管障害性出血である高度の蓋然性がある。

　したがって，原因がどちらであれ，本件事故と本件脳内出血との間には相当因果関係があり，Aは本件脳内出血により肺炎を発症して死亡したのであるから，本件事故とAの死亡との間にも相当因果関係が

155

第3章　介護契約・介護事故・老人ホームに関する事例

ある。

次に，施設側の主張であります。

外傷後遅発性脳内血腫は，数日ないし数か月の間に形成される血腫
であるから，本件脳内出血が外傷後遅発性脳内血腫である可能性は著
しく低い。また，アミロイド血管障害性出血は，内因性の疾患であり，
頭部外傷による発症の可能性は極めて乏しい。本件脳内出血は，本件
事故とは無関係に偶発的に発症した内因性疾患によるものであり，本
件事故により本件脳内出血が誘発されたものではない。したがって，
本件事故と本件脳内出血との間に通常人が疑いを差し挟まない程度に
真実性の確信を持ちうるほどの高度の蓋然性は認められない。

(5) 早期に病院を受診できなかったことと死亡又は延命期待権の侵害との
間の因果関係の有無

まずは，原告の主張です。

施設側が，当日の時点でAを受診させていれば，止血剤の投与等の
治療により血腫の拡大を防ぐことができた可能性があり，その結果，
高度脳機能の低下に合併しがちな肺炎に罹患しなかった可能性があっ
た。このことから，死亡時点以後もAが生存していた高度の蓋然性が
あり，早期受診義務違反とAの死亡との間には相当因果関係がある。
仮に，早期受診義務違反とAの死亡との間に相当因果関係が認めら
れないとしても，当日の段階で治療を受けていれば，早期の止血等に
より延命できた可能性があったことから，施設側がAを受診させな
かったことにより，Aは，延命が期待できる適切な治療を受ける機会
を奪われ，延命の可能性を断たれたというべきであり，これにより，
Aの期待権が侵害された。

次に，施設側の主張です。

事例13　ショートステイにおける死亡事故に対する法的対応

治療により血腫の拡大を防止できたことは何ら立証されていない。施設側が当日にAを受診させたとしても，治療方針には変わりはなく，仮に治療を施しても，症状改善効果はかなり限局的で，予後に変化は生じず，死亡時点以後もAが生存していた高度の蓋然性があったとはいえない。したがって，施設側の早期受診義務違反とAの死亡との間に相当因果関係があったとはいえない。

また，Aは適切な治療を受ける機会を奪われたわけでないから，原告の主張はその前提を欠く。

4　本件における法的問題点等の考察

⑴　転倒防止義務違反の有無

施設側に転倒防止義務があることについては，争いはありませんでしたが，問題は，その義務の範囲です。

裁判所は，次のように判断しました。

本件事故当時の本件居宅サービス基準（厚生省令）及び本件事故後に定められた県の本件宿泊サービス基準において，原告主張の措置（センサーやブザーの設置，施設側職員をAの部屋への出入りが見える位置に配置すること，Aの部屋やベッドをトイレに近くし，転倒する危険性が高い場所から離して配置すること，Aの部屋にポータブルトイレを設置すること，夜間でも足下や周囲が見える程度の明るさを保つこと等）をとるべき旨は定められておらず，本件事故当時，宿泊サービスを提供する通所介護事業所において，利用者がベッドや部屋から出る等した場合に反応するセンサーやブザーを設置することが一般的であったとは認められず，また，Aにつき，夜間に常時見守りを必要とするほどではなかったことからすると，施設側職員をAの部屋への出入りが直接見える位置に配置すべき必要があったとは認められない。その他，原告が主張する，Aのベッドを転倒する危険性が高い場所から離して配置

157

したり，夜間でも足下や周囲が見える程度の明るさを保ったりする等の措置についても，Aのベッドがことさら転倒する危険性が高い場所に設置されていたとは認められず，Aが転倒したデイルームには夜間パイロットランプが付けられていたことから，施設側の措置が不十分であったとまではいえない。

また，Aは，広間において頭を自室に向けた状態で仰向けに倒れているところを，巡回をしていた施設側職員に発見されているから，部屋を出てから転倒までの段階で介護職員がAの徘徊に気づき，歩行補助をすること等によりAの転倒を防止することができた可能性がないではないが，本件ではAがどの程度の時間徘徊をしていたのかが明らかでなく，結局のところ，介護職員に歩行補助を要求することは夜間における常時の見守りを要求するに等しいことから，Aに常時見守りを必要とするほどの切迫した危険性がなかった本件においては，結果的に介護職員がAの転倒を防止できなかったことをもって，施設側が転倒防止義務に違反したとはいえない。

以上によれば，施設側は，本件事故当時，Aの安全を確保するために適切かつ相当な措置を行っていたといえるから，施設側はAの転倒を防止する義務に違反したとはいえない。

以上が裁判所の判断でありますが，事実認定が大変重要であります。

施設側は，歩行の障害となるような物品を置かないよう留意していることを盛んに強調していますが，歩行の障害となるようなものがデイルームに置かれており，それに躓いてAは転倒したという情報も原告側には入っておりました。しかし，どうしても立証できなかったのであります。内部通報に期待できれば良いのですが，それができない場合の立証方法をさらに研究していく必要があります。

また，厚生労働省や都道府県等が定める公的基準が重要になります。裁判で引用されます。関係方面に働きかけて，できるだけ詳しく書いてもらうと，入居者や通所者の保護に繋がるでしょう。

さらに，公的基準がない場合でも，入所契約や通所契約に書いてあれば，

事例13　ショートステイにおける死亡事故に対する法的対応

それが裁判の基準になります。入所や通所に当たっては，十分留意すべきです。

(2)　早期に受診させる義務（早期受診義務）違反の有無

裁判所の判断は，次のとおりです。

> 　前日及び当日におけるAの状況が，脳内出血の発症を疑わせるものであったとは認められず，施設側は，その間，Aの様子を原告に電話連絡し，本件連絡日誌にも記録し，Aの帰宅を取り止めて本件施設に宿泊させるなど，十分に注意をしてAの様子を観察していたものと認められるから，施設側が，当日にはAをC病院に受診させることをせず，翌日に至って受診させたことをもって，早期受診義務に違反したとはいえない。

裁判所は，早期受診義務の存在は認めましたが，施設側には，その違反はないとしました。

なお，本件連絡日誌における当日分の記載の状況は，信用性に欠けるものでありましたが，その立証はできませんでした。

(3)　記録義務違反の有無

裁判所の判断は，次のとおりです。

> 　記載すべき記録の内容につき，本件通所介護契約及び本件宿泊介護契約の定め（契約終了後2年間保管する義務）を超えた内容で合意がなされていたことを認めるに足りる証拠はなく，その他法令の定め等があるとも認められないから，体温，食事の量，睡眠時間，意識の有無，行動の内容等を詳細に記録すべきものとはいえない。
> 　施設側の職員は，前日の夕食時から当日のAの様子につき，血圧，体温及び脈拍，食事及び水分の摂取量，更には排便の有無並びに日中の状況を本件連絡日誌に記録していることが認められるところ，これらの記載内容は，利用者であるAに対する施設側の介護等の状況を把握することができる程度のものといえ，原告に対し，本件連絡日誌が

159

第3章　介護契約・介護事故・老人ホームに関する事例

> 交付されたことからすると，施設側が記録義務に反したということは
> できない。

　以上が裁判所の判断ですが，問題は，この連絡日誌の内容が事実かどう
かです。特に，当日分の記録が記載された場所等から，大いなる疑問があ
りましたが，立証はできませんでした。

(4)　転倒と死亡との間の相当因果関係の有無

　裁判所は，判断しませんでした。

**(5)　早期に病院を受診できなかったことと死亡又は延命期待権の侵害との
間の因果関係の有無**

　裁判所は，判断しませんでした。

　なお，恐らくこれに関してと思われますが，裁判所から和解勧試があり
ました。金額は，請求額の3〜6％程度でした。施設側は了解していたよ
うでありますが，当方の依頼者である原告は，お金の問題ではないといっ
てこの提案を退けました。

5　最後に

　本件のような事件は，大変難しい問題です。特に立証が困難です。

　本件の場合，内部通報があれば良かったのですが，全くありませんでし
た。

　特に残念だったのは，本件事故の状況を最もよく知っていると思われる
内部の人間に対する証人尋問が認められなかったことです。認められな
かった理由は，当該人物が認知症になったからということです。施設側か
ら医師の診断書も出ておりましたが，本当に認知症かどうか疑わしいとい
う情報もありました。しかし，結果としては，裁判所は当該証人尋問を認
めてくれませんでした。

　本件は，結局は，第一審，控訴審，上告審のいずれにおいても敗訴しま
したが，相手が法的な規制の厳しい病院であったなら，もしかしたら勝訴
したかもしれません。

　この種の事件は，病院が相手でも厳しいものでありますが，特に施設が

事例13　ショートステイにおける死亡事故に対する法的対応

相手の場合には，病院ほど規制が厳しくないということもあって，大変高いハードルがあります。特に，立証について，更なる研究が必要と感じました。

　　　　　　　【プライバシー保護のため事例の内容は変えております。】

第3章　介護契約・介護事故・老人ホームに関する事例

事例 14　面談妨害禁止の仮処分に関する事例

入居者の親族が代理人となって，特別養護老人ホームに対する面談妨害禁止の仮処分の申立てがされたが，申立てが取り下げられた事例

●概要図

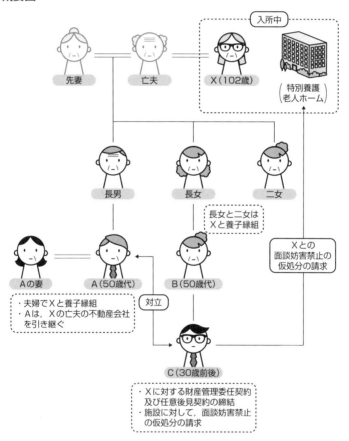

はじめに

　特別養護老人ホーム等の介護施設において，認知症が疑われる入居者を

めぐり，親族が入居者の財産を狙って，入居者を囲い込もうとして，他の親族と争うというケースが時々見受けられます。そのような場合に，入居者の親族の一人から，施設に対し，他の親族が入居者と面会することを認めないようにしてほしい等の要望が伝えられる等して，施設が親族間の争いに巻き込まれてしまうことがあります。本件では，入居者の親族の一人が,特別養護老人ホームに対し，入居者との自由な面談を妨害したとして，面会妨害禁止仮処分命令申立てをした事例を紹介しながら，どのような対応が取られるべきであったかを説明して行きたいと思います。

1 事例の概要

⑴ 親族間の争いが生じるまでの経緯

入居者Xは都心に住む102歳の女性であり，10年前の92歳の時から特別養護老人ホームに入居しています。数年前から認知症が疑われるような行動を取ることが増えていましたが，親族からの要請もなかったので，医師に具体的に意思能力の有無を判断してもらったことはありませんでした。

Xの亡夫は，20年以上前のXが80歳の時に既に死亡していますが，会社を経営し，都心に自宅建物と会社のビルを所有していたほか，郊外にも多数の不動産を所有していました。

Xの亡夫には先妻との間に3人の子がいましたが，後妻であるXとの間には子はいませんでした。Xは，亡夫と先妻との間の長女と二女と養子縁組するとともに，亡夫と先妻との間の長男の子であるAとその妻とも養子縁組をしていました。

Xの亡夫が経営していた不動産会社は，亡夫と先妻との間の長男が引き継ぎましたが，長男も若くして亡くなったので，現在は，長男の子である50歳代のAが不動産会社を引き継いでいます。A夫妻はXの自宅でXと同居しており，Xが特別養護老人ホームに入居した際には，Aを家族代表者として施設に届け出ていました。そのため，施設では，Xの介護施設での生活やケアプラン等については，Aと連絡を取り合っていました。

Xの亡夫が死亡した際，その相続をめぐって，亡夫と先妻との間の長男と長女には争いがあったようです。長女が相続した不動産には，会社の建

第3章　介護契約・介護事故・老人ホームに関する事例

物が建てられていたり，会社を債務者とする多額の根抵当権が設定されていたりしたこともあり，また，相続税の支払の問題もあったりしたため，長女は会社に対し，土地の更地価格を大きく下回る価額で，土地を売却したとのことでした。

　そのようなことがあったので，長男と長女との関係は疎遠になっており，Aは長女と会う機会はほとんどなく，その子である50歳代のBとも，いとこの関係にはなりますが，大人になってからは，ほとんど会うことはなくなってしまっていました。

　その後，X名義で相続された都心の不動産について，会社からの借入れに対する代物弁済としてXから会社へと所有名義が移転され，結局マンションを建築するために大手デベロッパーに売却されてしまいました。長女の子であるBには，30歳前後のCという一人息子がいましたが，Cは，その話を聞いて不審に思ったようでした。

　疎遠な関係になっていたBは，Cを連れて施設を訪問し，Xと面談し，不動産が売却されてしまっていることを伝えましたが，認知症の疑いがあるXからは，不動産の売却について知らないと言われたとのことでした。

(2)　公正証書による財産管理委任契約及び任意後見契約の締結

　B及びCの母子は，AがX名義の不動産を会社名義に移転し，処分することにより，会社の財産として扱うことで，Xの財産をBを始めとする他の相続人に相続させることをなくし，実質的にA夫妻が取得してしまおうと画策していると考えたようです。

　そこで，Bは，Xが自分名義の不動産を代物弁済として会社名義に所有権を移転したことはXの意思に反しており，不動産を取り戻したいとの意思表示があったとして，弁護士と相談を始めました。

　この頃から，B及びCの母子は頻繁に施設を訪れるようになりました。施設としては，今まで面会に来たことがなかった者が施設を頻繁に訪れるようになったので，何かあったのかと不思議に思っていましたが，孫や曾孫といった親族であるとのことでしたので，面談を制限することはありませんでした。後から判明したことですが，B及びCは知人と称して，弁護士を連れてきたことがあったとのことです。

164

事例14　面談妨害禁止の仮処分に関する事例

　ある日，突然，Cから，施設に，千代田区役所からX宛ての郵便物が届いていれば，渡してほしいという問い合わせの電話がありました。まだ，郵便物が届いていませんでしたので，その旨，回答して終わりましたが，今まで，施設では，郵便物を家族代表者として届出のあった長男の子Aに渡していたので，もし郵便物が届いたら，どうしたらいいのか判断に迷ってしまいました。そうしたところ，Cが写真屋を連れて面会に訪れ，Xの証明写真を撮影し始めました。施設としては，あまりに突然の行動でしたので，妨害はしませんでしたが，不審に感じて，XにB及びCの母子のことを尋ねてみました。Xは，先妻の子であるBは知っているが，Cは知らないとの回答でした（後日，判明したのですが，Cは名前を変えていたので，Xには分からなかったようでした。）。家族代表者として届出のあるAにも確認してみましたが，Cのことは知らないとのことでしたので，施設としては，郵便物が届いてもCには渡さないことにしました。

　数日後，B及びCの母子が，弁護士と公証人を連れて，再び施設を訪れました。この時も，施設としては，何ら面談の妨害をしませんでしたが，Xが大勢の人に取り囲まれて，心配そうな様子をしていたので，XとCとの関係を確認するために，Aに連絡をして来てもらいました。ところが，駆けつけてきたAとCとが口論になり，大声を出し始めてしまったので，施設の他の入居者に心配を掛けないよう，二人には会議室に移動してもらい，話し合ってもらうことにし，X本人には，体調に影響を与えないよう，施設の従業員と一緒に静かな場所に移動してもらいました。

　結局，この日，XのCに対する財産管理委任契約及び任意後見契約が公正証書で作成されたとのことでした。

　なお，この日以降，仮処分の申立てがされるまで，B及びCの母子が施設に面会に訪れたことはありませんでした。

⑶　施設に対する面会妨害禁止仮処分命令申立て

　ところが，半年程経過したある日，突然に，Xを申立人，Cを代理人，Cが相談していた弁護士を復代理人として，同弁護士から，面談希望者との面談を妨害してはならない，面談を希望して施設を訪れる者がいた場合，その事実及び面談した事実をAに伝えてはならないという面談妨害禁止の

165

第3章　介護契約・介護事故・老人ホームに関する事例

仮処分が申し立てられました。

　申立書には，Xの財産管理の委任契約及び任意後見契約を締結する際に，AとCとが口論して騒ぎになって以降，CがXに面談に行こうとしても，施設の従業員がAの指示に従い，Aに連絡をするので，XはAにとって都合の悪い者と面談ができなくなった旨記載されていました。

　なお，Cが相談していた弁護士は，この仮処分の申立てをする前に，Xの代理人として，不当利得返還請求の訴訟をAに対して提起したようですが，第1回口頭弁論期日前にXから訴訟を取り下げる書面と委任契約を解除する書面が提出されて，手続が終了したとのことでした。すなわち，この時点で，Xからの委任状の奪い合いがなされていた状況にあるようです。そのため，面談妨害禁止の仮処分は，財産管理委任契約に基づく包括的受任者として申し立てたとのことでした。

本相談のポイント

①　施設側による面談妨害の事実の有無。

②　財産管理委任契約に基づく包括的受任者が仮処分申立てを行うことの可否。

③　意思能力がなくなった入居者に，法的紛争を抱えて対立する親族が積極的に成年後見制度を利用しない場合における，成年後見制度の利用の促進。

---

2 受任に際しての注意点

　私が施設の代理人として，本件の処理に際して留意したのは，以下の諸点でした。

(1) 施設による面談妨害の有無の確認

　施設からは，面談を妨害したことはないし，Xから自由に面談をさせてもらえないと言われたことはない旨の話でしたが，代理人としては，そのことを客観的に裏付けるため，Xとの面談の際に記載してもらう面会者

166

事例14　面談妨害禁止の仮処分に関する事例

カードを相手方が面談を妨害したと主張する期間全て見返して確認してもらいました。その結果，Cが前述のとおり，当初はXと何度も面談していたことや代理人の弁護士も連れて面談していたことが資料からも明らかになりました。また，Cが施設を訪れて，Xに公正証書による財産管理委任契約及び任意後見契約を締結させた日以降，そもそもCが施設を訪れたことがないことについても，改めて，施設の従業員全員に確認しました。

　また，意思能力があるかどうか分かりませんでしたが，X本人に対しても，施設の従業員から親族等との面談を妨害されたことがないことを確認し，その点について，アンケート形式で書面にしてもらいました。

(2)　受任後以降の介護施設での入居者の面談に対する対応の検討

　以上のとおり，そもそも申立書に記載されている事実がないことを確認しましたが，申立て後であっても，Cが施設を訪問した場合に，面談を妨害するようなことがあれば，申立書に記載されているような妨害行為が行われていると判断されかねませんので，申立て後，Cが施設を訪れた場合にも，今まで同様に面談してもらうよう従業員に対する指示を徹底しました。

　しかしながら，施設での面談は無制限に認められるべきものではなく，施設の他の利用者に迷惑を掛けてはならないし，X本人の体調等にも配慮する必要があり，そういった趣旨から必要があれば，一定の制約を受けるべきものです。

　そこで，仮処分の審尋期日において，面談を拒否することはしないが，良識的な範囲での面談の際のルールの策定を提案しました。具体的には，委任状の奪い合いのようなことが行われるとX本人の利益になりませんので，面談に際しては施設の従業員が立ち会い，公共スペースである談話コーナーで行ってもらうこと，そのため，施設の従業員が多忙な時間帯は避けてもらうこと，Xは100歳を超える高齢者で疲れやすいので，面談時間は30分に限定してもらうこと，本人の体調いかんによっては面談を中断したり，断ったりすること，大声を出したり，暴れたりして他の利用者に迷惑を掛けないことなどを確認しようとしました。

167

第３章　介護契約・介護事故・老人ホームに関する事例

(3)　対立する親族の双方に対し中立的な立場を維持すること

　施設としては，AとCとの対立や法律的な紛争に巻き込まれないように
しなければなりませんでした。そのため，面談の妨害を行わないという姿
勢を明らかにするとともに，施設としては親族双方に対し，中立的な立場
を取ることを明確にしました。

　この点，家族代表者であり，身元引受人として，長い間，施設との間の
窓口に立ってきた，Aの意向に応じやすくなってしまうこともありがちで
すが，本件では，Xの財産をAが代表者をしている会社名義に所有権を移
転した経緯等は必ずしも施設側に明らかではなく，安易にAの肩を持つこ
とも相当とは考えられませんでした。そこで，施設としては，中立的な立
場を取らざるを得ないことをA側の弁護士には伝えました。

　結局のところ，X本人の権利を擁護するためには，裁判所が選任する中
立な第三者的立場の成年後見人が事実関係を調査し，Xのために意思決定
する必要があると考えられたことから，家庭裁判所に後見手続開始の申立
てを行う必要があることをA側の弁護士にも，C側の弁護士にも等しく伝
えました。

　そのためには，X本人の認知症がどの程度進んでおり，意思能力がどの
程度残っているかを医師により判断してもらうことが必要であると考えら
れましたので，Aの承認を得て，Xの意思能力のテストを医師に実施して
もらいました。Xは102歳であり，自分の名前は言えますが，今日が何日
なのか，何曜日なのかは分からず，会話自体はできますが，話をキャッチ
ボールするというより，自分の気になっていることを一方的に話している
感じでした。テスト結果からは，意思無能力と言っていい状態でしたので，
そのことについても，A側の弁護士にも，C側の弁護士にも等しく情報提
供しました。

3　本件における法的問題点の考察

(1)　意思無能力者に対する施設による面会の制限の可否

　入居者に意思能力があれば，本人の意思に基づいて，誰に面会するかし
ないかは判断しうることになります。しかしながら，意思能力が失われて

168

事例14　面談妨害禁止の仮処分に関する事例

しまった場合には，誰に面会するかの判断が合理的にできないことから，面会を制限することができないのではないかという疑問があります。

　確かに，本人の意思能力がなく，本人の意思を推認することもできない場合に，親族の一人の判断に基づき，他の親族に面会させないことは，認められるべきではないとも考えられます。しかしながら，その場合に，無制限に面会希望のある親族に面会させなければならないかといえば，それも問題であり，そもそも本人の権利保護のために施設への入所契約が締結されていることを考えると，入所契約に基づき，本人の健全な体調や精神状況を維持するためには，一定の制限が認められると解すべきです。また，施設において，第三者との共同生活を営む以上，他の利用者に迷惑を掛けないようにすべき義務を負い，他の利用者に迷惑をかけるような方法の面会は制限されると解すべきです。

　また，自由な面会という観点からは，入居者が誰と面会したかについて，親族に報告すべきかどうかも問題となります。一般的には，キーパーソンとなっている家族代表者には，そのような報告がされていますが，本件のように，キーパーソンと他の親族との間に激しい対立がある場合には，非常に悩ましい問題であり，ケースバイケースで対応を考える必要があります。

(2)　**財産管理委任契約に基づく包括的受任者による仮処分申立ての可否**

　訴訟提起や仮処分申立てなどの授権行為については，一般的には，事件及び目的を特定して個別に授権することが必要と考えられていますが，本件のように，任意後見契約と同時に締結される財産管理委任契約に基づく包括的受任で足りるかは問題と言えます。本件では，包括的受任者であるCから更に弁護士が復代理人として授権されていることになります。

　この点，任意後見契約における包括的な授権の場合には，任意後見監督人及び家庭裁判所の監督により訴訟代理権等の濫用の余地がなくなっていますが，財産管理委任契約に基づく包括的な授権の場合には，そのような訴訟代理権等の濫用防止の担保がありませんので，これを認めるべきではなく，個別に授権することが必要であると考えられます。

169

第3章　介護契約・介護事故・老人ホームに関する事例

4　本事例の解決

(1)　面談の際のルール作りによる和解の不成立

当初は，面談の際のルールを作って和解すべく調整していましたが，C
が相談していた申立代理人の弁護士から，AにXが誰と面談したか一切の
情報を直接又は間接に伝えないことが条件として提案されました。この点，
Xの家族代表者であり，身元引受人であるAから問い合わせがあった場合
にまで，入居者の日々の生活状況の一環として面会者を絶対に伝えなくて
済むか疑問でしたので，Cが面談する前又は面談中には，施設から第三者
に対し，面談予定又は面談中であることを伝えないという形に修正しよう
としました。

そのような交渉をしている中で，仮処分の審尋期日において，Cが相談
していた申立代理人の弁護士に対し，Xに面談した上で何をしたいのかを
確認したところ，Xを施設から退去させ，Cのところで生活させたいとい
う話が出てきたので，Xの権利擁護の観点からびっくりしました。

結局，Xに関して，その財産の帰属をめぐって，身柄の奪い合いという
事態にもなりかねないと感じられたので，本件のように，本人に意思能力
があるかどうか怪しい状況では，法律行為の委任や施設からの退去につい
ては，成年後見制度を利用した上で，後見人にこれを行ってもらうことを
強く求めました。ところが，Cが相談していた申立代理人の弁護士は，こ
れに応じようとしませんでしたので，和解の話は不成立となりました。

(2)　財産管理委任契約に基づく包括的授権による仮処分申立ての否定

和解が不成立となったので，本件においては，Xの面談を妨害したこと
はなく，仮処分の必要性がないことを主張するとともに，そもそも，個別
の授権もされずに申し立てられた本件仮処分の申立てが却下されるべきこ
とを改めて強く主張しました。

裁判所から後者の主張についての具体的な根拠を文献で明らかにするよう
求められましたので，『平成11年民法一部改正法等の解説』（小林昭彦・原司
共著，法曹会，2002）の「任意後見契約において事件及び訴訟追行の目的の
特定を緩和することができるのは，任意後見人には，家庭裁判所の選任す

170

る任意後見監督人及び家庭裁判所によりその事務について公的な監督がされるという制度的担保があるからであり，そのような事情のない通常の訴訟委任について委任の特定性を緩和することは，訴訟代理人の権限濫用を招きかねず，許されないものと解さざるを得ない。」（446頁）という部分を引用して裁判所に見せたところ，裁判所から強く申立人に対し，申立てを取り下げるよう勧告がされ，ようやく申立代理人から取下げがなされました。

5 おわりに

　本件については，その後，双方から後見人の選任の申立てがされ，家庭裁判所が選任した中立的な後見人の弁護士が選任されたと聞いています。

　翻って考えると，意思能力がない状態で，親族間の対立が始まったときに，A側からでも，C側からでも，後見手続開始の申立てがされ，中立的な後見人の弁護士が選任されていれば，混乱を防止することができたと思います。

　C側からすれば，無理な争い方をするよりも，後見人の弁護士を選任してもらうことで，AによりXの財産が適切に管理されているかどうかを調査するという目的は達成できたと思われます。また，A側からしても，無用のトラブルに巻き込まれることなく，第三者による財産管理をしてもらいながら，Xの面倒を見ることができたと思います。事前にAがXと任意後見契約を締結していれば，任意後見監督人による監督を受けながら，任意後見人として主導的に後見をしていくこともできたと思われます。施設からしても，今回のような悩ましいトラブルに巻き込まれることなく，専門家後見人の関与を受けながら，入居者により高いサービスを与えることができたと思われます。

　意思能力を失ったと思われる高齢者をめぐって，親族間で入居者をどちらが囲い込むか争いが生じた場合には，施設としては，どちらの側に対しても，後見手続開始の申立てを早期に行うよう積極的に勧めていくことが重要であり，そのことが，結果的には入居者の利益になるのだと痛感させられた事案でした。

【プライバシー保護のため事例の内容は変えております。】

第4章
高齢者虐待に関する事例

第4章 高齢者虐待に関する事例

事例 15 高齢者の虐待に関する事例

事理弁識能力を欠く高齢者の住居に住みついた者が，高齢者への暴力行為や財産を浪費する等の虐待をした事例

●概要図

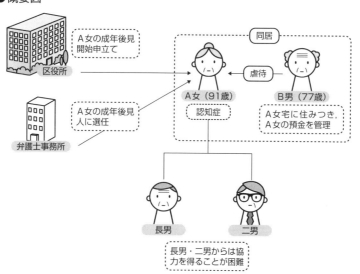

はじめに

　高齢者と同居している親族が高齢者の年金で生活を維持し，高齢者に十分な食事を与えていないようなケースがあります。また，親族の援助等を受けられず，独りで暮らしている高齢者の住居にいつの間にか素性の知れない者が住みついてしまうというケースに出会うこともあります。その場合，高齢者が事理弁識能力を欠いているのをいいことに，住みついた者が，高齢者への暴力行為や財産を浪費する等の虐待を行うことがあります。高齢者への虐待は，高齢者の身体に対して暴力をふるうような虐待だけではなく，高齢者に対する経済的虐待も少なくありません。ここでは，成年後見人として，暴力的虐待や経済的虐待を行う不法占有者から高齢者をいか

に保護するべきなのかというテーマを，実際の事例を元にご紹介いたします。

1 事例の概要

(1) **足立区長による成年後見開始審判申立てまでの経緯**（以下は，私たちが成年後見人に選任される以前に足立区生活福祉課の職員が調査した結果を伺った話です。）

ア　B男がA女宅に住みつくまでの経緯

　　平成26年当時，A女は91歳の小柄な女性であり，平成11年に夫と死別して以降，平成17年頃までは，足立区内にある借地上に建てた居宅にて単身で生活していました。A女には，2人の息子がいましたが，それぞれ独立して生活しており，長男が時々A女の様子を見にA女宅を訪問することがあったとのことで，日頃から密な付き合いはなかったとのことです。

　　B男は77歳の老人であり，素性は不明でしたが，本人いわく元暴力団員であったとのことです。B男は，いつも酒臭く，A女宅を訪問する者や近隣住民に罵声を浴びせたり，攻撃的な態度を取る等していたため，近所の方は大変迷惑をしていたようです。B男は，平成15年までは生活保護を受給して山谷にある通称「ドヤ街」にて生活していたようですが，平成17年には住民票をA女宅に移してA女宅で生活していました。

　　B男がA女の家に住みつくようになってから，A女宅を訪問したB男と長男が揉めたこともあり，以降，A女と長男との交流が全くなくなってしまいました。

　　足立区生活福祉課の職員が，A女にB男と同居している理由を問うと，「ご飯を作ってくれって言うから。」と話したそうですが，A女を昔からよく知る近所の方の話では，平成17年頃には既にA女に認知症と疑われるような言動があったとのことであり，A女の真意に基づかずにB男が住みついてしまったようでした。

イ　A女とB男の生活状況

　　A女の自宅敷地は，遠方からでも認識できるほどの木が鬱蒼と生い

茂っており，枝の一部が隣近所の家の軒を貫いたり，敷地内の木が台風の際に倒れて隣人が所有する車が押しつぶされたりするなどのトラブルが頻繁に起きていました。また，玄関戸は歪んで開かず，居室内への出入りは居間の引き戸の隙間から入るしかなく，風呂は屋外に設置されていました。居室内外には，B男が飲んだと思われるビールの空き缶や酒瓶が大量に転がり，各所に舟券（競艇の投票権）やスポーツ新聞が散乱し，居室内は生ごみ等で溢れかえり，異臭と大量の蚊やコバエが発生しているなど，劣悪な環境でした。

　A女は，遺族厚生年金，東京都共済年金を受給しており，同年金による年収約230万円で生活していましたが，B男が住みつくようになってからは，B男が同年金が振り込まれるA女名義の預金口座の通帳を管理していました。そして，B男は，2か月ごとに同年金がA女の預金口座に振り込まれる都度，その全額をA女に下ろさせ，自身の酒代や船券を購入する等の生活をしていました。

　A女は，定期的に病院に通い，薬の処方がされているようでしたが，適切に服薬できているのかは不明でした。

ウ　区長による成年後見開始審判の申立て

　平成25年5月，A女が預金口座を有する銀行に来たA女とB男の様子が不審であったため，同銀行の係員が警察に通報したそうです。その後，駆け付けた警察官がA女から聴取したところ，A女は「同居している男から銀行でお金を下ろしたくないのに下ろすよう言われた。」と話したそうです。その後，警察から足立区役所に連絡があり，駆け付けた足立区役所の高齢者福祉課の担当者がA女に事情を確認したところ，A女は「困ったことはない。」と全く異なった内容の話をしたとのことでした。また，A女の左目部分に痣があったため，高齢者福祉課の担当者が理由を問うと，「転んだ。」と答えたとのことでした。

　なお，警察が足立区役所にA女の件を通報した理由は定かではありませんが，おそらく「高齢者虐待の防止，高齢者の養護者に対する支援等に関する法律（以下「高齢者虐待防止法」といいます。）」に基づいたものであったと推察されます。具体的には，高齢者虐待防止法7条1項では

「養護者による高齢者虐待を受けたと思われる高齢者を発見した者は，高齢者の生命又は身体に重大な危険が生じている場合は，速やかに，これを市町村に通報しなければならない。」として通報義務が課せられています。また，同法2項では「養護者による高齢者虐待を受けたと思われる高齢者を発見した者は，速やかに，これを市町村に通報するよう努めなければならない。」として通報の努力義務が課せられています。

　B男は，A女との関係について，「内縁の夫である」旨言っていたとのことですので，警察は，A女が養護者から経済的虐待を受けていると判断して区に通報したのではないかと推察されます。

　以上の経緯があり，足立区は，A女の認知能力が低下していると判断し，同年6月にA女宅で保健師による長谷川式認知症スケールを実施したところ，その得点は15点でした。なお，B男は「自分が（A女の面倒を）全部やっているから関わるな。」と激しく抵抗し，大声で暴言を吐いて，区の関与について強い拒絶を示していたとのことでした。そこで足立区は，認知能力が低下し，かつ素性の分からない男性が住みついていて，虐待されているおそれのあるA女の状況を放置できないとして，まずは長男に連絡を取ったそうですが，長男に協力を拒否され，その他親族にも連絡がとれなかったことから，区長による後見開始審判申立てを行う方向で進めたとのことです。

　成年後見開始審判申立権者は，民法7条の規定によれば，「本人，配偶者，四親等内の親族，未成年後見人，未成年後見監督人，保佐人，保佐監督人，補助人，補助監督人又は検察官」となっています。ただし，老人福祉法32条によれば，「市町村長は，65歳以上の者につき，その福祉を図るため特に必要があると認めるときは，民法第7条，第11条，第13条第2項，第15条第1項，第17条第1項，第876条の4第1項又は第876条の9第1項に規定する審判の請求をすることができる。」と規定しています。したがって，65歳以上の者についてその福祉を図るため特に必要があると認めるケースについては，市町村長（特別区の区長も含む。）は成年後見開始審判の申立てを行うことができます。

　「その福祉を図るため特に必要があると認めるとき」の要件は解釈上

第4章　高齢者虐待に関する事例

の問題となり様々なケースが想定されますが，とある自治体のマニュアルによれば，①配偶者や四親等内の親族がいない場合，②申立権のある親族がいても非協力的である場合，③虐待やこれまでの経過で親族による申立てが適当でないと判断される場合等には市町村長の申立てがなされているようです。

　今回は老人福祉法32条を根拠として，65歳以上のＡ女について，唯一連絡が取れた親族である長男に協力を拒否されたため，足立区長が後見開始審判申立てを行うに至ったものです。

　その後，警察官に同行してもらい，暴れるＢ男を制止しつつ，Ａ女を診療所に連れて行き，医師による長谷川式認知スケールや問診を行った結果，認知スケール得点はやはり15点だったということで，診断結果も後見相当でした。

　そして，同年10月，足立区長により，Ａ女の後見開始審判の申立てがなされました。

　申立後，Ａ女の鑑定を行うため，家庭裁判所の調査官と区の担当者，包括支援センターの職員らがＡ女宅を複数回訪問するも，Ｂ男は罵声を浴びせ威嚇するなどしてＡ女との面会を激しく拒み鑑定ができない状況が続いたとのことです。Ｂ男は暴行を働くおそれがあったため，やむをえず，警察官に同行してもらい，Ｂ男をいさめながら鑑定を行ったとのことでした。家庭裁判所は，事案に照らして，専門家の後見人を選任するのが相当と判断し，その結果，私たちの事務所が法人としてＡ女の成年後見人に選任されました。

本相談のポイント

① 　Ｂ男からの経済的虐待を防ぐために，Ｂ男が握っているＡ女の預金口座の財産の管理をいかに成年後見人に移して生活費を渡すか。

② 　Ｂ男による暴力行為の有無や生活状況を把握し，Ａ女の身上監護をどのように進めていくか。

③ 　不法占有者であるＢ男の退去について，Ａ女に危害が加えられないようにどのように進めていくか。

事例15　高齢者の虐待に関する事例

④　親族（長男と二男）との連携をどのように進めていくか（親族への協力要請）。

2　成年後見人としての対応

A女とB男の生活状況の把握

ア　初回面談の状況

　A女の成年後見人として選任された後の平成26年2月，私たちの事務所弁護士2名でA女宅を訪問しました。

　事前に足立区の担当者から得ていた情報のとおり，A女宅は，遠方からでも分かるほど木が生い茂り，道路脇の電柱に枝が接触している状況でした。また，A女宅の郵便受けからは郵便物が溢れかえって地面に散乱しており，外門は壊れていて全く開かない状態でした。

　私たちは，外門付近から居室内に向けA女を呼んでみるも返答がなく，その後複数回呼び掛けるも応答がなかったため，A女の状態を確認する必要性があると判断し，やむを得ず壊れている外門を乗り越えて敷地内に入り，玄関，勝手口，ガラス戸をノックして呼びかけましたが一切返答がありませんでした。

　私がガラス戸の隙間から居室内を除くと，どうも1階奥の部屋でA女が横になっているようなので，ガラス戸を開けて声掛けたところ，A女から「はい。」と返事がありましたので，A女の同意を得て居室内に入りました。B男は外出中のようで，室内にはいませんでした。私たちは，A女に対して，A女の成年後見人として選任されたこと，今後財産管理や身上監護を行うことを説明し，生活状況について質問しましたが，A女は布団に横になったままで「はい」としか返事をせず，こちらの話の内容が理解できている様子はありませんでした。

　A女の様子は，特段痩せている様子もなく，見える限りでは顔や体に痣のようなものも確認できませんでした。また，B男が同居していることや，B男がA女の年金に依存していることについて，何らかの不満が述べられることもありませんでした。私の推測ですが，経済的虐待はあ

179

るものの，日常的にはＢ男が食事の世話などもしているようなので，Ａ女はＢ男のことを悪く言うことはできないのだと思われました。

　Ａ女宅居室内は，数年単位で清掃された気配がなく，ゴミや衣類が散乱しており，各所で異臭を放っている状態で，床がベトベトしていました。また，２月の寒い時期でしたが，暖房器具は電気ストーブと炬燵しかなく，電気ストーブはＡ女が横たわっていた布団の間近にあり非常に危険な状態で，居室内随所にタバコの焼け跡が点在していました。

　Ａ女宅の１階には２部屋あり，１部屋はＢ男が生活しているようで，ビールの空缶や船券が散乱していました。

　私たちが居室内の様子を見ていると，Ｂ男がワンカップ酒を飲みながら買い物袋を手に帰宅し，私たちに「勝手に入られたら困るんだ。帰ってくれ。」と話しました。私たちは，Ｂ男に対して，裁判所から選任されたＡ女の成年後見人の事務所の弁護士であることを告げると，一定の理解を示しつつも，「福祉とつながっているんだろ。」と強く警戒し，「福祉は金を全部持っていくつもりなんだ。」と話しました。

　Ｂ男が持っていた買物袋には，生魚２匹，肉，大根等が入っており，Ａ女とＢ男で２日くらいで消費し，調理は全てＢ男が行うとのことでした。私たちが，Ｂ男に対し，Ａ女との生活資金はどうしているのかを問うと，「年金が50万，郵便局に保険があるからそれでやってる。」，「通帳は俺が預かっている。」と話しました。また，私たちが，Ｂ男に対し，Ａ女は病院に通っているのかを問うと，「上野の病院に俺が連れて行っている。」とも話していました。

　その他，Ｂ男は，「競艇と競輪はやるが競馬はやらない。50点買ってももうからない。」とギャンブルの話を熱心にしていました。また，毎日近所に飲みに行くようなことも言っていました。Ｂ男は，「俺がNPO法人を作ったようなもんだ。」，「周りは北朝鮮のスパイだらけだ。」，「俺は社会のことはなんでもよく知っている」と発言していたほか，同じ内容の発言を何度も繰り返し話し，かつ内容も理解不能なものでした。

　最後に，Ｂ男は，私たちに対して「もう来ないでくれ。」とも言っていました。

事例15 高齢者の虐待に関する事例

イ 以降の面談

　以降，私たちは，１週間に１度程度の頻度でＡ女宅への訪問を継続しましたが，Ａ女自身で洗濯をしているとき等もあり，Ａ女の健康状態には問題がないようでした。また，Ａ女が通院しているとの情報があった病院に予約状況を問い合わせ，予約日当日に病院へ様子を見に行ったところ，Ａ女がＢ男に連れられて通院していることを確認しました。

　Ｂ男は，確かに食料の買い出しやＡ女の食事の支度をするなどのある程度の身上監護は行っているようで，暴力を振っている様子はありませんでした。ただし，Ｂ男によるＡ女の身上監護は不十分であると言わざるを得ず，また相変わらずＡ女の年金を酒代と競艇につぎ込んでいるようで，経済的な虐待に該当する事実があると考えられました。

3　本事例の解決

(1)　Ａ女の生活費の確保

　事前に足立区の職員の方からお伺いしていたとおり，私たちが成年後見人に選任された時点においても，Ａ女名義の預金口座の通帳等はＢ男が管理していました。そしてＢ男は，やはりＡ女の年金を費消して生計を立てていたため，足立区や成年後見人が同預金に関与したりすることにより，Ｂ男自らの生計の糧が奪われることを懸念していました。そのため，Ｂ男は，私たち，あるいは足立区のケースワーカーや包括支援センターの職員らがＡ女宅を訪問することを強く拒絶しており，協力を拒んでいました。今後も，Ｂ男が成年後見人の役割を理解し協力をすることは考え難く，Ａ女名義の銀行通帳の引渡しを受けることはできそうもありませんでした。

　結局のところ，私たちは，成年後見人としての業務が終了するまでの間，Ｂ男から任意に当該預金口座の預金通帳の交付を受けることはできませんでした。

　そこで，私たちは，Ｂ男から任意に預金通帳の交付を受けられない以上，Ａ女が預金口座を有する銀行において成年後見人が選任されたことを連絡して手続を行うことにより，銀行からの書面の送付先を変更したり，銀行印を変更したり，新しい通帳やキャッシュカードを発行してもらう等して，

181

第4章　高齢者虐待に関する事例

A女名義の預金の管理を私たちが始めることも検討しました。しかし，B男がA女宅に同居している状況を踏まえると，私たちが管理する口座に年金振込みをしてもらうとなれば，突然にB男が預金を使えなくなることは明らかであり，B男が暴力的な行動を起こし，その暴力がA女に向かうことも懸念されました。そこで，いずれはB男がA女の預金通帳を管理している状態を解消するとしても，成年後見開始当初は，A女の身体の安全にも配慮する必要があったことから，当該預金口座は従来どおり使用できる状態にしておき，当該預金口座に入金されていた年金を別の預金口座に入金するよう手続を進めることにしました。そして，A女とB男が生活費として月々使うと思われる金額を，私たちが管理する預金口座からB男が管理している預金口座に送金することにしました。このような方法を採用することにより，A女の年金を可能な限りA女のために使える状態を作りつつ，次の段階でB男については生活保護の手続を行うよう誘導すること等によって，A女との同居状態，A女の年金収入に依存している状態の解消を図ろうとしました。

　以降，A女の年金振込先を当職らが管理する預金口座に変更する手続を行い，月々の生活費をB男が管理しているA女の預金口座に送金しました。その結果，A女の年金収入から私たちが管理する預金口座において貯蓄をすることが可能となり，A女の介護サービス費用や施設に入居した場合の費用を確保できる道筋をつけることができました。

(2)　**A女の身上監護について**

　B男は，A女宅に他人が介入することを強く拒絶し，介護保険を利用した様々なサービスの提供も拒絶していました。このため，ほとんど自宅を出ることがないような生活をしているA女は介護認定もなされていませんでした。そこで，B男と話をするたびに，介護サービスを受けることの長所を話して，B男による拒絶を和らげようと試みるとともに，A女について介護認定申請をして，B男の不在時を狙って介護認定調査を行い，要介護3の認定を受けました。そして，B男が同居しているこのままの状態では，A女が介護サービスを受けることは困難と思われたため，B男との同居状態の解消を進めるとともに，地域包括支援センターの方と相談の上，

事例15　高齢者の虐待に関する事例

介護サービスの利用を始めることを予定していました。

　ところが，その後，突如Ｂ男が刑事事件を起こして身体拘束されることとなり，Ａ女については，区が老人福祉法に基づく保護措置として，近所の病院に入院することとなりました。入院後，Ａ女は，持病の癲癇発作を起こして1週間程度寝たきり状態になったことが起因したのか，体調が悪化するとともに認知度も進んだようで，自身で食事もとれなくなる状態となってしまい，自宅での身上監護は困難となりました。しかし，Ａ女の状態と資金的な問題から，一般の有料老人施設への入居が難しく，また特別養護老人施設の空きもなく，Ａ女の受入れ先の確保が困難な状況に陥りました。このような状況から，足立区の福祉課の担当者とも協議を重ね，一旦はショートステイ扱いで近所の特別養護老人施設に入居をあっせんしてもらい，最終的には足立区の紹介でＡ女宅からかなり離れた場所にある奥多摩町の特別養護老人施設に入居することになりました。

　施設への移動に際しては，介護タクシーを手配して私が同伴の上，移動しました。また，入居に際して，Ａ女の成年後見人として入居手続に関する契約書類等を作成しました。その中で，医療行為に関する同意書にも署名を求められましたが，成年後見人の権限ではできかねる旨を十分に説明し，署名は拒否しました。結果的には，Ａ女の緊急時には，施設から成年後見人に連絡をしてもらい，あとは施設と病院で判断と対応をお願いするということになりました。本件では，成年被後見人の施設受入れにつき，たまたま経験豊富な施設の担当者であったために，このような事実上の対応で済ませていただけましたが，場合によっては同意書に署名をしない限りは施設への受入れを拒否する旨迫られることもあると思います。その場合，成年被後見人の置かれている状況にもよりますが，成年後見人として対応しなければいけないことになります。

(3)　Ｂ男の退去

　Ｂ男が，Ａ女宅へ居住しているのは，Ｂ男自身には収入がなく生活する場所もないためでした。Ｂ男は，Ａ女の年金で暮らしていたため，Ａ女の生活の面倒はみているものの，十分とは言えない状態であり，Ａ女の利益を考えるとＢ男をＡ女宅から退去させることが必要でした。しかし，Ｂ男

が簡単にＡ女宅を出ていくことは考えにくく，法的手続をとることも必要であると思われました。ところが，Ｂ男は，当職らが後見人に選任されたのち間もなくして，刑事事件を起こして身体拘束されることになりました。その機会に，Ａ女とＢ男の関係を絶つための対応をとることにし，Ａ女については，上述のとおり，足立区が老人福祉法に基づく保護措置として，自宅の近くの病院に入院させるとともに，Ｂ男が釈放されてもＡ女宅に入れないような施錠をすることにしました。ところが，Ｂ男は，釈放されたのち，Ａ女宅に施した錠を壊して再度Ａ女宅に入り込んでしまいました。このため，私たちは，Ｂ男に対する訴訟を検討するとともに，足立区の生活福祉課と連絡を取り，Ｂ男の生活状況を説明して，Ｂ男に生活保護申請をするよう促してもらうことになりました。その後，Ｂ男は足立区で生活保護を受給することとなり，足立区の生活福祉課のケースワーカーの協力を求めた結果，Ｂ男の新たな居住先を見つけてもらうことができました。したがって，Ｂ男を福祉につなげることで，Ｂ男をＡ女宅から退去させ，またＢ男の今後の生活も確保することができました。

⑷　Ａ女の親族への協力依頼

　Ａ女には二人の息子がいましたが，当職らが成年後見人に選任された頃は，Ｂ男がＡ女宅に入り込んでいたため，二人ともＡ女との交流が全くなくなっていました。そこで，Ａ女をＢ男と切り離したのちの身上監護については，二人の子どもの協力を得ることが必要と考え，成年後見人に選任された直後から，連絡先が判明している長男に対して何度も手紙を送って私たちに連絡するように求めました。しかし，長男から全く連絡はありませんでした。結果的には，Ａ女が危篤状態になってから初めて長男と面会ができ，また，二男と連絡が取れたのはＡ女が他界し相続財産を引き継ぐ必要性が生じた時期になってからでした。

　Ａ女が他界した後になって初めて私たちも把握したことですが，長男も二男も十分に安定した収入を得ており，経済的にはＡ女の面倒を看ることが可能であったと思われました。しかしながら，Ａ女と息子たちにしか分からないこれまでの事情を踏まえた関係性や，息子たちの置かれていたそれぞれの生活環境等から，息子たちがＡ女の面倒を看ることができなかっ

たようです。

⑸ 事件の終了

　Ａ女が奥多摩町の特別養護老人施設に入居後，１か月に１度はＡ女に面会に行きました。Ａ女は，施設に入所したのち，認知の程度が日に日に悪化し，やがて全く会話ができない状態になりました。そして，施設への入所から半年後，Ａ女は肺炎を患い，そのまま状態が悪化して亡くなりました。私たちは，Ａ女が亡くなったことを長男に連絡し，以後の火葬に関する諸手続をお願いしました。その後，裁判所にＡ女が亡くなったことを報告し，Ａ女の長男と二男に連絡を取って私たちが管理していたＡ女の財産を引き継ぎました。

　なお，成年被後見人の死亡後の成年後見人の権限については，「成年後見の事務の円滑化を図るための民法及び家事事件手続法の一部を改正する法律」が平成28年10月13日に施行され，民法873条の２に明文規定化されています。同条には，次のように規定されています。

第873条の２（成年被後見人の死亡後の成年後見人の権限）　成年後見人は，成年被後見人が死亡した場合において，必要があるときは，成年被後見人の相続人の意思に反することが明らかなときを除き，相続人が相続財産を管理することができるに至るまで，次に掲げる行為をすることができる。ただし，第３号に掲げる行為をするには，家庭裁判所の許可を得なければならない。
一　相続財産に属する特定の財産の保存に必要な行為
二　相続財産に属する債務（弁済期が到来しているものに限る。）の弁済
三　その死体の火葬又は埋葬に関する契約の締結その他相続財産の保存に必要な行為（前２号に掲げる行為を除く。）

　したがって，現在においては，被後見人の親族が火葬又は埋葬に関する手続に協力してくれない場合には，成年後見人が裁判所に許可を取ることで火葬又は埋葬の手続を取ることができることが明確になりました。

4　おわりに

　私たちがＡ女の成年後見人に選任された当初のＢ男の印象は，かなり粗

暴な面があったため，Ｂ男によるＡ女に対する暴力を懸念していました。また，Ｂ男が生活保護を受給できるようになれば，Ｂ男はＡ女に依存する理由もなくなり，Ａ女とは別に暮らすようになると思われました。そこで，私たちは，Ｂ男が管理していたＡ女の預金通帳を強行的に使用できなくするという方法は選択せずに，ある程度の時間をかけて穏便にＢ男にＡ女宅を出て行ってもらおうと考えました。しかし，実際にＢ男が粗暴な面を見せて警察に身体拘束を受けたことに鑑みると，Ａ女がＢ男から暴力を受けることがなかったのは偶然に過ぎず，Ｂ男との同居はできるだけ速やかに解消することが望ましかったのではないかと思われます。Ｂ男のＡ女に対する経済的虐待をやめさせるためには，後見人選任後すぐに年金が振り込まれていた預金について後見人の預金口座に変更する手続をし，Ｂ男が年金を自由に使えなくするとともに，容易に出て行くとは思われないＢ男の退出を求めるのではなく，まずＡ女を病院や老人保健施設などに移して，Ｂ男との関係を強制的に断ち切るべきであったかもしれません。

　他方，本人の健康状態の問題や資金的問題により，特別養護老人施設しか受入れ先が考えられないが施設に空きがない場合，本人の置かれた状況（本件では区がＢ男の虐待を認定した事例）によっては，行政と根気強く協議を重ねることにより，居住している市区町村以外にある特別養護老人施設への入居をあっせんしてくれるケースがあるということが分かりました。また，Ｂ男についても，行政と連絡を取り，協力を得ることで生活保護の受給が可能となり，住居も確保できたことで，Ａ女宅から任意に退去させることができました。

　成年後見人単独では採りうる選択肢が限られるかもしれませんが，行政と連携することによって選択肢の幅が広がり，柔軟な解決ができることがあります。今後，同じような事例に直面した際は，行政に連絡して協力を求めながら，成年後見人としての業務を行っていくのがよいと思います。

【プライバシー保護のため事例の内容は変えております。】

事例15　高齢者の虐待に関する事例

COLUMN

コラム⑦
高齢者を虐待していた親族からの相談

　「一緒に住んでいた高齢の母親を虐待していたとの理由で，母親が連れて行かれてしまった。母親を連れ戻したい。」との相談を受けたことがあります。

　相談者は，高齢女性の息子で，同居をしていた母親を骨折させてしまったところ，家に通っていたホームヘルパーが区役所に通報したらしく，母親を連れて行かれてしまったとのことでした。

　高齢者の虐待事例について，どのようにして高齢者を保護すべきかという相談であれば，回答のしようもあるのですが，虐待をしていた側からの相談なので，私は，とても困ってしまいました。

　高齢者の虐待については高齢者虐待防止法があり，その9条2項は，通報や届出により，高齢者を養護者から分離して保護する必要があると判断した場合などに，市町村が，高齢者虐待防止と高齢者保護のため，老人福祉法10条の4（ヘルパーの派遣やデイサービス，ショートステイの実施など）又は同法11条1項（養護老人ホームへの入所措置や特別養護老人ホームへのやむを得ない事由による入所措置）に定める措置等をとることを義務付けています。

　相談者の母親は，上記老人福祉法11条1項により分離保護されたものと思われました。

　実際，相談者は，粗野な容貌で終始いらついており，ホームヘルパーに対しても暴言を吐いたと非難されたと言って不平を述べ，母親を骨折させたことも認めつつ「あれは母親が悪いんだ。」と言い訳をするなど，問題が多い人物であることが推測されました。また，母親を連れ戻したいと言いつつも，母親への愛情があるような言動はありませんでした。

　仮に，現実には母親への暴行がなかったのであれば，市町村の措置に不服申立てをすることも考えられますが，相談者は母親を故意に骨折させたことを認めています。

　そもそも，このような相談者に対して，法律的なアドバイスをすることが，法律家として正しいことなのでしょうか。

　私は，散々悩みつつ，高齢者虐待防止法や老人福祉法の一般論を説明した上で，「区役所の担当の方に事情を説明して，母親と元通り，一緒に生活したいと言ってみてはどうですか。」という程度の回答しかできませんでした。

　本件は，制度的に直接受任することができない法律相談であったため，ありがたいことに相談のみで終了しました。

187

第5章
高齢者の相続・遺言に関する事例

事例16 後見人として被後見人の遺留分減殺請求をした事例

被後見人の妻の遺言により被後見人の面倒を見ることを条件に被後見人の妻の財産の大半を遺贈されることになった姪に対し，後見人が遺留分減殺請求の主張をして被後見人の財産を一定の範囲で確保した事例

●概要図

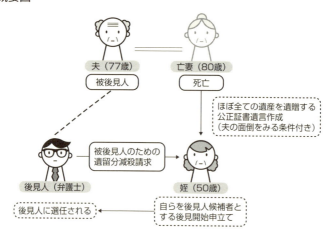

はじめに

　親族間に法的紛争があるケース，あるいは，法的紛争が予想されるケースでは，被後見人の後見開始の申立てをした申立人が，自らを候補者としていたにもかかわらず後見人に選任してもらうことができず，中立的な第三者であり，法律問題の専門家である弁護士が後見人に選任されることが多く見られます。本件では，被後見人の妻の相続財産の大半が，配偶者である被後見人ではなく，被相続人の姪に遺贈されることになったことから，被後見人の妻の相続をめぐって親族間の対立が発生しました。被後見人の生活のための費用を確保するためにも，後見人として，被後見人が有する遺留分減殺請求権を行使して，被後見人の財産を一定の範囲で確保した経

緯を説明したいと思います。

1 事例の概要

⑴ 被後見人夫婦の生活

　77歳の被後見人は，夫婦2人だけで千葉県の郊外の住宅地で小料理屋を営んでいました。被後見人には，子供がいなかったため，自宅のマンションでも80歳になる妻と2人暮らしでしたが，被後見人の妻は，50歳になる自分の姪を可愛がっており，姪は夫婦の自宅マンションによく遊びに来ていました（以下，被後見人の妻の姪を，単に「姪」といいます。）。被後見人は，競馬等のギャンブルが好きだったことから，小料理屋で稼いだお金を全部妻が管理し，しっかり者であった妻は，株への投資もして，着実に資産を増やしていました。

　被後見人は，3年前から物忘れが激しくなり，身の回りのことができなくなってきました。2年前に病院で診察を受けてみたところ，医師から軽い認知症である旨診断されました。そのため，妻が認知症の被後見人の面倒を見ていましたが，翌年，妻に末期がんが見つかり，入院して手術することになりました。被後見人よりも年上であった妻は，手術後も回復はせず，入院生活が継続することとなり，被後見人は一人暮らしをすることを余儀なくされました。

⑵ 被後見人の妻による遺言

　被後見人の妻は，被後見人の兄弟とはうまくいっておらず，疎遠な関係にありました。自分の親族とは仲良く交際しており，前述のとおり，特に近所に住む姪を可愛がっていました。そのため，死期が迫ってきたのを悟った妻は，認知症になった被後見人のことを心配し，姪に対し，被後見人の面倒を見てほしいと頼んでいました。

　被後見人の妻は，夫婦の自宅であったマンションの一室以外に，預貯金や株式等を合計すると8,000万円程の資産を有していました。被後見人の妻は，世話になった自分の親族4名に対し，500万円ずつ金銭を遺贈する以外は，不動産を含む全ての財産を被後見人に相続させる旨の公正証書遺言を作成しました。

191

第5章　高齢者の相続・遺言に関する事例

　しかし，その1週間後に，可愛がっている姪に対し，被後見人が死亡するまでの間，その生活の一切の面倒を見ることの負担付きで，被後見人に相続させることになっていた，世話になった自分の親族への金銭の遺贈を除く，不動産を含む全ての財産を，姪に遺贈するよう公正証書遺言を変更しました。

(3)　妻の死亡と姪による被後見人の引き取り

　被後見人の妻は，遺言を残した後，1か月も経たないうちに亡くなりました。被後見人は，妻を亡くした直後に，栄養失調のために病院に緊急入院するなどして，一人暮らしを続けることが困難な状況になっていました。そのため，姪は，被後見人が退院すると，自分の家に被後見人を引き取りました。その頃には，妻を亡くしたせいか被後見人の認知症はかなり進行しており，妻が亡くなったことを認識できないことも多く，姪を妻と混同することも増えていました。

(4)　被後見人の後見開始の申立て

　姪は，被後見人をグループホームに入所させるべく，自らを後見人候補者として，後見開始の申立てをしました。

　しかし，被後見人の親族は，被後見人について後見が開始されることはやむを得ないと考えていましたが，姪が後見人となることについては全員が反対していました。なぜなら，被後見人が妻の財産を相続すれば，その財産は被後見人の兄弟姉妹である親族に相続されることになりますが，被後見人の妻の財産が姪に遺贈されてしまえば，被後見人の親族は何も相続することができなくなってしまうからです。

　被後見人の親族は，被後見人と血縁関係のない姪が，血縁者である親族の関与を排除して，被後見人の入院や入所を一方的に進めようとしており，被後見人の妻の財産を全て管理してしまっていることにかなりの不信感を持っていたようです。姪夫婦の被後見人の親族に対する冷たい対応も，被後見人の親族の反感を強くさせており，姪夫婦によって公正証書遺言が変更されたと思ってしまっているようでした。

　そのため，当初は，被後見人の親族からも，後見開始の申立てがされようとしていたのですが，被後見人が姪に引き取られたことで，被後見人の

認知症に関する診断書を作成することができず，鑑定を行うことも難しいだろうということで，申立てを断念することになったようです。

裁判所は，被後見人の妻が死亡する1か月足らず前に作成した公正証書遺言の有効性や遺留分減殺請求等の問題もあることから，被後見人の親族からの第三者後見人の選任を望むという意向を考慮し，第三者である弁護士を後見人に選任することにし，当職が選任されました。

本相談のポイント

① 遺贈を定めた公正証書遺言の有効性。
② 後見人が別途選任された状態で夫の面倒を見ることを前提とした姪への遺贈の有効性。
③ 遺留分減殺請求の可否とその金額。

2 受任に際しての注意点

私が被後見人の後見人として，被後見人の妻の財産の遺贈をめぐる問題の処理に際し，留意したのは，以下の諸点でした。

(1) 被後見人の財産及び亡妻の相続財産の正確な把握

被後見人名義となっている固有の財産は，200万円ほどの預貯金しかありませんでした。被後見人名義で借りていた小料理屋を片付けて未払いの賃料を支払って退去しなければならなかったのですが，上記預貯金では，それさえも賄えない状況でした。公正証書遺言では，姪が被後見人の生活の一切の面倒を見ることとされていますが，後見人が選任されたにもかかわらず，そのように被後見人の今後の生活の一切を姪に任せてしまっていいのかどうかも問題と思われました。そこで，まずは，被後見人の財産や亡妻の相続財産を正確に把握することを考えました。

(2) 被後見人の親族からの事情聴取

前述のとおり，被後見人の兄弟からは，姪夫婦が公正証書遺言を変更させたのであり，その有効性に疑問があるとの主張がされていましたので，

193

被後見人の妻が亡くなる1か月前に公正証書遺言が作成された経緯やその1週間後に内容が変更されたことの不可思議さ等について、丁寧に事情聴取をしました。裁判所が中立な第三者を選任したことを感じてもらうためには、やはり、不満を持っている被後見人の親族の話を聞く必要があると思ったからです。

なお、被後見人の親族からは、妻が亡くなる前に銀行から下ろしていた金員が約1,000万円あり、その使途も調べてほしいとの要請がされました。

(3) 姪との関係の維持

被後見人の妻の公正証書遺言では、姪が被後見人の生活の一切の面倒を見ることとされており、現実問題として、被後見人は姪の自宅で生活していましたので、姪との間で信頼関係を維持することもまた重要でした。特に被後見人の認知症が前述のとおり妻が亡くなったことも分からないほどに進行している状況からすると、姪の自宅での生活にも限界が来ていましたので、被後見人をグループホームに入所させることが、緊急の課題として姪からは要請されていました。認知症が進行する中で、姪の自宅で生活を続けていると、被後見人は、姪を妻であると誤信して、一層姪に対して依存してしまう危険性もありました。

(4) 姪と被後見人の親族の利害関係の調整

被後見人の生活の面倒を誰に見てもらうのがいいかということを考えると、状況的には姪に頼らなければならない中で、被後見人の親族との利害関係をどのように調整していくかが本件では悩ましいところでした。

まずは、変更された公正証書遺言が無効であるかどうかを判断し、公正証書遺言が無効であると言えないならば、姪に対し、被後見人が死亡するまでの間面倒を見るという負担をきちんと履行してもらいつつ、一定の範囲で遺留分減殺請求権を行使し、被後見人の親族にも相続の可能性がある被後見人自身の財産を確保することも、利害関係の調整の一つの方向性であると考え、調査を進めることとしました。

事例16　後見人として被後見人の遺留分減殺請求をした事例

3　法的問題点の考察

(1)　公正証書遺言の有効性

本件では，公正証書遺言が作成されていることからすれば，公証人により被後見人の妻の意思能力の確認がされていたものと考えられました。

遺言能力の有無については，実務上，遺言者の判断能力の程度，年齢，健康状態，病状及び医師の診断，生活状況，遺言時とその前後の状況，当事者の関係等を総合的に考慮して判断されます（升田純『高齢者を悩ませる法律問題』19頁（判例時報社，1998），蕪山厳ほか『遺言法体系Ⅰ』16頁（慈学社，補訂版，2015）等参照）。公正証書遺言については，従前，遺言の効力を認める裁判例が多く見られていましたが（東京高判平10・8・26判タ1002号247頁，東京地判平20・10・9判タ1289号227頁等参照），近時は，遺言能力を否定し遺言の効力を認めない裁判例も散見されるところではあります（高知地判平24・3・29判タ1385号225頁，東京高判平25・3・6判タ1395号256頁，東京高判平25・8・28判タ1419号173頁等参照）。

しかしながら，本件では，被後見人の親族からの主張において，亡妻の遺言時の前後における病院での入院状況において，判断能力が喪失していることを疑わせるような積極的な事情の主張がされておらず，格別，遺言能力を否定すべき事情があったとは考えられませんでした。

また，本件でなされた遺言内容の変更は，被後見人の妻の財産の大半を被後見人が相続するという当初の遺言内容を，被後見人が認知症により管理能力が失われたとして，被後見人の生活の一切の面倒を見ることを条件に姪に相続させようとするものであり，その目的も内容も不合理なものではありませんでした。被後見人の親族から指摘があった，妻が亡くなる前に銀行から下ろしていた約1000万円の金員についても，妻の他の兄弟姉妹等に贈与されてしまったものが300万円ありましたが，妻の指示があったとの説明であり，その他，生活費，小料理屋の家賃，葬儀費用等に使われていたことから，格別問題があったわけではありませんでした（妻の死亡後，後見人が選任されるまでの間，被後見人本人の費用について，姪が自分の支出と被後見人本人の費用を混在させたまま管理していたので，その内容を調

195

第5章　高齢者の相続・遺言に関する事例

査確認して，両者の振り分けをするのがなかなか大変な作業となりました。）。
調査していく過程で，妻が死亡するまでの1年以内に，田舎で所有していた不動産が処分されたり，株式が一部処分されたりしていたものが見つかりましたが，問題となるような資金の移動はなく，むしろ，被相続人の妻も，将来死亡したときに備えて，財産の整理を始めようとしていたような感じでした。

　そのため，公証人による意思能力の確認がされていたことも併せて考えると，本件で遺言能力がなかったことを理由に遺言の有効性を争うことは困難であると判断せざるを得ませんでした。

(2)　**第三者後見人の選任と姪による遺言の負担の履行の関係**

　本件では，遺言により，姪が被後見人の生活の一切の面倒を見ることとされていますが，裁判所から後見人が選任されたにもかかわらず，姪が被後見人の生活の一切の面倒を見るということは矛盾しており，負担付遺贈の負担を履行できないのではないかとの疑問が生じます。負担ができないとすれば，遺言の取消しを請求すべきとも考えられますが（民法1027条），姪は被後見人の妻との約束を守って，被後見人の生活の面倒を見ようとしていましたし，被後見人が姪を妻と誤信して頼っている部分もありましたので，本件で姪に被後見人の生活の面倒を見させないというのも好ましくないように思われました。後見人は，財産管理だけではなく，身上監護も行わなければなりませんが，親族がいる場合に身上監護の細かい部分まで全部を自らが行わなければならないわけではありません。むしろ，身上監護のうち，相当部分は親族に委ねることが一般的であり，親族により面倒を見てもらうことは本人にとっても有益であると考えられます。

　したがって，本件でも，身上監護のうち相当部分を姪に履行してもらうことにより，遺言により定められた負担を全部ではないにしても履行してもらったと解することは可能と考えました。そして，姪が生活の一切の面倒を見るわけではないことを考えると，遺留分減殺請求権を行使して，一定の範囲で被後見人の財産を確保することも合理的であり，それにより，被後見人の親族の利益との調整も図れるのではないかと考えました。

事例16　後見人として被後見人の遺留分減殺請求をした事例

(3)　遺留分減殺請求権行使の可否

　以上から，本件については，被後見人の妻の公正証書遺言の効力については争わずに，遺言の内容を前提に遺留分減殺請求権を行使することになりました。被後見人の妻の法定相続人は，配偶者と兄弟姉妹になりますが，兄弟姉妹は遺留分の計算には加えないため，被後見人の遺留分は2分の1となります。

　前述のとおり，被後見人の妻は，世話になった自分の親族4名に500万円ずつ遺贈することにしていましたので，残った財産は，不動産である自宅マンションをどう評価するかという問題もありましたが，総額で5,000万円前後の金額になり，これを姪が遺贈を受けることになりました。そのため，誰に対して，いくらを遺留分減殺請求権として行使するのかが問題になりました。

4　実際の解決までの実務

(1)　グループホームへの入居

　まずは，被後見人が安心して生活できるよう，姪が選んできたグループホームについて，問題がないことを確認し，入居させることにしました。グループホームに入居した後は，姪が直接被後見人の面倒を見ることは減るので，姪には，こまめに施設に顔を出してもらったり，被後見人を散歩に連れて行ってもらったりすることを，被後見人の生活の一切の面倒を見ることとして，約束してもらいました。

　施設の費用は，当初は姪が負担していましたが，姪が遺言執行者として被後見人の妻の預金口座を解約したり，投資有価証券を解約したりする過程で，姪の手元には，妻の相続財産が集まっていました。後日，遺留分減殺請求権を行使しても，回収できないと困ってしまいますので，遺留分減殺請求権を行使した結論が出た段階で清算し，調整することを前提に，2,000万円を姪から預からせてもらい，施設の費用等当面の被後見人の生活費は預かった金員の中から後見人が負担することにしました。

(2)　遺留分減殺請求権の行使

　その後，相続財産の範囲を確定するための調査に時間を要しましたが，

197

第5章　高齢者の相続・遺言に関する事例

相続財産の範囲がおおよそ7,000万円弱であることで固まってくると，後は，姪を含め，被相続人の妻から遺贈を受けた親族との権利調整をどのように図っていくかが問題となりました。

この点，遺留分が2分の1だとすると，3,500万円弱の財産が被後見人には残されるべきではないかとも考えられました。また，遺留分減殺請求権は，多くもらっている姪に対してだけ行使するよりも，姪には，被後見人の面倒を見てもらう負担をしてもらっていますので，500万円ずつ遺贈を受けている他の親族も対象として行使することが公平に資するものと考えました。そして，遺贈を受けている他の親族の中にも，本来，被相続人の妻の兄弟姉妹として法定相続人である者と，そのような地位にない者とがいたため，両者をどのように取り扱うべきか，難しい問題として悩みました。もっとも，遺留分減殺請求の対象となる相手方らの話を聞いたところ，法定相続人であるか否かについてはあまり差を付けない方が望ましいとのことでした。

そこで，まずは，姪との間で，遺留分減殺請求権の行使により，後見人の手元に残させてもらう金額を決めることとし，若干の債務があったことを考慮して，遺留分の計算から求められる金額の数字を切りよく丸めた3,000万円にしました。

まず，他の親族からは，法定相続分のない方について，遺留分の割合で2分の1の250万円を返還してもらうこととし，法定相続分を有している方からは，若干負担を軽減して200万円を返還してもらうことにしました。その上で，姪からは，換価しにくい自宅マンションの遺贈を受けていることを考慮して，若干の減額をして，後見人が受け取る金額がちょうど3,000万円になるように差額2,100万円を返還してもらうことで全員の了解を得ました。

これにより，ちょうど，遺留分減殺請求権行使の結果として3,000万円を確保することが可能になりました。

⑶　利害関係の調整の結果

後見人の手元に遺留分減殺請求の結果として，3,000万円が残るのであれば，例えば，被後見人がすぐに死亡したような場合には，姪がほとんど

被後見人の生活の面倒を見ることなく終わったとすると，3,000万円に近い金額が被後見人の相続財産であるとして，被後見人の親族に相続されることになります。被後見人が長生きした場合には，この3,000万円を使いきってしまって，被相続人の親族に相続されることがなくなってしまう可能性があります。しかしながら，そのこと自体は，法定相続人の権利があくまで将来相続できるかもしれないという期待権にすぎないと考えれば，やむを得ないものであると言うことが可能です。仮に，被相続人がもっと長生きした場合や重大な病気にり患して多額の費用がかかった場合には，3,000万円では足りないということもあり得ます。そのような場合には，3,000万円近い財産の遺贈を受けた姪が自ら費用を負担して被後見人の生活の面倒を見てもらうことになります。

　このように，変更された公正証書遺言の内容から，それぞれ一定の譲歩をしてもらい，後見人としても一定の譲歩をすることにより，相当額の資産を確保することが可能となり，将来的には，保証も得られるような形で，話をまとめ，家庭裁判所にも相談して内諾を得て，遺留分減殺請求権を行使した合意を取り交わしました。

　姪には，不動産をどう評価するかにもよりますが，3,000万円近い財産が承継されることになりました。ただ，その条件として，被後見人の生活の面倒を見る義務を負い，後見人の事実上の補助者として協力することになりました（具体的には，最低月2回は施設を訪問し，毎月，被後見人の状況を後見人に手紙で報告してもらうこととしました。）。また，被後見人が得た3,000万円という独自の財産を使い切ってしまった場合には，姪の負担で被後見人の今後の生活を保障しなければなりませんので，利益の調整としてはうまくいったのではないかと思われました。

5　おわりに（本件を振り返って）

　以上のとおり，利益の調整はうまくできたと思ったのですが，入居したグループホームの側からすると，血のつながらない姪ばかりが被後見人の面倒を見ていて，後見人は何もしない，ひどい弁護士だと思われてしまったようです。

第5章　高齢者の相続・遺言に関する事例

　姪は長い間，当職との約束を守って，施設の訪問と当職への報告をしてくれていましたが，そのうち姪自身の親が高齢になり，介護が必要な状態となり，施設への訪問の回数が減ってしまいました。結果的に，親の介護のために，地方に引っ越さなければならなくなってしまい，施設への訪問は1～2か月に1回という形になってしまいましたが，一応，訪問した結果を2回に1回当職に報告してきてくれています。

　姪が施設に行けなくなったので，当職が施設に行き，今までの経過を話したところ，グループホームからは，初めて，そういう事情だったのですか，と納得してもらえました。

　被後見人に確保した財産はまだ余裕があります。被後見人の親族からは，その後，クレーム等はなくなっています。被後見人に確保した財産が底をついて，姪に不足分を請求する日が来るかどうかは分かりませんが，今のところ，うまく回っている状態です。

【プライバシー保護のため事例の内容は変えております。】

事例16　後見人として被後見人の遺留分減殺請求をした事例

COLUMN
コラム⑧
死期が迫った方から公正証書遺言の
作成を受任したケース

1　相談を受けたときの状況

　ある年の12月上旬に，末期がんで死期が迫っていた依頼者（80代の女性）の末妹から，公正証書遺言を作成してほしいとの相談を受けました。

　依頼者には子供がおらず，推定相続人は，兄弟姉妹と甥，姪であり，全員で10名以上いるそうでしたが，正確な人数は分からないとのことでした。依頼者の兄弟姉妹は，父親は同じなのですが，母親は，先妻，後妻，愛人と3名いました。母親が違う兄弟姉妹は，親族とはいえ，交流は全くないということでした（依頼者が亡くなった後に，私が遺言執行者に就任して調査したところ，相続人は全員で13名いることが分かりました。）。

　依頼者の介護をしていた末妹によると，容体が悪化したため，最近，有料老人ホームから病院に移ったそうで，主治医からは，年が越せるかどうか微妙であると言われているそうでした。また，公証役場に行くことは不可能であること，昼間でも眠っている時間が長くなってきており，現時点では意識ははっきりしているものの，いつ意識を失っても不思議ではないことも教えてもらいました。

2　公証人の予約と必要書類等の準備

　まず，病院に出張してくれる公証人を探すことにしました。最初に，依頼者が入院している病院と同じ市内にある公証役場に問い合わせてみたのですが，公証人は1人しかおらず，年内は予約が一杯で時間が取れないとのことでした。

　公証人は，所属する法務局の管轄区域内であれば，出張して公正証書を作成することが可能です。そこで，公証人が複数在籍している都心部の公証役場にいくつか問合せをしてみて，最も早い日に出張してくれる公証人に依頼をしました。

　次に，私が病院に出張し，病室で依頼者と面談しました。依頼者は，やや疲れている印象はありましたが，ベッドに半身を起こした状態でハキハキと受け答えをしました。署名や押印をすることも，可能ということでした。

　希望する遺言の内容は，有料老人ホームの保証金の返還額のうち2分の1を次妹に，保証金返還額の残部も含め，残りの全財産を末妹に相続させ

201

るというものでした。

公正証書遺言を作成する際には，遺言者の本人確認のために，実印と印鑑証明書が必要になります。依頼者との面談で，依頼者が印鑑登録をしていないことが分かりました。印鑑登録は，代理人が窓口で申請することもできます。ただし，郵送で本人宛てに送られてくる意思確認書に本人が記入したものを窓口に提出しなくてはならないため，登録まで数日かかります。そこで，依頼者の末妹に，早急に印鑑登録の手続をするよう依頼しました。併せて，続柄の確認用に，末妹自身と，依頼者，次妹の戸籍謄本の取得もお願いしました。

3　公正証書遺言の作成

その後，公正証書遺言の案文を公証役場にメールで送り，公証人に添削してもらい，文面を確定させました。

公証人から，電話で，依頼者が字を書けるかどうかを聞かれました。私は「現時点では字が書けるそうですが，公正証書遺言の作成日に書けるかどうかは分かりません」と答えました。すると，公証人は，依頼者が自署する書式と，公証人が代署する書式の両方の書式を用意して，出張していただけることになりました。

公正証書遺言の作成日は，公証人と，病院のロビーで待合せをしました。そして，私とともに証人になる予定のもう1人の弁護士と一緒に，病室に行きました。依頼者の様子は，1週間前に私が面談をしたときとは打って変わって，一目で非常に重篤な状態であることが分かりました。依頼者は，息があがっていて，目は開いているものの，天井をぼんやりと眺めている状態で，こちらを向くこともできない状態でした。末妹によると，2日前の夜から容体が急変したそうでした。

公証人は，そのような状態にも慣れていたようで，手際よく遺言内容の確認をしていきました。その場で，現金で手数料をお支払いし，無事，公正証書遺言を受け取りました。

4　遺言の執行

依頼者は，年を越すことはできず，公正証書遺言作成後，約1週間で息を引き取りました。私は，遺言執行者に就任し，預貯金の換価や，有料老人ホームの保証金の返還手続等を行い，約3か月で手続が終わりました。もし，公正証書遺言の作成が間に合わず，相続人13名全員に遺産分割協議書への署名押印を求めていたら，大変な手続になったと思います。公正証書遺言のありがたさを実感しました。

事例 17　遺言後の遺産の変動

預金債権を相続させるとの遺言がされた後，相続発生までの間に，当該預金が他の相続人名義の預金口座に移されていた事例

●概要図

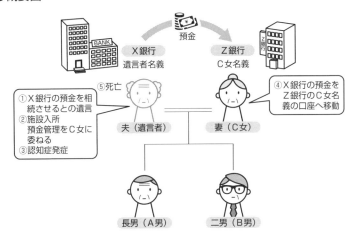

はじめに

　遺言者が，遺言者名義の預金債権を特定の相続人に相続させるという遺言をしていた場合でも，相続発生時までに当該預金が遺言者によって第三者に贈与されていた場合には，この相続人が遺言によって当該預金債権を相続できないことは明らかです（民法1023条2項）。

　それでは，当該預金が，遺言後相続発生時までに，遺言者の意思に基づかずに他の相続人名義の預金口座に移されていた場合はどうでしょうか。ここでは，遺言によって当該預金債権を相続するはずであった相続人から相談を受けた事例を紹介します。

第5章　高齢者の相続・遺言に関する事例

1　事例の概要

(1)　公正証書遺言の作成

　遺言者の男性には，相続人として，長男A男，二男B男及び妻C女がおり，遺言者が76歳の時に公正証書遺言を作成していました。

　その公正証書遺言の内容は概略以下のとおりです。

　①　不動産は，C女に相続させる。

　②　次の財産を換価して得られた金銭から諸費用を差し引いた後の額の2分の1をC女に，各4分の1をA男及びB男に相続させる。

　　ア　X銀行に対する遺言者名義の預金債権

　　イ　Y証券に遺言者名義で保護預け中の有価証券の全部

　③　その他の遺言者の財産の一切をC女に相続させる。

　　（以下，上記遺言の各条項を本件遺言①ないし③と表記します。）

(2)　C女名義の銀行口座への移転

　遺言者は，79歳の時に老人介護保健施設に入所したため，預金の管理を妻のC女に委ねました。その後，遺言者には徐々に認知症の症状が出てきました。C女は，遺言者がそのような状況になってから，預金の管理の一環として，ペイオフ実施の対策も兼ね，X銀行の預金の一部を下ろし，C女名義でZ銀行に預金し，その後に相続が発生しました。

(3)　問題点

　この場合，C女名義のZ銀行の預金は，相続発生時には遺言者名義のX銀行の預金ではありませんから，形式的には，本件遺言②に列挙された相続財産に該当せず，遺言③によりC女が相続することになります。

　しかし，そうすると，本件の場合，遺言者の遺言は，相続人であるC女によって勝手に変更されたのと実質的には同じ結果になってしまいます。

本相談のポイント

　①　遺言後相続発生時までに，遺言で分割方法が指定された遺言者名義の預金が他の相続人名義の預金口座に移されていた。

　②　遺言者の意思に基づかずに，他の相続人名義の預金口座に移され

204

たと立証できるか。

③　遺言の解釈等により，不都合な結果を回避できないか。

④　そのためにどのような法的手段を取ることができ，どのような問題点があるか。

2　受任に際しての注意点

　私がA男から相談を受けた際，A男は，C女が自己名義の預金口座に移した時点で，遺言者は既にかなり認知症が進んでいたので，C女が自己名義の預金口座に移したことが遺言者の意思に基づいていないことは間違いないという話ぶりでした。しかし，弁護士としては，遺言者の意思に基づいていないということをどう立証するかについて慎重に検討しなければいけません。その上で遺言書の解釈に関する主張を組み立てる必要があります。

3　法的問題点の考察

⑴　C女名義のZ銀行の預金と相続関係

　遺言の解釈に当たっては，遺言書の文言を形式的に判断するだけではなく，遺言者の真意を探究すべきものであり，遺言書が多数の条項からなる場合にそのうちの特定の条項を解釈するにあたっても，単に遺言書の中から当該条項のみを他から切り離して抽出しその文言を形式的に解釈するだけでは十分ではなく，遺言書の全記載との関連等を考慮して遺言者の真意を探求し当該条項の趣旨を確定すべきであるというのが判例の立場です（最判昭58・3・18家月36巻3号143頁）。

　この観点から，遺言者はX銀行の預金を法定相続分に応じて公平に相続させようとしていたものであり，X銀行の預金が遺言者の意思に基づかずにZ銀行に移転したのであるから，なおZ銀行の預金も本件遺言②の遺産に含まれるという解釈も考えられます。そこで，私は，A男の代理人としてそのような主張をすることにしました。

第5章　高齢者の相続・遺言に関する事例

(2)　法的手続とその問題点の考察

ア　問題の所在

　　相続が発生した場合，遺言によって遺言者の意思が明確ならばそのとおりに処理され（民法908条），その意思が明確でない場合には遺産分割が必要になります。したがって，本件において，本件遺言①に明記され，遺産の分割方法についての遺言者の意思が明確な不動産については，C女が相続することになり，遺産分割の余地はありません。本件遺言②も，同条項に記載された財産を法定相続分に従い相続させようとする遺言者の意思は明確と思われますが，それでも本件遺言②に記載された財産は遺産分割の対象となるのでしょうか。

　　また，本件は，C女名義のZ銀行の預金が遺言者の遺産であることに争いはありませんが，本件遺言②が列挙する遺産にC女名義のZ銀行の預金が含まれるか否かについて争いがある事案です。

　　そこで，どのような法的手続により解決したらよいかを検討しました。

イ　民事訴訟手続による相続財産範囲確認の訴え

　　遺産分割の対象となる財産の範囲についての争いであれば，訴訟事件として地方裁判所の管轄となり，遺産分割についての争いであれば家庭裁判所の管轄となります（家事事件手続法191条）。本件では，前述のとおり，C女名義のZ銀行の預金が遺言者の遺産であることについて争いはありませんが，その場合でも相続財産範囲確認の訴えで争えるのでしょうか。

　　この点については，相続財産範囲確認の訴えの性質が問題となりますが，判例により，この訴えは，「当該財産が現に被相続人の遺産に属すること，換言すれば，当該財産が現に共同相続人による遺産分割前の共有関係にあることの確認を求める訴えであって，その原告勝訴の確定判決は，当該財産が遺産分割の対象たる財産であることを既判力をもって確定」する訴えと解されています（最判昭61・3・13民集40巻2号389頁）。

　　したがって，遺言者の遺産に属することが明らかであっても，遺産分割の対象たる財産であるか否かについて争いがあれば，なお，相続財産範囲確認について訴えの利益があることになります。そこで，本件にお

206

いても，本件遺言②が列挙する財産が遺産分割の対象であれば相続財産範囲確認請求事件を提起できる余地があるため，東京地方裁判所に訴訟を提起することにしました。

　後に東京地方裁判所で言い渡された判決（以下「東京地裁判決」といいます。）は，この点につき，次のように判断し，確認の利益があることを認めました。すなわち，本件遺言②について，本件遺言の効力発生時において同条の遺産は全相続人の共有となり，それらを全て換価した上，遺言執行費用を控除した残額を全相続人間で分配するという遺産分割方法を指定したものであり，そのような遺産分割方法を経て，最終的に換価された金員が各相続人に分割帰属することになるものと解するのが相当であると判示し，この訴えが，この預金について共同相続人による遺産分割前の共有関係にあることの確認を求める訴えとしての性質を有するものであると解して，これに争いがあるときは確認の利益があるとしました。

　東京地裁判決は，遺産が可分債権である場合，その債権は法律上当然分割されて各共同相続人がその相続分に応じて権利を取得することになるものとされますが（最判昭29・4・8民集8巻4号819頁），このような債権であっても場合により遺産分割の対象とすることもできると解されるので，直ちにその確認の利益がないものと断じうるものでもないとも判示しています。なお，東京地裁判決は，普通預金債権，通常貯金債権及び定期貯金債権について判例を変更して遺産分割の対象となるものとした最高裁平成28年12月19日大法廷決定（民集70巻8号2121頁）よりも前に出されたものです。

　以上のとおり，東京地裁判決によれば，本件を相続財産範囲確認請求という民事訴訟手続により争うことができます。しかし，相続財産の範囲が訴訟手続により確定したとしても，遺産分割手続は家庭裁判所の管轄ですから，別途，家庭裁判所に遺産分割の請求をしなければなりません。なお，仮に確認の利益がないとすると，理論的には，A男は本件遺言②により4分の1の預金債権を取得したとして，C女名義で預金されたZ銀行に対して払戻しを請求することになるでしょうが，多くの問題

点があり，労多くして本件の全体的解決にはならないと考えます。

ウ　家事事件手続による遺産分割の請求

　それでは，最初から家庭裁判所に遺産分割請求をすることができるでしょうか。上記のとおり，遺産分割の対象となる財産の範囲についての争いは地方裁判所の管轄となり，遺産分割は家庭裁判所の管轄となります（家事事件手続法191条）。そして，家庭裁判所の審判及び調停事項は，家事事件手続法39条に定められたもの等に限定されており，訴訟事項についての審判の申立ては不適法となります。

　そうすると，前記のとおり，本件遺言②の遺産の範囲についての争いが地方裁判所の管轄だとすると，この点を確定しないまま家庭裁判所に遺産分割の請求はできないようにも見えます。

　しかし，家事審判事項の判断の前提として相続権，相続財産の存在等の訴訟事項が問題となる場合でも，家庭裁判所はその訴訟事項を判断することができると解されています（最大決昭41・3・2民集20巻3号360頁）。

　したがって，本件でも，本件遺言②の財産が遺産分割の対象であるとすると，地方裁判所の判断を経ずに，家庭裁判所に遺産分割の審判又は調停を申し立てて，その審理の中で本件遺言②の対象についても争うということも考えられます。なお，遺産分割については調停前置主義の適用はありませんが，職権で調停に付することができるとされています（家事事件手続法274条）。

　もっとも，訴訟事項に関する家庭裁判所の判断には既判力が生じませんので，不服があれば民事訴訟を提起して争うことができます（前記最大決昭41・3・2）。本件でも，遺産分割審判でA男にZ銀行の預金について相続権が認められなかった場合，A男には，別途訴訟により争う途が残されることになります。しかし，後述のとおり，その判断は微妙ですから，遺産分割審判の内容を検討した上で，別途相続財産範囲確認請求訴訟を提起するか，C女に対し損害賠償請求をするか，慎重に検討する必要があります。

エ 遺留分減殺請求

　本件についてどのような争い方をするにせよ，Ｃ女が遺言により多く
の遺産を相続することになりますので，とりあえず，Ｃ女に対し遺留分
減殺請求をしておくべきことはいうまでもないでしょう。そして，最終
的に遺留分が侵害されていた場合には，遺留分減殺請求訴訟の提起を検
討することになります。

4 実際の解決までの実務

(1) 弁護士会照会による証拠収集

　遺言者が老人介護保健施設へ入所するとともにＣ女へ預金管理を委託し
たということでしたが，私は，遺言者の判断能力の低下を推認させる証拠
として，要介護認定を受けた際の資料を入手しようと考えました。そこで，
遺言者の住所地があった茨城県土浦市に対し，弁護士会照会で，介護保険
制度における介護認定の有無，認定年月日及び内容の回答，並びに認定調
査票，主治医意見書その他関係書類の交付を求めました。相続人の代理人
でしたので，無事に開示を受けることができ，証拠として提出しました。

(2) 地裁の判断

　ところが，東京地裁は，「（遺言者の）意思とは全く無関係に本件遺言②に
記載の口座から流出した預貯金については，Ａ男主張のように取り扱うべ
きであるという解釈の余地もあり得ないではないと考えられるが，（当該
流出が）遺言者の意思によらないものとは認められないから，その主張は前
提を欠き失当である」と判示し，当該流出は遺言者の意思に基づくという事
実認定により，この争点の判断を回避しました。遺言者がＣ女に対して預
金管理を委託していたという事情が重視されてしまったものと思われます。

(3) 和 解

　本件は，控訴した上で，控訴審で和解しましたので，上記の争点に対す
る明確な判断はなされていません。ですので，遺言者の真意を探求して，
特定の銀行預金が遺言者の意思に基づかずに他の銀行口座に移転した場合
についても遺言書で指定された元の遺産（銀行預金）に含まれると解釈す
ることが可能か否かは微妙な問題といえます。

第5章　高齢者の相続・遺言に関する事例

5　その他の法的問題点の考察

　上記の事案は，遺言者の意思に基づかず，Ｃ女が自らの相続分を増加さ
せる行為をしておりますので，不公平感が強い事案でした。では，例えば，
遺言者について後見が開始され，後見人が管理の便宜上他の預金口座に移
転した場合はどうでしょうか。また，Ｘ銀行の預金が，第三者により勝手
に引き出されて，第三者名義の預金に転化した場合はどうでしょうか。前
記昭和58年の最高裁判決の事案と異なり，単純な内容の本件遺言の場合，
遺言者がどのような場合までＸ銀行の預金を法定相続分で分配しようとし
ていたのか，一義的に判断するのは難しそうです。したがって，代理人と
して主張すべき法律構成ではあるとしても，太鼓判を押して，他人名義に
移転された預金も本件遺言②のように遺産分割方法が指定された遺産に含
まれると断言するのは躊躇されます。

　ただし，遺言書どおりＸ銀行の預金をＡ男が相続することが見込まれる
段階でＣ女がこのような行為に及んだ場合，相続の問題としてではなく，
そのような利益が侵害されたことを理由とする損害賠償請求の問題として，
Ｃ女に対して請求することも検討の余地があると思われます。後見人に就
任した場合，管理の便宜上，散らばっている地方銀行の預金を都市銀行に
まとめて管理することがあると思いますが，このように考えると，遺言が
埋もれていないか確認しないと，後で相続人から余計なことをしてくれた
と思わぬ苦情があるかもしれません。特に被後見人が資産家の場合には注
意したいところです。

6　まとめ

　本件は一見するとＡ男にとって不合理な事案ですが，これを解消する特
効薬は見いだせませんでした。しかし，本件を題材に，本件に潜む微妙な
問題点や検討すべき法的手続の取捨選択について検討していただき参考に
していただければと思います。

　　　　　　　【プライバシー保護のため事例の内容は変えております。】

210

事例18　被相続人が高齢者の場合の遺産相続争い

事例 18　被相続人が高齢者の場合の遺産相続争い

被相続人の生前，被相続人と同居していた相続人がその財産を勝手に使っていた可能性があるということで，被相続人の死亡後に相続人間で争いになった事例

● 概要図

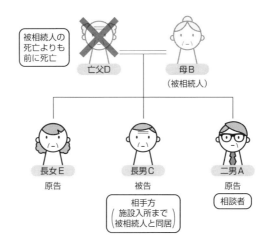

はじめに

　遺産相続争いが生じた場合，被相続人は寿命を全うして死亡されることが多いため，必然的に被相続人が高齢者である確率は高いものです。被相続人が死亡してから遺産相続争いが生じることはままありますが，遺産相続の争いの火種は被相続人の生前から始まっていることが多く，最近では，被相続人と同居している相続人が被相続人を囲い込んで他の相続人らとの接触をさせないというようなケースが多々あります。

　本件は，被相続人の生前，被相続人と同居していた相続人がその財産を勝手に使っていた可能性があるということで，被相続人の死亡後に相続人間で争いになりました。しかし，被相続人の生前に被相続人が自分の財産

第5章　高齢者の相続・遺言に関する事例

をどのように使おうと自由です。単に，被相続人の死亡時の遺産を分割するのであれば，遺産分割調停で粛々と進めていけばよいのですが，本件のように被相続人の生前の財産の動き（使途不明金）などが問題となっている場合，遺産分割調停に馴染まない問題が争点になっている場合もありますので，どのような方針選択をするかについては十分に検討することが重要です。本稿では，私が経験したケースについてご説明していきたいと思います。

1　事例の概要

(1)　相談に至る経緯

　A（二男）さんの相談内容は，被相続人である母親Bさんが施設に入所するまでBさんと同居していた相続人C（長男）さんが，Bさんの生前，Bさんの預貯金等の財産の大半を勝手に自分のものにしたので，自分の相続分を取り戻したいというものでした。

　Aさんが，私のところに初めてご相談に来られたのは平成19年の年末で，Aさんの母親である被相続人Bさんが平成17年2月に97歳で死亡されてから既に2年以上が経過していました。それまでは，Aさんがご自身で対応されていて，遺産分割調停も申し立てられたようですが，CさんがBさんの遺産内容を一切明らかにせず，Cさんの言い分を前提にした調停案しか出なかったため不調に終わったことから，弁護士のところに相談に来られました。Aさんの具体的な相談内容は，以下のとおりです。

(2)　相談内容（被相続人の遺産と使途不明金）

　Bさんの夫であるDさんは，平成8年に92歳で死亡しましたが，Dさんは，国家公務員から大手企業に転職して定年退職まで勤務してきたこともあり，会社員として相応の給与と，退職時には相応の退職金をもらいました。また，Dさんは，63歳から年金の支給を得ていました。BさんとDさんの長男であったCさんは，Cさんが30歳のころからBさんとDさんと同居をしており，Dさんの死亡後は，CさんがBさんの世話をしてきました。

　Bさんは，平成10年（Bさん90歳）春ころから認知症の症状が出始め，同年秋には，徘徊・せん妄などの症状が出たため特別養護老人ホームに入

212

事例18　被相続人が高齢者の場合の遺産相続争い

所しましたが，その後，その特別養護老人ホームでは介護できない状態に
まで容態が悪化したため，亡くなるまでの1年間は病院に入院し，寝たき
りの状態になって，人も認識できない状況になり，平成17年の春に亡くな
りました。

　Dさんの死亡後，Bさんの財産の管理は，Bさんが施設に入所するまで
同居していたCさんが一手に管理していましたが，Bさんの死亡後1年が
経過しても，Cさんから他の相続人に対して，Bさんの遺産分割について
何の提案もされなかったため，AさんがCさんに，Bさんの遺産内容につ
いて問い合わせたところ，Cさんからは，Bさんの死亡時点で300万円の
預貯金残高があったが，葬儀費用に使ったので分割するような遺産はない
との回答がありました。

　しかし，Aさんが，長姉であるE（長女）さんに話を聞いたところ，E
さんは，両親（BさんとDさん）の生前，Cさんから，Cさんが両親の預
貯金額を書いた資料を見せてもらったことがあり，その資料にはBさん名
義で約3,000万円，Dさん名義で約2,000万円の合計約5,000万円くらいは記
載されていたとのことでした。

　Dさんが63歳から死亡時まで受給していた年金額は合計4,000万円を上
回っており，資金運用もしていたことがAさんの収集した資料から分かっ
ており，Dさんの死亡後，Bさんは大金を使うような生活状況ではなかっ
たことから，Bさんの死亡時点で300万円の預貯金しか残っていないとい
うのは明らかに嘘だと思われるとのことでした。

　平成18年の夏に，鎌倉の飲食店に兄弟姉妹が集まって，Bさんの遺産分
割の話合いの場を持ったところ，Cさんは，両親と生活をしてきた長男が
両親の遺産を相続するのが当然であること，両親の生活費を負担してきた
のだから最終的に両親名義の残高があっても自分が受領してもよいもので
あること，両親名義の預貯金残高とその使途についての資料は破棄したの
で残っていないことなどを一方的に話して，両親名義の預貯金残高と使途
明細を開示することを頑なに拒絶しました。

　そのため，Aさんが独自で調査したところ，Cさんにより引き出された
使途不明金額は概算しても5,500万円程度存在していることが分かったた

213

第5章　高齢者の相続・遺言に関する事例

め，遺産分割調停を申し立てましたが，その調停において，Cさんは B さんの遺産は500万円であると主張し，その遺産の範囲内での分割調停案が出ましたが，A さんとしては到底納得がいかず不調となりました。

本相談のポイント

① どのような手続を選択するか。
② どのような法的構成をとるか。
③ 証拠関係の調査・収集。
④ 請求額の特定。

2 受任に際しての注意点（相談者への対応）

　被相続人の生前に一部の相続人がその財産を勝手に使ってしまったと，被相続人の死亡後に他の相続人が主張することはよくある相談です。

　法律上の主張としては，一部の相続人が，被相続人の承諾なく勝手に被相続人の財産によって利益を得たとして，その相続人に対して，民法703条の不当利得返還請求をしていくことになります。

　しかし，問題が発覚するのは，ほとんどの場合被相続人が死亡した後であり，その時点で，被相続人の承諾の有無などは分からないため，被相続人の判断能力などが客観的にどうであったのかという点が重要になります。また，被相続人の生前であれば，当然，被相続人に自分の財産の処分権があるわけですから，どこまでが被相続人が費消したもので，どの部分が被相続人の承諾なく勝手に一部の相続人が費消したとするのかについての特定とその立証方法も問題になります。

　一般の方は，当事者主義や立証責任などの民事裁判のルールをよく分かっていらっしゃらない方がほとんどです。本件のように一部の相続人が独り占めしたというような悪事を裁判所が許すのか，裁判所が警察のように積極的に調べてくれるのではないかという考えをお持ちの方も多く，本件の依頼者Aさんも例外ではなかったため，まずは，請求する側に立証責

214

任があること，民事訴訟では客観的な証拠の有無が判決を左右するという民事裁判の基本的なルールを相談者に重々説明して理解していただき，どのように本件を争っていくのかを協議しました。

3 法的問題点の考察・実際の解決までの実務

(1) 被相続人が認知症であったことの証拠

今回のケースでは，Aさんは，相談に来られるまでに，特別養護老人ホームの介護記録，主治医の意見書，病院のカルテ，要介護度の認定書などを収集し，要介護度が5に認定された経緯などが分かっていましたので，Bさんが死亡するまでの認知症の推移は客観的な証拠から明らかでした。

(2) 請求額の算定

問題は，請求額をどうするかでした。

Bさんは，郵便局，都市銀行，信託銀行及び信用金庫などに複数の口座があり，それぞれの金融機関の中でも複数の口座がありました。Bさんの生前，Bさん名義の各口座から多額の預貯金が引き出されていることは分かりました。引出日と預入日，引出額と預入額からすると，Bさん名義の口座間で移動がされていると推測されるものも多数ありました。引出しだけがされているものも多数あり，その大部分は高齢のBさんにとって不必要な大金であり，使途不明と思われるものでした。

Aさんの主張は，Bさんの生前の生活状況から，Bさんが死亡するまでの必要経費を推定計算し，生前の使途不明金と思われる引出額合計からそのBさんの必要経費を差し引いた金額が，Cさんが勝手に使った金額だというものでした。

とはいえ，入出金が行われていた当時，Bさんはまだ死亡していませんから，全て，Cさんが勝手に使ったものだとは断言できませんし，そのような客観的証拠もありません。

(3) 使途不明金に関する証拠の問題

弁護士としては，訴訟を提起する際，当然，判決を左右する客観的証拠の有無が気になるところです。

Bさんのメインバンクと思われた郵便貯金は，当時，申請時から5年前

第5章　高齢者の相続・遺言に関する事例

までしか開示されない扱いでしたので（現在は10年），Aさんの算式の中には，長姉のEさんがCさんから見せられた両親の預貯金額合計5,000万円が存在したであろうことを前提に，両親がその後使ったであろう生活費等を控除していましたので，推測の上に推測がされている感は否めず，これに，裁判官がついてきてくれるのかが心配でした。

ただ，Aさんの思いは非常に強いものがあり，Aさんが緻密に推測して請求金額を算出していましたので，弁護士として再検証をして，この線であれば主張・立証として何とかいけるだろうという金額（約2,000万円）を請求額とし，Aさんには，その請求額についても客観的な証拠が少なく立証が十分でないことを説明した上で，Cさんに対して不当利得返還請求訴訟を提起しました。なお，遺産の範囲の前提となる点で長姉のEさんの証言は重要なものでしたので，Eさんにも原告となってもらいました。

⑷　**裁　判**

裁判は，双方の主張・立証及び本人尋問をした上で和解の席も設けられましたが，双方の主張の差が大きく和解での解決は難しかったため判決となりました。

Aさんの緻密な推測が効を奏したのか，判決は請求金額の8割（約1,600万円）を認めるものでした。弁護士としては客観的な証拠が薄い中では比較的よい内容だと思いましたが，Aさんは自分の主張が認められなかった点について納得できなかったことがあったため控訴しました。Cさんも当然控訴しました。

控訴審では，裁判官から，第一審裁判官の判断した金額は高いのではないかという心証が開示され，結局，第一審判決の認容額の9割（約1,400万円）で訴訟上の和解をして事件は終了しました。

こうして，Bさんが亡くなってから約7年にも及ぶ相続人間の争いがやっと終了しました。

4　おわりに

控訴審での和解による終了後，事務所でお話した際，Aさんは，母親Bさんへの思いを語り，涙を流されました。その涙は，長かった戦いを成し

216

遂げた満足感の一方で，生前のBさんに対するCさんの不当な扱いへの悔しさと気の毒な母を思う気持ちが溢れた涙のように見受けられました。Aさんとしては，Bさんの無念さを今回の裁判で晴らしたいという思いが強かったようです。そのAさんの強い思いが，たくさんの証拠収集につながり訴訟の勝敗を分けたと思います。

　高齢化社会が進む日本において，被相続人の高齢化は避けられないところです。被相続人が高齢化すれば，認知症などを理由に相続人らが財産の管理をするケースも増え，一部の相続人による被相続人の囲い込みの事案なども更に増えてくると思われます。

　今回，民事訴訟を提起することによって，結果的には，Aさんの納得できる解決になりましたが，身内の中で裁判をするということは感情的な対立をさらに激化させるものですし，今後もその関係悪化が継続してしまうであろう相続人らの関係を考えると，相続人間で訴訟をするという方針を選択することはなかなか判断が難しいところです。また，相続人同士では元々争いを前提にしていませんから，客観的証拠がなかなかないということも多いため，訴訟を提起して相続人間の対立が激化した上，結果的に依頼者の望む結論が得られないこともままあると思います。そういう意味でも，どのような解決を希望するのか，依頼者とよく話し合い，依頼者の気持ちを十分に理解・考慮して進めていく必要があると思います。

【プライバシー保護のため事例の内容は変えております。】

第 5 章　高齢者の相続・遺言に関する事例

> COLUMN
>
> ### コラム⑨
> ### 相続財産管理人の種類
>
> 　相続財産管理人が選任される場合として以下の4つが民法上規定されています。
>
> **1　918条2項　熟慮期間中の相続財産管理人**
> 　相続を承認するか放棄するかの熟慮期間中に相続財産管理人を選任する場合です。例えば，相続人が多数いるような場合に，相続財産管理をスムースに行うために選任されることが多いようです。
>
> **2　936条1項　限定承認をした場合の相続財産管理人**
> 　限定承認は，相続人全員が共同で行わなければなりません。限定承認をする場合には，相続人が複数いることが多いため，相続財産の管理，清算手続の迅速化のため，相続財産管理人を選任することが必須となっています。
>
> **3　943条1項　財産分離の場合の相続財産管理人**
> 　財産分離の請求があった場合に，相続財産を適切に管理するため，相続財産管理人が選任される場合があります。
>
> **4　952条1項　相続人不存在の場合の相続財産管理人**
> 　法定相続人全員が相続放棄をした場合など，相続人が不存在である場合に，相続財産管理人が選任されます。
>
> 　いずれも相続財産管理人と呼ばれますが，選任の根拠条文がそれぞれ異なりますから，例えば，熟慮期間中に相続財産管理人が選任されていても，その後法定相続人全員が相続放棄した場合には，改めて相続財産管理人の選任を裁判所に申し立てる必要があります。
>
>

事例19 高齢者が被相続人の場合の相続諸問題

高齢者が被相続人である相続の事件において，被相続人の財産を生前管理していた相続人が使い込みをしているのではないかとの相談を受けたが，その他にも，遺言の効力，「相続させる」旨の遺言がある場合の遺産分割調停・審判の可否，特別受益，60歳代の依頼人（相続人の一人）にとってより良い解決が問題となった事例

●概要図

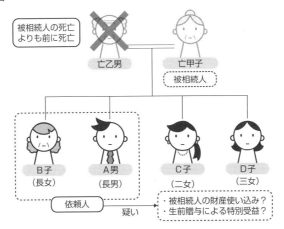

はじめに

　高齢者が被相続人である場合，生前から高齢者の子ども等，一部の相続人が被相続人の財産を事実上管理していることが多々あると思います。そのような場合，被相続人の死後，その他の相続人は，被相続人の財産を管理していた相続人が被相続人の財産を使い込んだのではないかと疑心暗鬼になりがちです。

　本件は，このような使い込みの有無を調査してほしいとの相談を発端としましたが，高齢者である被相続人の死の半年前に作成された遺言の効力，「相続させる」旨の遺言がある場合の遺産分割調停・審判の可否，特別受

第5章　高齢者の相続・遺言に関する事例

益などの問題もあることが判明しました。

　そして，相続財産である土地を遺産分割する際に，依頼人である相続人も既に60歳代であったため，依頼人の老後のことを意識した解決が必要となりました。

1　本件事例の概要

⑴　相談の内容

　本件は，当職事務所に相談に来られた自営業のA男さん（当時65歳）と姉のB子さん（当時72歳）のお二人の相談から始まりました。

　相談の内容としては，お二人のお母様である亡甲子さんの生前，甲子さんの生活の世話をし，甲子さんの財産を管理していた兄弟姉妹であるC子とD子が，甲子さんの財産を使い込んでいたようだ，それを取り返したいとのことでした。

　そして，A男さんとB子さんは，銀行の取引履歴を示して，甲子さんの定期預金が100万円単位で一部解約されている部分がある旨を説明してくれました。

　しかし，解約された定期預金がその後どうなったかは手持ちの資料からは分かりませんでした。

　この他にも，A男さんとB子さんの話から，甲子さんは，亡くなる半年前にC子さんとD子さんに公証役場に連れて行かれ遺言公正証書を作成したこと，持病持ちのD子さんの将来を心配しD子さんに生前贈与したことなどが分かりました。

　甲子さんの相続人，相続財産，遺言公正証書は以下のとおりです。

⑵　相続人

　甲子さんには，既に亡くなっていた乙男さんとの間にA男さん，B子さん，C子さん，D子さんという4人の子どもがいました。兄弟姉妹を年齢の高い順に並べると，B子さん，C子さん，A男さん，D子さんとなります。

⑶　相続財産

　被相続人甲子さんの相続財産としては，7台分の駐車場として他人に貸

している土地（以下「本件土地」といいます。），及び銀行預金（以下「本件銀行預金」といいます。）約1,000万円がありました。

　本件土地の10分の1については，本件土地を買った当初からA男さんの名義になっていました。

　A男さんとB子さんによると，本件銀行預金について，C子とD子が使い込んでいて，本来であれば，3,000万円くらいはあったはずだとのことでした。

　また，D子さんは，甲子さんから，D子宅として使用している土地建物（以下「D子宅土地建物」といいます。）を生前贈与されたとの話があったため，特別受益についても検討する余地がありました。

　A男さんによると，D子さんへの生前贈与の際，被相続人及びその子どもの間においては，被相続人はD子さんにはD子宅土地建物をあげたのだから，本件土地については，D子さんに持分を与えないことに口約束で決まったとのことでした。

　もっとも，本件の建物及び土地の特別受益は，後述するように，登記簿上明らかにできないものであることが後日判明しました。

(4)　遺言公正証書

　被相続人は，死の約半年前に，遺言公正証書を作成していました（以下「本件遺言」といいます。）。

　その内容は，「遺言者は，遺言者の有する財産を，A男，B子，C子，D子に，各4分の1の割合で相続させる」もので，遺言者の財産としては，本件土地と本件銀行預金が記載されていました。

本相談のポイント

①　遺言書を書いた被相続人が高齢者であるため，遺言能力の有無を確認する必要がある。

②　依頼人には，他の相続人の使い込みを追求してほしいとの強い要望があることから，依頼人を満足させるため，使い込みについて可能な限り調査をする必要がある。

③　不動産の登記簿上明らかでない特別受益について，証明可能性。

第5章　高齢者の相続・遺言に関する事例

> ④　「相続させる」旨の遺言と遺産分割調停・審判の可否。
> ⑤　依頼人の老後を意識しての遺産分割の解決。

2　受任に際しての注意点

　私が，A男さん及びB子さんから本件を受任するに際して留意したのは，以下の諸点です。

⑴　遺言の有効性

　遺言がある場合，遺言の効力自体まで争うのか否かは，相続事件の結論を左右する重要な分岐点となります。そこで，遺言の形式的要件や被相続人の遺言能力等を調べる必要があります。

　もっとも，本件においては，遺言が公正証書遺言であったことから，形式的要件は問題となる可能性がほぼないですし，遺言能力の有無を争うのも難しいと予想されました。

　しかし，被相続人甲子さんはもうすぐ100歳と高齢者であり，C子さんとD子さんに公証役場へ連れて行かれて本件遺言を作成された頃には，まだらぼけのような症状も見られるようでしたので，念のため，病院のカルテなどを取り寄せて，調べました。

　その結果，遺言能力を争えそうな証拠はありませんでした。

⑵　特別受益の検討

　特別受益については，相続に詳しくない方は，その内容を正確に理解していないことが予想されます。

　そこで，特別受益について具体例を挙げ，特別受益に当たるような事実はなかったかの聞き取りをしました。

　その結果，前述のとおり，被相続人甲子さんが，D子さんに対し，D子宅土地建物を生前贈与している旨の話をA男から聞き出すことができました。

　もっとも，後日，D子宅土地建物の登記を調べたところ，D子宅土地の登記は，D子さんの父であり被相続人の夫である亡乙男さんからC子さん，

222

事例19　高齢者が被相続人の場合の相続諸問題

Ｃ子さんからＤ子さんへと移転し，Ｄ子宅建物の登記は，亡乙男さんから
Ｂ子さん，Ｂ子さんからＤ子さんへと移転していることが分かりました。

　そして，「実際は，Ｄ子宅土地建物は，亡乙男さんが亡くなったときに，
亡乙男さんから被相続人へ相続され，その後，被相続人からＤ子さんに生
前贈与された。」とのＡ男さんの話を裏付ける証拠は，ほぼないというこ
とが分かりました。

　よって，特別受益についての主張は諦めざるを得ませんでした。

(3)　被相続人の財産の使い込みの立証の困難性

　仮に，Ｃ子さん及びＤ子さんが被相続人甲子さんの財産の使い込みをし
ていたとしても，前述のように，被相続人の世話を主にしていたのはＣ子
さん及びＤ子さんなので，少額の使い込みでは「母の生活費に使った。」
「母に渡した。母が何に使ったかは知らない。」などと言い逃れされてしま
い，立証が困難である可能性が高いです。

　そこで，受任する際，Ａ男さんに対し，「調査の結果にはよりますが，
使い込みについて追求するのは難しいかもしれないです。」と説明し，了
解を取りました。

　もっとも，Ａ男さん，Ｂ子さんの話からすると，Ａ男さん，Ｂ子さんと
も，特に預金の使い込みにこだわっているのは明らかだったので，使い込
みの有無については可能な限り調査をすることにしました。

(4)　不動産についての要望の確認

　本件においては，収益物件である本件土地をどのように分けるかが，い
ちばんの争点となることが予想されました。

　そこで，本件土地を欲しいのか，その場合，代償金は支払えるのかにつ
いて，Ａ男さんの意思を念入りに確認しました。

　その結果，Ａ男さんは，長男として本件土地を全部自分のものにしたい
と考えているが，代償金を用意できないこと，Ｂ子さんは，兄弟姉妹の中
で唯一の男性であり家名を継いでいるＡ男さんに自己の持分を与えてもか
まわないと考えていることが分かりました。

　そこで，遺産分割をする際に，本件土地をＡ男さんのものとするよう主
張すること，その際の代償金の用意について考える必要が生じました。

223

第5章　高齢者の相続・遺言に関する事例

⑸　複数の相続人の代理人となることについての検討

　本件においては，Ａ男さんとＢ子さんの二人の代理人となることができるかを検討する必要がありました。弁護士職務基本規程28条3号の「依頼者の利益と他の依頼者の利益が相反する事件」にあたるかの問題です。

　この点，初めのうちは，Ａ男さんからのみ受任して，Ｃ子さん及びＤ子さんのそれぞれの代理人と裁判外での交渉をしていましたが，遺産分割調停の段階になると，Ｂ子さん本人に手続をさせることはＢ子さんにとって負担となるのではないかと懸念され，Ｂ子さんにも代理人をつける必要が生じました。

　また，打ち合わせを重ねるにつれ，Ｂ子さんは家を継いだＡ男さんをとても大切に思っており，本件土地についてＡ男さんに相続させたいと強く思っていること，本件に関係する過去の出来事について長女であるＢ子さんのほうがＡ男さんよりよく覚えていること，Ａ男さんもＢ子さんを頼りにしていることなど，お二人の様子から，Ａ男さんとＢ子さんには協力関係が生じており，Ｂ子さんの協力によりＡ男さんが本件土地を相続できれば，Ｂ子さんとしても満足であることがよく分かりました。

　そこで，Ａ男さんとＢ子さんに，お二人の本件遺産分割についての意見が一致している限り，お二人の代理人となることができるが，将来お二人の意見が対立するような場合には代理人を辞任しなければならない旨を説明し，Ｂ子さんからも受任しました。

3　本件における法的問題点の考察

⑴「相続させる」旨の遺言について

　本件においては，「相続させる」旨の遺言と遺産分割についての法的問題点を中心に，考察したいと思います。

ア　「相続させる」旨の遺言についての判例

　「相続させる」旨の遺言の解釈及び効果については，従来，諸説がありましたが，最高裁平成3年4月19日判決（民集45巻4号477頁。以下「本件判例」といいます。）が出たことにより，議論が一段落しました。

　本件判例の要旨は，⑴特定の遺産を特定の相続人に「相続させる」趣

224

旨の遺言は，遺言書の記載から，その趣旨が遺贈であることが明らかであるか又は遺贈と解すべき特段の事情がない限り，当該遺産を当該相続人をして単独で相続させる遺産分割の方法が指定されたものと解すべきである（以下「要旨(1)」といいます。），(2)特定の遺産を特定の相続人に「相続させる」趣旨の遺言があった場合には，当該遺言において相続による承継を当該相続人の意思表示にかからせたなどの特段の事情がない限り，何らの行為を要せずして，当該遺産は，被相続人の死亡の時に直ちに相続により承継される（以下「要旨(2)」といいます。），の二点となります。

イ　本件判例へのあてはめ

まず，本件判例の要旨(1)について検討します。

この点，本件遺言は，本件土地をＡ男さん，Ｂ子さん，Ｃ子さん，Ｄ子さんに4分の1ずつ相続させることを内容とします。

これは，数人の相続人の各自が「特定の相続人」であり，遺言で割合を指定された各当該共有持分がここでいう「特定の遺産」であって，当該共有持分を，各当該相続人に，それぞれ「単独で」相続させるということですので，本件判例の要旨(1)にいう「相続させる」趣旨の遺言にあたります。

そして，本件遺言には，「遺言書の記載から，その趣旨が遺贈であることが明らかであるか又は遺贈と解すべき特段の事情」は何らありませんでした。

よって，「相続させる」旨の本件遺言は，遺産分割の方法の指定をしたものと解することになります。

次に，本件判例の要旨(2)について検討します。

本件判例の要旨(2)の部分については，本来，共同相続開始自体の法的効果（民法896条，899条）として当然に法定相続分に応じて共同相続人に分属して遺産共有となった当該遺産が，当該遺言の効果として，当該相続人がこれを取得する遺産分割がなされたのと同様に，当該相続人が単独でこれを取得するとの効果が生じます（内田恒久『判例による相続・遺言の諸問題』（新日本法規，2002）144頁）。

第5章　高齢者の相続・遺言に関する事例

　そうすると，本件土地については，遺産分割を経ることなく，各相続人が単独で，本件遺言に基づいて，4分の1ずつの共有の所有権移転登記をすることができることになります。

　なお，その際の登記原因は「相続」となり，登録免許税は不動産価格の1000分の4となります。

ウ　「相続させる」旨の遺言と遺産分割調停

　では，「相続させる」旨の遺言がある場合，遺産分割調停をすることはできないのでしょうか。

　本件判例は，「相続させる」旨の遺言があった場合においても，「（当該特定の相続人が）所定の相続の放棄をしたときは，さかのぼって当該遺産がその者に相続されなかったことになるのはもちろんであり，また，場合によっては，他の相続人の遺留分減殺請求権の行使を妨げるものではない」ことには言及していますが，遺産分割調停をすることができるかについては何ら言及していません。

　もっとも，遺産分割の調停実務では，遺言が存する場合でもその遺言によらず，相続人全員が合意すれば，遺言と異なった内容の遺産分割をすることも認められています（久貴忠彦『遺言と遺留分　第2巻　遺留分〔第2版〕』（日本評論社，2011）162頁）。

　その法律構成は，交換，贈与，売買，事実上の相続放棄として説明されます。その実質的な根拠は，相続人各自は自己の財産処分の自由を有しているのであるから，それに基づく，相続法上認められる特殊な合意として，遺言と異なる内容の遺産分割をすることもできると考えられることによります。

　もっとも，遺言を排除しての遺産分割調停ができる理由が上記のような全相続人の合意に基づくことによるとすると，調停が成立せず審判に移行する場合には，存在する遺言を排除して審判することはできず，遺言を適切に解釈して，遺言に従った審判をすべきことになります（前掲・久貴163頁）。

エ　遺言を排除するための調停条項

　遺産分割調停において，遺言と異なった内容の遺産分割がなされた場

合は，調停条項には，「当事者全員は，別紙遺産目録記載の被相続人亡甲の遺産につき，○年○月○日作成の遺言が存在するにもかかわらず，次のとおり分割する」という文言を記載すべきです。

この文言により，相続人全員の合意により遺言を排除してその効力を消滅させ，後日にも遺言に基づく主張をできないものとするのです。

オ 「相続させる」旨の遺言と不動産登記

遺産に不動産がある場合，「相続させる」旨の遺言は，上述したとおり，それのみで所有権移転登記手続ができることから，本来であれば，特定の遺産を相続人に単独で相続させるとの遺言の内容のとおり，相続を原因とする所有権移転登記をすることになります。

これに対して，「相続させる」旨の遺言を排除する遺産分割調停が成立した場合，その調停条項に基づいた内容について，相続を原因とする所有権移転登記をすることができるのか，それとも，遺言のとおりの所有権移転登記をした後に，売買や贈与ないし共有物分割に基づく登記をするというように，二段階の登記をする必要があるのかについては，判断が分かれる可能性があります。詳しくは，後述します。

(2) 使い込みについて

被相続人の生前，被相続人の財産を管理する者が使い込みをした場合，相続人は，その者に対して，被相続人の不当利得返還請求や不法行為に基づく損害賠償請求等を自己の相続分について請求することができます。

しかし，被相続人の財産を正確に把握していない相続人が，使い込みを立証するのは困難なことが多いです。

特に，本件においては，Ｃ子さんとＤ子さんは被相続人の生活の面倒を見ていたので，Ｃ子さんとＤ子さんが甲子さんに代わって生活に必要な費用を銀行口座から払い戻すことを甲子さんが了承していたと認定される可能性がありました。

このように，被相続人の生前に，被相続人の生活の世話をしていた者により被相続人の預金口座から払戻しがされた場合には，請求者が，払戻金額が生活に必要な費用としては多額すぎることを立証することによって，被相続人が当然に了承していたと認められる範囲を超える払戻しであった

第5章　高齢者の相続・遺言に関する事例

ことを証明しなければなりません（東京地判平26・2・28ウエストロージャパン2014WLJPCA02288019）。

4　本事例の解決

(1)　使い込みについての調査

依頼人であるA男さんとB子さんは，C子さん及びD子さんの使い込みについて強いこだわりがあったことから，使い込みについて訴訟を提起できるだけの証拠の有無については納得していただけるだけの調査をする必要がありました。

本件において，A男さんとB子さんが使い込みを指摘したのは，本件銀行預金のうち定期預金でしたので，上記定期預金について払い戻したのが誰か，使途不明金は多額であるかを調べました。

その結果，本件においては，預金の払戻手続は甲子さん自身の名前でなされていること，定期預金を解約しての預金の払戻しのうち使途不明金は，約半年の間に260万円であることが判明しました。

B子さんによると預金の払戻申込書の署名は甲子さんの字ではないようだとのことでしたが，私には，甲子さんの字とも，C子さん及びD子さんの字とも判別できませんでした。

また，約260万円では，半年間の生活費に使ったと言われればそうとも言える程度の金額であり，不当利得返還請求をしても必ず勝訴できるとはいえない結果となりました。

上記調査結果をもとに，A男さん，B子さんに相談すると，二人とも使途不明金について，遺産分割調停でC子さんとD子さんを追求してほしいが，遺産分割調停とは別に，勝てるかどうか分からない訴訟を提起してまで追求したいとまでは考えていないようでした。

よって，不当利得返還請求の訴訟は提起しないこととなりました。

(2)　遺産分割調停の申立て

その後，本件において，C子さんから遺産分割の調停（以下「本件調停」といいます。）が申し立てられました。

その調停において，調停委員から，「本件においては，遺言があるので，

228

本来であれば，遺言のとおりに遺産を分けるべきで，遺産分割調停をしなくても，遺言のとおりの所有権移転登記もできるはずです。そして，遺産分割調停が成立しなかった場合，審判をすることもできません。ただ，相続人の方全員で合意するのであれば，遺言とは異なる遺産分割をすることができます。」と説明がありました。

この調停委員の説明のうち，「遺産分割調停が成立しなかった場合，審判をすることもできません。」という部分は，その調停委員が「遺言がある場合は，審判に移行しません」との言い方もしていたので，確認はしていませんが，本件においては審判自体をしないという意味だったのではと思います。

3(1)ウで述べたとおり，「調停が成立せず審判に移行する場合には，存在する遺言を排除して審判することはできず，遺言を適切に解釈して，遺言に従った審判をすべきことになります」との文献もあります。

しかし，実際には，本件遺言は「相続させる」旨の遺言として遺言により遺産分割の方法が指定されていますし，それにより所有権移転登記などの手続をすることも可能ですので，本件においては，仮に遺産分割調停が成立しなかった場合，審判をする意味はなかったと思います。

(3) 本件調停での話合い

ア 本件調停において，A男さんとB子さんの希望で，C子さん及びD子さんの使い込みやD子さんの特別受益などについても主張しましたが，これらについては話合いで解決できるはずもなく（また，訴訟にするにしても，証拠等の点から，A男さんとB子さんが勝訴することが困難であり），次第に，本件土地をどのように分割するかに争点が絞られていきました。

イ 前述したとおり，A男さんは，本件土地の全てを自分の所有としたいと考えていました。そして，B子さんは，本件土地は，長男であるA男さんが継ぐべきであり，自己の持分については，A男さんに贈与しても構わないと考えていました。

他方，C子さん及びD子さんは，本件土地に思い入れはなく，金銭を得ることができればいいと考えていました。

そのため，A男さんが，C子さん及びD子さんに対し，C子さん及び

第5章　高齢者の相続・遺言に関する事例

　　D子さんの本件土地の持分4分の1についての代償金を支払うとし，その金額について，C子さん及びD子さんが納得するのであれば，本件調停は成立させることができると思われました。

　　もっとも，A男さんには，代償金を支払うことができるほどの財産はなく，また，B子さんにも貸してもらえるだけの財産はありませんでした。

ウ　そこで，私は，代償金を支払う方法として，本件土地の一部を売却してお金を作ることや，本件土地のA男さんの10分の1の当初からの持分を担保にして銀行等から融資を受けることを検討しました。

　　この点，融資を受ける方法では，本件土地の収益よりも借金の返済額が多くなることが予想されること，A男さんが既に60代であり収入もそれほど良くないことから，新たに多額の借金をすることはA男さんの今後の生活に負担になるおそれがあるというデメリットがありました。

　　それよりは，本件土地の一部を失うことになるとしても，残りの土地を収益物件として使用できるのであれば，そのほうがA男さんの老後の生活の足しになると考えました。

エ　そこで，私は，馴染みの不動産屋に本件土地の一部の売却について相談し，土地売却のプランを立ててもらった上で，A男さんとB子さんと不動産屋を交えて相談しました。

　　そして，どのように本件土地を分割し，どちらを残したほうがA男さんに有利かについて，いくつかのプランを検討し，長方形の本件土地を道路に面した土地1と道路から通路を入ったところの土地2に分割し，土地1をA男さんのものとするのがいちばん有利であるとの結論に至りました。

　　このプランによると，土地1は当初の大きさの40パーセントくらいになってしまいますが，道路に面している点と四角形の土地である点で土地2よりも価値は高いし，駐車場としても自動車が3台は置けるだろうとの判断でした。

オ　A男さんとB子さんも上記プランでよいとのことだったので，調停において，私は，C子さん及びD子さんに対し，「A男さんには現在，本

230

件土地の代償金を支払う原資がないので，本件土地の一部を売却して，それを原資として，Ｃ子さん及びＤ子さんに本件土地の持分についての代償金を支払います。」との提案をし，本件土地の査定書を提出しました。

そうしたところ，Ｃ子さん及びＤ子さんは，その提案を受け入れたので，その旨で調停を成立させるということで，調停を進めることとなりました。一方，不動産屋には買い主の目星を付けてもらいました。

そこで，調停条項案を作成し始めたのですが，このときになって，Ａ男さんが「やはり本件土地の一部を売るのはいやだ。」と言ってきました。

慌ててどうしていやになったのかを訊いてみると，土地の大きさが当初の40パーセントになってしまうことが納得できないとのことでした。

ただ，家を建てることを想定して本件土地２には必要最低限の幅が必要であること，土地２は道路に面していないので本件土地内に通路を設ける必要があることなどから，土地１が当初の40パーセントになることは変更のしようがありませんでした。

そのことを丁寧にＡ男さんに説明したのですが，結局，Ａ男さんは本件土地の一部を売却することに反対する意思を変えてはくれませんでした。

ただ，調停については，融資等により代償金をきちんと払うから予定どおりの調停条項で成立させてほしいとのことだったので，そのとおり調停を成立させました。

(4) 遺産分割調停の成立と不動産登記

本件調停の調停条項としては，前述したとおり，「当事者全員は，別紙遺産目録記載の被相続人亡甲の遺産につき，『〇年〇月〇日作成の遺言が存在するにもかかわらず』，次のとおり分割する」旨の文言が入れられました。

実は，私が作成した調停条項案には，当初，「〇年〇月〇日作成の遺言が存在するにもかかわらず」との文言を入れておらず，Ｃ子さん代理人弁護士からもＤ子さん代理人弁護士からもその点についての指摘はなかった

のですが，裁判所が，私の調停条項案に上記文言をつけ加えたのでした。

　ところが，この調停が成立して，いざ，所有権移転登記をしようとすると，司法書士から，「遺言がある場合には，本来，遺言どおりの相続登記がされるべきなので，本件においては，まず，遺言のとおり，4分の1ずつの共有の登記をすべきと法務局に言われるかもしれません。法務局は，遺言がある場合は遺言を優先するので，勝手に遺産分割できないとの見解です。」との指摘を受けました（参考文献・幸良秋夫『改訂　設問解説　相続法と登記』172頁，日本加除出版）。

　私は，不動産登記が必要な事件では，常に，訴状や和解条項案，調停条項案について，法務局や司法書士に確認してもらうことにしています。

　しかし，今回，私が司法書士に確認してもらったのは，「○年○月○日作成の遺言が存在するにもかかわらず」との文言を入れていない条項案であり，司法書士に事件の詳細を話しておらず，司法書士が，本件遺言の存在に気づいたのは調停が成立した後だったことから，このような問題が生じてしまったのでした。

　そこで，私は，遺言があっても遺言を相続人全員で排除する旨の遺産分割調停は有効であるとのことで裁判実務は動いていると説明したのですが，司法書士には，裁判所と法務局では考え方にずれが生じる場合があるので，要望どおり，遺産分割調停に基づく所有権移転登記ができるとは約束できない，仮に最終的には遺産分割調停に基づく所有権登記ができるとしても，遺言のとおりの登記をしないということを法務局に認めさせるためには3か月から半年ほど時間がかかるかもしれないと言われてしまいました。

　そこで，司法書士と相談し，所有権移転登記の申請をする際に，「本件においては，確定判決と同様の効力のある調停調書により相続人全員の遺言を排除する意思が明らかになっていることから，遺言があっても，遺産分割調停に基づく不動産登記ができるはずである」旨の上申書をつけてもらいました。

　その結果，法務局から特に訂正等を求められることもなく，無事，調停条項どおり，A男さんについて相続を原因とする単独の移転登記をすることができました

5 おわりに

　高齢化社会における相続事件において，被相続人が高齢者である事例はますます増えていくことと思います。

　被相続人が高齢者であると，遺言があっても遺言能力の検討は必須となりますし，また，被相続人の世話をしていた者による使い込みの有無が問題となる事案も増えるのではないかと思います。

　本件においては，これらの問題に加えて，「相続させる」旨の遺言についての法律問題があり，また，事件の際既に60代であった依頼人の老後を意識した解決を図る必要がありました。

　A男さんに最後に会ったとき，A男さんは代償金を支払うため，かなり高い利息での融資を検討中でした。これでは本件土地の駐車場を7台分全部賃貸していたとしても，月々マイナスになってしまいます。

　私は，A男さんに本件土地の一部売却をもう一度勧めてみようかとも思いましたが，A男さんの意思はもう決まっているようでしたし，あまり勧めても「不動産屋と手を組んで本件土地の一部をむりやり売らせようとしている悪徳弁護士」と思われては困るので，できませんでした。

　被相続人甲子さんは，本件土地について，兄弟姉妹が力を合わせてアパートを建てて，その賃料を老後の生活の足しにしてほしいと常々言っていたそうです。

　そのこともあり，本件土地の一部を収益物件としてA男さんが所有することは甲子さんのご意思にも沿うと思い頑張ったのですが……。

　A男さんの長男としての本件土地に対する思い入れも理解できるのですが，今でもたまに本件を思い出しては，もっと良い解決方法があったかもしれないと考え込んでしまいます。

【プライバシー保護のため事例の内容は変えております。】

第5章　高齢者の相続・遺言に関する事例

COLUMN
コラム⑩
相続と祭祀財産の承継者指定申立て（民法897条2項）

　被相続人の死亡にあたって，被相続人に属していた財産は，相続の対象
となり，遺言や遺産分割協議により，その帰属が定められることが通常で
す。

　しかし，墓所や仏具といった，先祖の祭祀のために用いられるものにつ
いては，社会通念上は「財産」といえるものであっても，別途「祭祀財
産」として，他の権利とは独立して，その承継者が定められる必要があり
ます。例えば，相続人が複数いる場合に，墓所の名義人を定める場合の決
め手となることになります。

　通常は，墓所や仏具は換価性がほぼないので，その承継者をめぐる争い
の要素はあまりないはずなのですが，他の相続財産をめぐって相続人間で
深刻な争いが生じている場合などには，その争いが，祭祀財産の承継に飛
び火することがあります。

　この点，遺言の中で祭祀財産の承継者として，相続人らが指定されてい
る場合は，民法上，その指定が優先されることになりますが（民法897条1
項），そのような指定や慣習がない場合には，家庭裁判所がこれを決定す
ることとされていますので（民法897条2項），裁判所が争いの舞台となる
わけです。

　例えば，夫が死亡し，その相続をめぐって相続人が二つのグループに
なってしまったところ，その争いが深刻化し，祭祀財産の承継者について
も，兄弟の一人にすべきか，妻にすべきか，と争いになるようなケースで
す。

　このようなケースでは，通常妻は高齢であり，祭祀財産の承継者になっ
たとしても，早晩次の承継が必要になってしまうため，今回の相続で承継
されても意味がない，承継者としてふさわしくない，という主張が，兄弟
の一人を押す側からされることが多いです。

　裁判所の判断要素としては，祭祀承継者の「祭祀主催の能力」も含まれ
るとされていますので，承継者候補が高齢であることは，マイナス要素に
なりうるとも考えられます。しかし一方で，上記のとおり遺言者が承継者
を指定できることに鑑みてか，裁判所で重視されるのは，被相続人との生
活関係や，被相続人が指定する可能性が高かったか，というところにある

234

ようです（以上東京高決平18・4・19判タ1239号289頁参照）。

　私の経験したケースでは，被相続人が，兄弟の一人を跡取りとして考えていた時期があったことが決め手となって，祭祀財産の承継者についてもその者と指定されました。

　相続争いは，深刻化すると争える事柄は何でも争いになってしまいがちです。そのようなことを未然に避けるために，財産はもちろん，祭祀財産の承継者についても，遺言で定めておくことが良いでしょう。

第6章
高齢者の婚姻・離婚・養子縁組に関する事例

第6章 高齢者の婚姻・離婚・養子縁組に関する事例

事例20 高齢者夫婦の離婚訴訟

高齢の当事者同士が婚姻したが婚姻の実態が伴わなかったため夫から離婚を請求した事例

●概要図

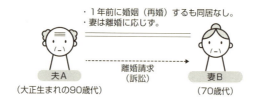

はじめに

　熟練離婚が増加しているとも聞きますが、若い夫婦の間だけでなく、高齢の夫婦の間でも当然、離婚は問題となります。

　婚姻関係にある男女のうち一方が離婚を望むけれども他方がどうしてもこれに応じないならば、離婚を望む当事者としては裁判で離婚を求めるほかありません。基本的には、家庭裁判所にまずは離婚調停を申し立てた上で、話合いがまとまらなければ、離婚訴訟を起こすこととなります。

　この離婚訴訟というのは、「身分関係の形成又は存否の確認を目的とする訴え」に係る訴訟として、人事訴訟とされています（人事訴訟法2条1号）。そして、人事訴訟に関する手続については、民事訴訟法の特例法として、人事訴訟法が定められています。

　さて、この人事訴訟法では、離婚訴訟の提起後に、一方の当事者、特に原告が死亡した場合の手続については、どのように規定されているのでしょうか。

　ここでは、高齢の当事者同士で婚姻したものの婚姻の実態が伴わなかったため夫から離婚を請求したという事例を取り上げ、離婚訴訟提起後、離婚を認める勝訴判決の確定前に、原告が死亡してしまうようなことがあれ

ば，訴訟手続及び結論がどうなってしまうか，悩みながら解決を目指した事案をご紹介したいと思います。

1 事例の概要

(1) 離婚訴訟の提起まで

依頼人であるAさんは，大正生まれの90歳代の男性で，前妻は既に亡くなっていましたが，息子のCさんがいます。

相手方のBさんは，昭和生まれですがやはりご高齢（70歳代）の女性です。

Aさんは，今後の生活について改めて不安を感じ，互いに助け合えるパートナーを得られればと考えるようになり，結婚相談所を利用することとしました。そして，AさんとBさんは，結婚相談所を介して知り合い，法律相談のおよそ半年前に婚姻届を提出しました。

Aさんとしては，結婚後はAさんの自宅で二人で同居して暮らすことが当然の前提でした。ところが，結婚後も，Bさんは一度Aさん宅を訪れたきりで，一向に同居には応じず，それどころか，結婚後に二人が会ったのもこの一度きりです。

そこで，Aさんは，Bさんに対し，まずはご自身で離婚の調停を申し立てましたが，不調で終わったため，次いで，私が代理人となって，家庭裁判所に離婚訴訟を提起しました。

(2) 第一審判決まで

家庭裁判所（第一審）では，Bさんはご本人で対応されたのですが，訴訟でもやはり，同居するつもりもないが離婚するつもりもない，ということです。第一審では双方の本人尋問も行われたのですが，Bさんとしてはどうやら，Aさんの死後，Aさんの遺族として年金を得たいといったご意向があるようでした。

結局，Aさんの請求を認容して離婚を認める第一審判決が出されたのですが，Bさんが，今度は代理人弁護士をつけて控訴しましたので，事件は控訴審である高等裁判所で引き続き判断されることとなってしまいました。

それまでとてもお元気だったAさんの体調が急変したのが，まさにこの

239

第6章　高齢者の婚姻・離婚・養子縁組に関する事例

ころでした。

　息子であるCさんから連絡を受けたのですが，医師の診断によると，どうやら余命いくばくもない状況のようです。

　もちろん，Aさんの病状については，Bさん側には伝えられていませんでしたし，Cさんとも十分に協議した上で，以後も，少なくとも本件の訴訟が終わるまでは，Bさんにはあえて知らせることはしないこととなりました。

本相談のポイント

```
①　高齢者間で婚姻届を提出して再婚したが，婚姻の実態はない。
②　夫本人から妻に対し離婚調停を申し立てるも不調に終わったため，
　　家庭裁判所に離婚訴訟を提起することに。
③　妻は離婚に応じないものの，婚姻の実態はなく，離婚事由が認め
　　られる。
④　離婚を認める第一審判決に対し妻が控訴し，その後，控訴審係属
　　中に夫の体調が急変した。
```

2　受任に際しての注意点

　私がAさん（及びCさん）から，本件の控訴審を受任するに際して留意したのは，以下の諸点でした。

(1)　離婚の判決について

　控訴審で予想される判決について，離婚を認める第一審判決に対してBさんから控訴されはしましたが，私の見解としては，本件の実態に係る事実からすれば，控訴審でも第一審判決が覆ることはなく，離婚が認められるだろう，と考えられました。

　控訴審の進行についても，Bさんの控訴の理由次第ではありますが，基本的には第1回期日で直ちに結審の上，判決言渡期日が指定されることが十分に見込まれました。

(2) 万が一Aさんが亡くなった場合の手続について

　問題は，控訴審の判決が出されて確定する以前に，万が一Aさんが亡くなるようなことがあった場合に，本件の離婚訴訟の手続はどうなってしまうのか，ということです。

　後述のとおり，離婚訴訟の手続を定める人事訴訟法の規定を踏まえるならば，できる限り早く判決を得る必要があります。

　もっとも，控訴審で改めて勝訴の判決を得たとしても，Bさんの側でさらに上告されてしまえば判決は確定しませんので，他に何か方途はないものか，加えて検討を重ねるべきことも当然です。

　Aさんの病状に照らすならば，このように本件の控訴審では，何よりも時間の問題が大きく立ち塞がっていたのです。

3　本件における法的問題点の考察

(1) 民事訴訟における当事者の死亡について（原則）

　民事訴訟法によれば，民事訴訟の当事者が死亡した場合，訴訟手続が中断するとともに，その相続人等が訴訟手続を受け継ぐこととされています（民事訴訟法124条1項1号）。

　したがって，当事者が死亡したとしても，原則として，訴訟は終了せずに続くこととなります。

(2) 離婚訴訟における当事者の死亡について（特則）

　ところが，本件の離婚訴訟もそうですが，人事訴訟については，人事訴訟法で手続の特則が定められています。

　これによれば，人事訴訟の係属中に原告が死亡した場合には，原則として，当該人事訴訟は当然に終了するとされ（人事訴訟法27条1項），とりわけ離婚訴訟ではその係属中に被告が死亡した場合も，当該訴訟は当然に終了すると（同条2項），いずれも明確に規定されているのです。

　したがって，本件の離婚訴訟の係属中，判決確定の以前に，もしAさんが亡くなるようなこととなれば，たとえ第一審判決で離婚の勝訴判決を得ていたとしても，本件の離婚訴訟は当然に終了してしまいます。また，たとえ控訴審でも同様に離婚を認める旨の判決を獲得できても同判決が確定

第6章　高齢者の婚姻・離婚・養子縁組に関する事例

する以前にＡさんが亡くなったり，あるいはＢさんの側で更に上告されて
しまい，上告審係属中にＡさんが亡くなってしまえば，本件の離婚訴訟は
当然に終了し，Ａさんの側としては離婚という最終的な結果を得られない
こととなってしまうわけです。

　Ａさんの病状の問題，あるいは時間の問題として，やむを得ないといえ
ばそれまでですが，Ａさんの側，特に息子であるＣさんにとっては，タイ
ミングによって結果が大きく異なってしまうのですから，極めて重大な問
題です。

4　本事例の解決

(1)　上申書の提出

　上述した時間の問題に対処するべく何ができるのか，まず私は，控訴審
裁判所に，できるだけ早期に第1回期日を指定してほしい旨の上申書を提
出しました。

　Ａさんの病状について，下手にＢさん側に伝わってしまえば，場合に
よってはあえて時間をかけて手続を進めるといった手を採られるおそれも
ゼロではありませんので，裁判所限りとしてＡさんの状況を伝え，本件は
人事訴訟であり人事訴訟法27条1項の適用があること，Ａさんは高齢であ
り，現に体調を崩して入院していること，したがって本件については可及
的速やかに審理，判断してほしい旨を，上申書をもって上申するとともに，
口頭でも説明しました。

　裁判所としても，Ａさんの状態に係る事情をよく理解してくれたのでは
ないかと思います。

(2)　控訴審第1回期日の指定

　上申書提出の甲斐もあってか，調整の結果，控訴審第1回口頭弁論期日
はできる限り早い時期に指定されました。

　とはいえ，本件の控訴からはおよそ2か月半後の日時とはなりましたが，
何とかその年の年内，具体的には12月25日，おそらくは裁判所の年末の執
務として可能な最終日に何とか期日が入ったのです。

　年明けとなってしまうと早くても翌年の1月15日以後となってしまうと

242

いうことでしたので，この差は大きかったと思います。

(3) 第1回口頭弁論期日

予定どおり控訴審の第1回口頭弁論期日が行われました。

本件の審理ですが，もちろんこの時点では裁判所の心証は正確には分からないものの，控訴審でも離婚が認められるとの私の見込みどおりに，第1回期日で弁論終結となりました。

判決言渡期日は，おそらく裁判所としても可能な限り早期に入れられたものとは思いますが，それでも年明けの1月末と指定されました。

Aさんの病状を考えると，判決が間に合うだろうか，極めて心配です。

(4) 和　解

私は，この段階においても，和解，すなわち裁判所で話し合って協議離婚する，という手はないものだろうか，とも考えていました。もっとも，判決となればほぼ確実に勝つことが見込まれるにもかかわらず，おそらくはいくらかの解決金を支払って和解する，ということには，違和感がなかったわけではありませんでしたし，そもそも被告であるBさんの意向も分かりません。

このような状況の下，第1回期日で，弁論終結，判決言渡期日の指定があった後に，裁判所から，この後直ちに別室にて和解の話をしてみる意向はあるか，問いかけがあったのです。

私としては，直感的に，これだ，これしかない，と感じ，話合いに応じる旨，即座に回答しました。

そして，結論はというと，話合いの結果，何と，この当日に，若干の解決金（もちろん，その場にて電話でAさんの了承を得ました。）をもって，協議離婚する，との和解が成立したのです。これによって，判決の場合に比べ，離婚の時期を大幅に早められることとなるわけです。

まさに裁判所の適切な訴訟指揮の賜物だと感じました。

(5) その後の手続

これにて一件落着，といいたいところですが，本件では，その後の手続でもいろいろとありました。

Aさんの病状については，この時点でもBさん側には伝えていませんで

243

第6章　高齢者の婚姻・離婚・養子縁組に関する事例

したが，我々としてはとにかく急いでいましたので，証人等の関係でBさんが持ち帰った離婚届を，翌日，私がBさんの代理人弁護士の事務所まで出向いて受け取り，当日のうちにCさんに手渡して，Aさんの代わりに役所に提出するよう指示しました。

ところが，その後のCさんからの報告によれば，離婚届を役所に提出したところ，以前にBさんから離婚届の不受理申出がされたままになっているため，受理されなかった，というのです。

離婚届の不受理申出については，Bさんの代理人弁護士も把握しておらず，おそらくはBさんご本人も本件の和解の履行の障害となることを理解されていなかったものと思われますが，いずれにせよ，せっかく急いで準備した離婚届が受理されなかったというのですから，大変です。しかも年末で，役所も年始までしばらく閉まってしまいます。

直ちにBさんの代理人弁護士に連絡して，離婚届不受理申出の取下手続を執ってもらいましたが，役所の年末年始の関係で確認は年明け，役所の業務開始後になることのこと。そこで，離婚届を不受理とした役所に以上の事情をよく説明した上で，とにかく年内に改めて離婚届の提出だけは済ませておくよう，Cさんに指示して，大晦日，お正月を迎えることとなりました。

Cさんはじめ関係者に迅速に動いていただいたおかげで，結局，年を明けて役所の業務が再開した後，離婚届不受理申出の取下げ及び離婚届の提出が確認され，年末の提出時点の日付をもって，離婚が成立した，という次第です。

5　おわりに

本件のように現に離婚訴訟が係属している間に当事者の死亡のリスクが問題となることはそれほど多くはないかもしれませんが，離婚訴訟をはじめとする人事訴訟については，少なくとも人事訴訟法の上記特則については確認しておく必要があるでしょう。

本件では，裁判所の適切な訴訟指揮や，関係者の迅速な対応によって，Aさんのご存命中に何とか離婚を成立させることができ，Aさんのご希望

をかなえることができました。

　Aさんは，離婚成立からすぐ，1月中に亡くなられました。本件を振り返ってみて，Aさんといろいろと懇意にお話しさせていただいたことが思い出されてきました。Aさんの人柄が偲ばれます。

　最後に，改めてAさんのご冥福を祈りつつ，本稿を終えたいと思います。

【プライバシー保護のため事例の内容は変えております。】

第6章 高齢者の婚姻・離婚・養子縁組に関する事例

事例21 高齢者の離婚に関する諸問題（婚姻費用分担請求・裁判離婚）

高齢者を当事者とする婚姻費用分担請求事件及び離婚問題において，夫と妻のそれぞれに長男夫婦及び二男夫婦が味方に付いて紛争に発展した事例

●概要図

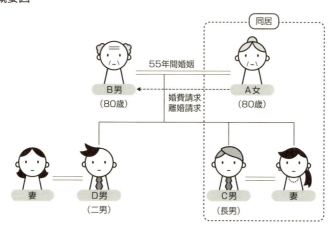

はじめに

　高齢化社会においては，高齢者同士の夫婦が離婚するケースも増加することが考えられるところ，この場合には，別居の段階での婚姻費用の分担について取り決めたり，離婚に伴う財産分与のために長期にわたる結婚生活で築かれた夫婦の共有財産を把握することは困難を極めます。また，相続の問題も近い将来発生することが予想されるため，親族間の利害調整等も必要になってきます。

　ここでは，高齢者を当事者とする婚姻費用分担請求事件及び離婚事件において，どのような対応が必要となったかについて説明します。

事例21　高齢者の離婚に関する諸問題（婚姻費用分担請求・裁判離婚）

1　事例の概要

　A女とB男は，いずれも80歳で，婚姻生活は55年超でした。A女とB男には，息子2人（長男C男と二男D男）がおり，それぞれ結婚して，近所で生活していました。A女とB男の生活する自宅の土地建物は，いずれもA女とB男の共有名義になっており，C男の自宅の土地建物はA女名義，D男の自宅の土地建物はB男名義でした。

　B男は，A女の実兄が経営する会社の取締役として長年稼働していましたが，別居開始の1年前に退職しました。B男の退職後から，A女は，B男との生活に嫌気がさし始め，長男C男夫婦の家を頻繁に訪問し，C男夫婦と一緒に生活したいと考えるようになりました。C男夫婦も，A女との同居に同意していました。

　他方で，A女とC男夫婦の接近を知り，二男D男夫婦は，B男に接近し，自分たちと一緒に生活しないかと持ちかけました。B男は，A女が自宅に戻ってこないことに寂しさを感じていたためか，D男夫婦を信頼するようになり，A女やC男夫婦には冷たくあたるようになりました。

　その後，A女B男夫婦とC男，D男の間で話合いも行われましたが，なかなか打開策は見つからず，A女は，B男と生活していた家を出て，C男夫婦の家で生活するようになりました。

　A女がC男夫婦と生活するようになってしばらく経つと，C男夫婦は，何かにつけて，「B男から生活費をもらえ」「離婚すれば慰謝料がもらえるのではないか」などと，A女がB男と離婚するように勧めてくるようになりました。実際，B男と同居していたときには何不自由なく暮らしていたA女は，C男夫婦と生活するようになってから，自由に使える金が少なくなり困っていたので，離婚を見据えながら，B男から当面の生活費をもらうことを考えるようになりました。

　最初，A女は，自らB男に手紙を書いて生活費の支払をお願いしたのですが，B男からは，離婚には応じるものの，生活費は支払わない，との回答がありました。A女は，このままでは埒があかないと考え，弁護士に相談することにしました。

247

第6章　高齢者の婚姻・離婚・養子縁組に関する事例

本相談のポイント

① 息子夫婦の思惑によって，離婚する気になっている可能性があるので，本人の離婚意思を確認すること。

② 婚姻費用請求の調停・審判の申立てを行うかどうか。金額の算定はどのように考えればよいか。

③ 離婚を進める場合に，財産分与の請求をするか。請求する前提として，夫婦共有財産の把握をどのように行うか。

④ 当事者が高齢であることを鑑みると，離婚にあたっての財産分与においては，その後の相続問題を見据えた上で，親族間（特に息子ら）の利害調整を考える必要があること。

---

2 受任に際しての注意点

(1) 離婚意思の確認

　A女は，C男夫婦と一緒に法律相談にやってきて，それまでの経緯についてはC男がほとんど説明し，「母は離婚したいと言っています。離婚の裁判をお願いします。」などと述べました。

　たしかに，話を聞く限り，A女とB男は既に別居しており，B男も離婚することについては争わないようでしたし，離婚することを前提として事件を進めることに問題はないように思われました。しかし，少々気になったのは，C男がA女に代わって事情を説明していた点です。離婚事件を受任して処理していくにあたっては，当事者であるA女の意思が一番重要であるにもかかわらず，なかなかA女の本音を聞き出すことができなかったのですが，C男が説明した点についても，A女に確認を求めるなどして，A女との直接の対話を増やすように心がけました。

　高齢者が離婚事件の当事者である場合，婚姻期間も長期間であることが予想され，婚姻が破綻した原因や離婚の意思について聴き取りを進めて時系列を把握するのには時間がかかります。とりとめのない話に終始することを防ぐためにも，当事者の手元にある客観的な資料を持参するように依

事例21　高齢者の離婚に関する諸問題（婚姻費用分担請求・裁判離婚）

頼し，客観的な資料と突き合わせて当事者の話を聞くようにしていました。

(2)　生活状況の確認

　A女は，B男からの生活費の支払を希望していましたので，B男に対して婚姻費用の分担を請求するためには，A女とB男の現在の生活状況（年金受給額，その他の収入等）を把握する必要がありました。

　また，A女に対して，婚姻費用分担請求は，離婚調停や訴訟に附帯するものではないので（人事訴訟法32条），離婚事件とは別に申立てを行う必要があることを十分に説明しました。婚姻費用分担額については，最終的には審判で家庭裁判所が決定するので，自ら希望する金額に満たない可能性があることについても説明しました。

(3)　夫婦共有財産の把握

　A女は，離婚する場合には，B男に対して，財産分与を請求したいという意向を持っていましたので，夫婦共有財産についても概要を把握するため，A女とB男名義の不動産（A女とB男の自宅土地建物は共有名義，C男夫婦自宅土地建物がA女名義，D男夫婦自宅土地建物がB男名義）の不動産登記簿謄本や預貯金通帳，生命保険証書などは，なるべく持参してもらいました。

　高齢者が当事者の離婚事件の場合，前述したとおり，婚姻期間が長期間であることが多く，夫婦共有財産についても把握することが困難であることが考えられます。事件の進行に応じて当事者が思い出す，ということもありますが，考えうる財産（不動産，預貯金，生命保険など）については，受任の際にこちらから伝えた上で，当事者に財産の有無を確認し，該当するものがある場合には，その資料を持参するように指示するとよいと思います。

3　裁判手続の準備（法的問題点の考察）

(1)　婚姻費用分担請求調停・審判

ア　生活保持義務

　婚姻費用分担義務は，生活保持義務，すなわち自分の生活を保持するのと同程度の生活を被扶養者にも保持させる義務であるといわれていますが，A女は，B男と生活していた家を出て，C男夫婦の家で面倒をみ

249

第6章　高齢者の婚姻・離婚・養子縁組に関する事例

てもらうことになったわけで，Ａ女自身も多少の年金は受給しており，それでもＢ男には生活保持義務は認められるのだろうかという疑問は生じました。

しかし，Ｂ男は，在職中，年収1,000万円を超える高収入を得ており，比較的高額の年金を受給していたことから，Ａ女にはＢ男と同居していた時と同じ水準の生活保持義務は認められるべきと考えられました。

イ　算定表

婚姻費用の分担が認められるとして，その金額については，一般的に，いわゆる「算定表」（判例タイムズ1111号285頁以下「簡易迅速な養育費等の算定を目指して―養育費・婚姻費用の算定方式と算定表の提案―」）の算定方式によって計算されることをＡ女に対して説明しました。本件の場合には，Ａ女・Ｂ男共に（後述するＢ男の退職金の問題を除けば）年金が収入であり，総収入及び基礎収入を算出するのは比較的容易でした。

また，最終的に離婚が成立した場合には，年金分割制度によって，Ａ女の年金受給額が増額になる見込みでしたので，事前に年金事務所に赴き，年金分割後の年金受給額（予想額）を確認しました。この金額は，婚姻費用の分担の際に一定の目安になると思います。実際に，婚姻費用分担の調停の際にも，調停委員から，Ｂ男に対して，年金分割後の年金受給予想額を支払うよう打診がなされていました。

ウ　退職金

本件では，Ｂ男が退職してから１年ほどしか経過しておらず，勤務していた会社（親族経営）の都合で，退職金を月額10万円の分割で支払われている状況でした。

Ａ女としては，この退職金についてもＢ男の毎月の収入であると話していましたので，これについても婚姻費用分担の際の基礎収入とすべきであると主張することとしました。

(2)　財産分与

ア　夫婦共有財産

Ａ女とＢ男の財産については，収集した資料等から，不動産，預貯金，生命保険については，ある程度把握することができました。

250

事例21　高齢者の離婚に関する諸問題（婚姻費用分担請求・裁判離婚）

　もっとも，婚姻期間が長いため，各財産の取得経緯を把握するのは多少困難を伴いました。A女，B男共に，婚姻期間中に，それぞれの実父母の相続によって財産を取得していたので，それらの財産については特有財産として，夫婦共有財産からは除外する必要がありました。A女からは，各財産の取得経緯について説明を受け，相続で取得した財産はB男には絶対渡したくない，と言われましたが，不動産については，登記に記載されている情報から把握することができるものの，預貯金については，取引明細等から特有財産であることが明らかでない限り（相続によって取得したことが立証できない限り），裁判所に特有財産として認定されることは難しいことを事前に説明しておきました。

イ　財産分与割合

　A女は，B男が長年勤務していたのが自分の実兄の会社であることや自分が預貯金や生命保険の管理を行って財産を蓄えてきたことなどから，自分は夫婦共有財産の大半の分与を受けるべきだというような感覚でいたようですが，財産分与の割合については，いわゆる「2分の1ルール」（夫婦の共同で形成された夫婦共有財産を2分の1の割合で分けるというルール）が原則であって，現在，裁判所においてはほぼ徹底されているということを説明しました。

4　実際の解決までの実務

(1)　婚姻費用分担請求

ア　調　停

　A女の依頼を受けて，まずは家庭裁判所に婚姻費用分担請求の調停を申し立てました。離婚についてはB男も応じると話していたようだったので，離婚までの間の婚姻費用分担の取決めができれば，離婚自体は双方の協議でまとめられるかもしれないと考え，婚姻費用分担請求の調停を離婚調停に先行して申し立てることにしました（実際には，離婚成立までには，調停・訴訟と相当の時間がかかったので，婚姻費用分担請求の調停を先行させておいてよかったと思います。）。

　調停委員からは，A女・B男双方の年金受給額を前提として（B男の

251

第6章　高齢者の婚姻・離婚・養子縁組に関する事例

退職金をB男の総収入に含めるかどうかには争いがあったため），算定表に基づく婚姻費用分担額の打診が行われました。また，前述したとおり，年金分割後のA女の受給予想額についても，B男の説得の際には調停委員が目安として挙げていたようでした。

しかし，B男は，A女がC男夫婦に生活の面倒をみてもらっているのだから，自分が生活費を支払う必要はない，と終始強硬だったため，調停は不成立に終わり，審判に移行しました。

イ　審　判

審判では，双方の年金受給額を総収入として，算定表（算定方式）に当てはめた形で婚姻費用分担額が計算されました。年金の受給明細に記載のあるとおり，2か月ごとの介護保険料，所得税，住民税，後期高齢者医療保険料については総収入から控除され，A女・B男とも特別経費として総収入の16パーセントにあたる金額が控除されていました。

B男の退職金については，離婚の協議も同時に進行している状況であったことやA女が経済的に困窮しているなどの事情が認められないことなどから，離婚に伴う財産分与において別途考慮していくべきであるとして，B男の総収入には加算されませんでした。

(2)　**離婚調停・訴訟**

ア　調　停

婚姻費用分担の審判が出て，B男からの毎月の婚姻費用の支払が始まりましたが離婚協議は特に進まなかったので，離婚調停を申し立てることとなりました。A女は，離婚にあたっては，B男と築いてきた財産の分与を受けたいと希望していましたので，財産分与については附帯して請求することにしました。

A女は，B男からの財産分与額を老人ホームの入居費用に充てたいと考えていたようです。他方，A女は，その時点で，全財産をC男に譲るという内容の公正証書遺言を作成していましたので，C男も，A女がB男から受ける財産分与額を少しでも多くしようと必死の様子に見受けられました。

当初から，離婚そのものについてはB男も同意していたので，問題に

252

なったのはもっぱら財産分与，夫婦共有財産の範囲でした。A女からは，任意に預貯金の通帳や生命保険証書などの開示を行いましたが，B男は，A女は自宅を出て行くときにもっと現金を持っていたはずだ，A女が管理していた現金（預貯金）の開示がない，と言い張り，話合いでの解決には応じませんでした。

イ　訴　訟

① 調査嘱託

　そこで，A女は，B男に対して，離婚訴訟を提起したところ，B男からは，訴訟提起後，A女とB男の自宅のある地域に支店を持つほぼ全ての金融機関に対する調査嘱託（A女又はB男名義の預貯金の有無，ある場合にはその金額を調査するもの）が申し立てられ，A女の代理人としては，必要性なしと意見を述べましたが，裁判所は全ての嘱託を行いました。

② 夫婦共有財産の範囲

　B男は，A女が管理していた現金1,000万円あまりを自宅を出て行くときに持って出て，いまだ隠し持っているとして，この金額も夫婦共有財産に含めるように主張していました。

　しかし，A女としては，手元にある預貯金等については全て開示していましたし，B男の主張を裏付ける客観的資料はありませんでした。

　裁判所からは，それぞれの主張する夫婦共有財産を証拠と共にリストアップして，原告・被告の主張の違いが分かるような表を作成してほしいとの指示がありましたので，B男の代理人とエクセルデータの交換を行い，夫婦共有財産についての表を作成しました。この表は，裁判所にも提出しました。

　A女・B男が所有する不動産についても，上記の表に記載しましたが，それぞれが少なくとも主観的には同価値の不動産を所有しているということで，その価値についてはあまり問題になりませんでした。今から考えると，不動産の価値については，この時点で正確に客観的に把握しておいた方が，後に予想されるA女・B男の相続の際にも遺産分割手続がスムーズに進んだのかもしれません。

第6章　高齢者の婚姻・離婚・養子縁組に関する事例

③　本人質問

　前述した夫婦共有財産表の提出により夫婦共有財産の範囲は相当程度明らかになったので，裁判所からは，和解を強く勧められました。しかし，B男は，やはりA女が隠している現金があるはずだと主張し，和解には応じませんでした。

　そこで，最終的には，原告（A女）・被告（B男）の本人質問を行うことになりました。A女，B男とも，高齢で耳が聞こえづらいということで，聴覚補助者として，それぞれの代理人の事務所の事務員が本人の横に控えていて，聞こえづらかった点を大きな声で復唱する，という形（外国人当事者の場合の法廷通訳のようなイメージ）をとりました。具体的には，原告（A女）の本人質問の際には，原告代理人がまずA女に対する質問をし，その内容を聴覚補助者（原告代理人の事務所の事務員）がA女の耳元で再度伝え，A女が質問への返答を行う，という流れでした（調書に記載されたのは，代理人の質問とA女の返答のみでした。）。反対質問は，聴覚補助者（事務員）との事前の打合せがないので，原告・被告ともやりとりに苦慮しました。

　なお，当初，C男，D男が，それぞれA女とB男の聴覚補助者に名乗りを挙げたのですが，裁判所からは，中立性が保てないという理由で，双方の代理人の事務所事務員を補助者とするよう指示がありました（C男，D男は，本人質問当日は傍聴に来ていましたが，傍聴席からA女とB男の返答に合いの手を入れたり反論したりするため，裁判長から注意を受けていました。）。

④　判　決

　判決には，前述した夫婦共有財産表が「財産分与整理表」として添付され，A女・B男それぞれが挙げた財産を認定するものでした。B男の，A女が隠し財産を持っているという主張が認められなかったことを除けば，ほぼ前述の夫婦共有財産表（財産分与整理表）のとおりに夫婦共有財産の範囲が認定され，その2分の1（A女が既に有している分については控除。）について，B男がA女に財産分与することが命じられました。

254

事例21　高齢者の離婚に関する諸問題（婚姻費用分担請求・裁判離婚）

　なお，不動産については，前述したとおり，主観的には同価値の不動産を所有しているということで，判決でも，特に換価することなく，A女・B男がそのまま所有し続けるということになりました。

5　判決後の経過

　離婚の判決が確定した後，判決で命じられた金銭（財産分与）はB男からA女に支払われました。

　しかし，その後，A女とC男夫婦の関係は悪化し，A女は，老人ホームに入所することになりました。A女がB男から支払われた金銭をC男夫婦に渡さなかったからかもしれません。

　そして，それからしばらくして，B男が亡くなり，C男とD男は，A女とB男の離婚の際に夫婦共有財産としてリストアップされた財産をめぐって，相続の争いを続けました。B男の所有していた不動産についても当然相続財産ですので，D男夫婦の自宅不動産（B男名義）をどうするかについても，問題になりました。A女は，B男と離婚したことにより法定相続人ではなくなったため，相続争いを傍観していますが，自分の相続が発生するとまた同じような問題が起きるのだろうと不安に思っているようです。

6　おわりに

　これからますます高齢化と価値観の多様化が進めば，高齢者同士の夫婦が離婚するケースは増加することが考えられます。高齢者が当事者となる他の事案とも同様だと思いますが，高齢者から事案の詳細を聴き取るのは困難であることが多く，その中でも離婚をはじめとする身分行為については当事者の意思を十分に確認することが必要ですので，代理人としての活動には多大な労力を伴います。当事者には，婚姻生活における不満の全てを話したいという欲求があると思いますが，資料と突き合わせて当事者の話を聞くなど，代理人としては当事者の話を整理しながらの事情聴取が重要になってくると思います。

【プライバシー保護のため事例の内容は変えております。】

255

第6章　高齢者の婚姻・離婚・養子縁組に関する事例

事例22　養子縁組の効力をめぐる争い

認知症の診断を受けていた85歳の女性が娘婿と養子縁組した上で養子となった娘婿に自宅不動産を贈与したケースで，女性の死後に女性の長男が養子縁組の無効を主張して提訴した事例

●概要図

はじめに

　高齢者をめぐる親族間トラブルが急増していますが，判断能力が低下した高齢者に遺言を書かせたり，養子縁組をして相続人となり，その結果遺産分割上有利になるように画策するという事例があります。そこで，高齢者と娘婿との養子縁組の効力を訴訟で争った事例をご紹介します。

1　本件事例の概要

(1)　依頼の経緯

　以前，債務整理を受任して解決したことのあるA男から，親族との関係で揉めているとの相談を受けました。当初は，高齢の母親の所在が分からなくなってしまって困っているとの相談でした。その後，母親はA男の妹（B子）が決めた老人ホームに入居していることが分かりましたが，妹夫

婦がホームの職員に，Ａ男が母親に会いに行っても会わせないように指示
しているために会わせてもらうことができず，Ａ男は調停を申し立てて面
会を実現しましたが，間もなく母親が死亡しました。

(2)　相談の内容

　母親の死亡後に戸籍を調べると，母親がＢ子の夫であるＣ男と養子縁組
をしていることが分かりました。さらに，養子縁組を届け出た直後に，母
親が父親から相続した自宅の土地建物について，Ｃ男に対して贈与した旨
の登記がされていました。しかも，母親の預金は，Ｃ男との養子縁組を届
ける直前に1,000万円近い金額が引き出されて残高がほとんどなくなって
いることも分かりました。

　母親と離れて東京で暮らしていたＡ男は，Ｂ子とＣ男夫婦が，実家の住
所で会社を設立して，実家の建物を利用して自営業を営んでいることは
知っていましたが，母親とＣ男が養子縁組したことや実家の土地建物の名
義がＣ男に変えられていたこと等については全く知らされていませんでし
た。

　Ａ男は，母親の死亡後にＢ子と遺産分割の話合いをしようと思って戸籍
や登記簿・預金の取引履歴を調べて上記の事実を知って驚愕しました。と
いうのは，Ａ男は，母親とＣ男の養子縁組が届け出られた年の前年に，帰
省した際に母親の様子がおかしいと思って医者に連れていき，認知症の診
断を受けていたからです。さらに，その後調査したところ，養子縁組をす
る少し前に，母親からＣ男に対して，全財産を遺贈する旨の公正証書遺言
が作成されていたことも分かりました。

　前述のように，母親が死亡する前の年には，母親と同居していたＢ子と
Ｃ男は，Ａ男に無断で母親を老人ホームに入居させ，Ａ男にそのホームの
名前や場所を隠して母親とＡ男が接触しないように母親を囲い込んでしま
いました。母親がホームからＡ男に電話をかけてきて「家に帰りたい。」
と訴えてきたために母親の居場所が分かり，慌てて訪ねていくと，ホーム
の職員が，母親とＡ男を会わせないようにと指示しているとのことでろく
ろく話もできずに帰ることになりました。

　そこで，Ａ男は，家庭裁判所に母親との面会を認めさせるために親族関

第6章　高齢者の婚姻・離婚・養子縁組に関する事例

係調整の調停を申し立て，一定の条件の下で母親と会うことができるようになりました。ところが，Ａ男が母親と１回面会を果たした直後，母親は死亡してしまいました。その後，戸籍等を調べて，冒頭のように母親の生前にＢ子とＣ男が色々と画策していたことが判明したものです。Ａ男は，自分が実家を離れて東京で暮らしていて母親に対する注意が及ばなかったことをいいことに，母親の財産を好き勝手にして，養子縁組までしてしまったＢ子・Ｃ男夫婦に対して怒り心頭で，法的手続をとることができないかを弁護士に相談してきました。

⑶　受任に至る経緯

　Ａ男としては，Ｂ子とＣ男が母親と実家で同居するようになった以降は，Ａ男が実家に帰省するのを嫌がり，Ａ男を遠ざけるようになり，挙句の果てには施設に母親を入居させて完全に囲い込んでしまってＡ男を排除していたので，養子縁組も自宅の贈与も，母親の本心から行ったことなのかどうかについて大きな疑問を抱いていました。そのため，財産を獲得することよりも，母親の真意ではない養子縁組や贈与が無効であることを確認して正常な状態に戻したいという気持ちが強いということでした。

　Ａ男がとりうる法的な手続としては，①養子縁組無効確認，②不動産贈与無効確認，③公正証書遺言無効確認，といった方法が考えられます。③については，母親が死亡する前に自宅不動産はＣ男に贈与されてしまっていたために自宅不動産は母親の遺産には含まれず，遺言の無効を確認しても本件の根本的な解決にはなりませんので，①又は②のいずれかの法的手続を行うことを検討しました。その上で，Ａ男の目的が，財産を獲得することよりも母親の真意ではない養子縁組を解消したいということに重点があったために，最終的にＣ男に対して①の養子縁組無効確認訴訟を提起することとしました。その上で，養子縁組が判決によって取り消された場合には，贈与契約についても無効を確認し，遺産分割をやり直すことも視野に入れています。

本相談のポイント

①　無効確認の対象の選択。

事例22　養子縁組の効力をめぐる争い

② 　母親の判断能力に関する資料の入手可能性。

③ 　証人の確保。

2 受任するに際して注意したポイント

(1) 証拠収集の困難さ

本件では，養子縁組の一方当事者である母親が死亡し，他方の当事者が
訴訟の相手方になるため，基本的には直接的な証拠が何もありません。さ
らに，B子とC男が母親を囲い込んでしまってA男が母親と接する機会も
ほとんどありませんでした。したがって，訴訟を追行するにあたっては，
当時の母親の判断能力に関する資料を収集する必要があり，A男が積極的
に活動する必要があることをあらかじめ説明し，了解を得ました。

A男は，養子縁組を届けた年の前年に母親を病院に連れて行って診察を
受けさせて認知症の診断を受けていますので，その診断書を入手する必要
があります。また，母親は介護保険の適用を受けており，その申請書類に
も認知症の診断がされていましたので，情報公開で書類を取り寄せました。

さらに，母親の状況を実際に見ていた近所の方の証言が必要ですので，
実家の隣に住んでいるA男の幼馴染で看護師の資格を持っているD子さん
に訴訟で証人として証言してもらうように頼みました。

(2) 電話会議の活用による費用の節約

養子縁組無効確認訴訟のような人事訴訟の管轄は，人事訴訟法4条に規
定があり，「当該訴えに係る身分関係の当事者が普通裁判籍を有する地又
はその死亡の時にこれを有した地を管轄する家庭裁判所の管轄に専属」し
ます。本件では，養子縁組の当事者であるC男の住所及び母親の死亡時の
住所ともに実家でしたので，その住所を管轄する家庭裁判所に提訴する必
要があります。もっとも，弁論準備手続は電話会議で期日に出席すること
ができますので（民事訴訟法170条3項，176条3項），弁護士が地方の裁判
所に出頭する際にかかる交通費・日当を相当軽減することができます。

259

第6章　高齢者の婚姻・離婚・養子縁組に関する事例

3 法的問題の考察

　民法802条1号は,「人違いその他の事由によって当事者間に縁組をする意思がないとき」は縁組は無効であると規定しています。縁組意思について判例は,社会通念上,真に養親子関係の設定を欲する効果意思(最判昭23・12・23民集2巻14号493頁)であるとする実質的意思説をとっています。

　本件の争点は,母親に縁組意思があったかどうかであり,養子縁組の成立に必要な判断能力の程度です。認知症の高齢者の養子縁組の効力に関する判例には,以下のものがあります。

⑴　**養子縁組を無効としたもの**

①　東京高裁平成21年8月6日判決(判タ1311号241頁)

　アルツハイマー型老年性痴呆の診断を受けた女性が亡父の甥の子を養子とした養子縁組について,ほぼ同時期に自己の姪を祖先の祭祀を主宰すべき者と指定する公正証書遺言を作成した事例で,いずれか一方のみが女性の真意であるとはいえない状況にあったとして,女性の縁組意思に基づいて行われた養子縁組とはいえず縁組意思を欠いて無効であると判断したもの

②　名古屋高裁平成22年4月15判決(裁判所ウェブサイト,LLI/DB L06520215)

　養子縁組における縁組意思は,社会通念に照らして真に養親子関係を生じさせようとする意思によるものであることが必要であり単に何らかの方便として養子縁組の形式を利用したに過ぎない場合は縁組意思を欠くものとして無効であるとし,特定の親族への相続を阻止するための方便として養子縁組の形式を利用したにすぎないと認められた養子縁組を無効としたもの

③　名古屋家裁平成22年9月3日判決(判タ1339号188頁)

　養親となった女性の当時の言動や心身状態から,養子縁組意思があったとは認められず,縁組届に自署押印しておらず女性の夫が代筆したことから縁組を追認した事実も認められないとして養子縁組を無効としたもの

260

事例22 養子縁組の効力をめぐる争い

(2) 養子縁組を有効としたもの

① 広島高裁平成25年5月9日判決（判タ1410号125頁）

認知症の高齢者が二男の妻及び子供らと養子縁組した事案で，長男が，縁組の当時判断能力を欠いていて縁組意思がなかった，長男の遺留分を減少させることを目的として縁組したものであると主張したが，諸々の事情を考慮して，縁組意思がなかったと認めることは困難であるとして養子縁組を有効としたもの

② 東京高裁平成25年9月18日判決（判タ1421号140頁）

認知症の診断を受けていた高齢者が夫の連れ子夫婦と養子縁組した事案で，画像診断が行われていなかったことから確定的な診断結果ではない等の理由で養子縁組の意義を理解できないほどに精神機能が障害されていた医学的根拠はないとし，養子縁組の動機があったこと，縁組の届出書の筆跡が本人のものと酷似していることといった事情を考慮して縁組意思を認め養子縁組を有効としたもの

①と②は，いずれも第一審では養子縁組は無効とされたものを覆して控訴審で縁組を有効としています。

4 本事例の解決

(1) 養子縁組届書の入手

まずは，母親とC男との養子縁組届書の記載を確認する必要がありますので，その写しを入手することになります。養子縁組届は本籍地の市町村を管轄する法務局へ送付され27年間保管されますので（戸籍法施行規則49条2項），その写し（養子縁組届記載事項証明書）は利害関係人が特別の事由がある場合に限り法務局に申請して取り寄せることができます（戸籍法48条2項）。本件では，A男が取り寄せました。

(2) 母親の判断能力に関する資料の収集

① まず，養子縁組届書を取り寄せて，記載内容を確認しました。届書の「養親になる人」の欄の氏名，住所及び本籍の記載の字について，A男は，母親の自筆であることは間違いないだろうと確認しました。しかしながら，母親が当時，養子縁組届であることを理解した上で記入したか

261

第6章　高齢者の婚姻・離婚・養子縁組に関する事例

どうかについては大いに疑問があるとのことです。また，証人の欄に記入・押印している2人はどちらもC男の仕事仲間でしたので，証人に当時の状況を問い合わせることはできませんでした。

② 次に，母親が縁組の前後に診察を受けていた医療機関から，当時のカルテや診断書を取り寄せました（母親が死亡しているため，相続人であるA男が各医療機関に診療情報開示請求を行うことにより，開示決定通知を受けて必要な資料を受領することができました。）。

　具体的には，A男が母親に付き添って通院した病院と，母親の実家の近くで母親が通っていたと思われる医院の両方について，診断書・診療録（カルテ）のコピーをもらいました。母親は高血圧の持病があり「閉塞性動脈硬化症」の診断を受けて，実家の近所の医院に通っていましたが，カルテの中には"認知症があり，入院はデメリットの方が多い"と記載されていました。その主治医から紹介されて受診した病院の脳神経外科では，いくつかの病名の中に「認知症」「アルツハイマー病」が明記され，"高齢認知症患者さんであることなども考慮し，投薬のみでフォローする方針となった"旨の記載もありました。また，A男が母親の状態を見て心配して東京の病院を受診した際の診断書にも，「アルツハイマー型認知症」の病名がつけられ，「ドネペジル塩酸塩（アリセプト）」の内服を行っている旨が記載されています。さらに，母親が転倒して腕を骨折・脱臼して救急車で運び込まれた病院でも，認知症であることがカルテに記載されていました。以上より，母親は養子縁組の当時に受診したあらゆる医療機関でも認知症の診断を受けていたことが判明しました。

③ さらに，母親は生前に介護保険の申請を行っていましたので，介護認定情報を取り寄せました。

　その認定情報によると，母親は，養子縁組届出の直前の調査において，「意思疎通」に関して，「意思の伝達」は「ときどきできる」，「短期記憶」は「できない」，「今の季節を理解」は「できない」と記載され，「問題行動」に関しては，「ひどい物忘れ」が「ある」，「暴言暴動」が「ある」とされていました。母親が入居していた老人ホームでは，会話

262

はできるがすぐ忘れるため伝言は困難，その場の話は調子よく合わせているが話の内容がちぐはぐになる，言っていることは頓珍漢なことが多い等々，認知症に特有な言動についての詳細が記載されていました。また，添付の「主治医意見書」においては，養子縁組の3年前くらいから「高血圧症アルツハイマー病」と診断されていたこと，会話は一見正常だが短期記憶に問題が多いことが記載されていました。

なお，母親の「長谷川式簡易知能評価スケール」によると，30点満点の20点で，「痴呆」との評価でした（長谷川式では，20点以下が痴呆で，21点以上が非痴呆です。）。

(3) その他の資料

① 不動産の贈与

母親は，養子縁組の届出をした数日後に，C男に対して，自宅の土地建物を贈与していましたので，その不動産全部事項証明書も書証として提出しました。いくらB子の夫であるといっても，縁組した直後に唯一の資産ともいえる自宅不動産を贈与するのは不自然であり，この事実からも，母親が自ら物事を合理的に判断する能力を喪失しており，B子・C男夫婦の言いなりに書類に署名していたことを強く推認させる根拠として主張しました。

② 預貯金の引き出し

母親の預貯金は，先に死亡した父親から相続により引き継いだものも含めて約1,000万円程度ありましたが，これが養子縁組の前後にほぼ全額引き出されていました。この払戻しに関する資料である定額郵便貯金証書，郵便貯金払戻し請求書のコピーを全て取り寄せて検討したところ，一部は明らかに母親の筆跡ではない署名で，B子・C男のものと思われました。

当時，母親がそのような大金を使う必要はありませんでしたので，自分の意思で預貯金を下ろすことは考えられません。他方，C男には定職がなく，母親の自宅で会社を設立して事業を立ち上げていましたので，母親の預貯金を勝手に引き出して自分たちの事業資金・生活費に充てていた可能性が高いと思われました。また，そのうちの一部は母親が入居

第6章　高齢者の婚姻・離婚・養子縁組に関する事例

した老人ホームに支払った保証金に充てられたと考えられますが，母親
は老人ホームからA男に帰りたいという電話をしてきたことからも，母
親の意思で保証金の支払のために預貯金を下ろしたはずはありません。

　以上から，B子とC男が勝手に預貯金を下ろしたとの推測が働き，そ
のようなことが行われたということは，母親が自分の財産を適正に管理
したり物事を判断する能力が著しく低下していたことが推認されます。
③　調停の調書

　A男は，養子縁組の当時，母親の所在が分からなくなってしまい，ま
た，老人ホームに入居していることが判明した後も母親との面会を禁じ
られてしまったため，面会を求めるために親族関係調整調停を申し立て，
一定の条件の下に面会を認める調停が成立しました。B子とC男が母親
を囲い込んでいたこと，養子縁組等をA男に知られないように画策して
いたという事情を示す資料として調停調書も書証として提出しました。
④　C男の不祥事に関する資料

　母親のこととは直接の関係はありませんが，C男が始めた事業におい
て，C男が虚偽の申請を行ったことで行政処分を受けたことが新聞報道
されていましたので，C男が遵法精神の低い人物であることを示す資料
として新聞記事も書証として提出しました。
⑤　A男及び証人になってもらうD子の陳述書も書証として提出しました。

(4)　**相手方（C男）からの証拠**

　C男からは，養子縁組届の証人になった2人と自宅不動産の贈与の登記
を行った司法書士の陳述書，A男の負債に関する資料，陳述書等が書証と
して提出されました。司法書士の陳述書には，母親にC男への贈与の理由
を説明したら理解していた，「（C男という）息子が増えてよかったね」と
言ったら母親が「はい，よかったです」と答えたと書かれていました。

(5)　**尋　問**

①　A男側の証人

　母親の生前の生活状況については，A男は離れて生活していたために
詳細を把握していませんでした。特に，縁組の直前から死亡までは，A
男に隠して老人ホームへ入居させ，老人ホームでの面会も禁止・制限さ

264

事例22　養子縁組の効力をめぐる争い

れていました。そこで、A男は、母親が入居していたホームに連絡を
取って母親の当時の状況を教えてもらえないかと頼んでみましたが、ト
ラブルに関与することを嫌がったホームは全く協力してくれませんでし
た。

　そこで、A男は、実家の隣家に住んでいて看護師の資格を有するD子
に連絡を取って母親の状況を訊いてみました。すると、B子らが母親を
あまり外出させず、老人ホームに入居させてしまったために、D子も母
親と接触する機会は減ってしまい、詳細を把握してはいなかったとのこ
とでした。ただ、母親が老人ホームに入居した後に、一度だけ自宅に
戻ってきたことがあり、たまたま自宅にいたD子が気づいて母親をD子
さんの自宅に招き1時間くらいお茶を飲みながら話をしたことがあった
ので、そのときの状況を証言してもらうことにしました。その証言によ
ると、母親は明らかに認知症で判断能力は低下しており、幼い頃からの
知り合いであるD子のこともよく分かっていないようであったとのこと
でした。D子は看護師の資格も持っていて認知症の患者さんとも接する
機会が多いとのことなので、その証言には説得力があるように思われま
した。また、母親がC男を養子にしていたことについては、D子は全く
聞いておらず、その他の近隣の住民も知らなかったとのことでした。

　ところが、反対尋問において、C男は、母親の自宅の贈与を受けた後
に、隣家であるD子一家に対して、境界に関する訴訟を提起し、D子に
不利な結論が出ていたことは判明しました。そのため、判決ではD子の
証言の信用性は低いものと認定されてしまいました。

②　A男本人尋問

　次に、A男の本人尋問が行われ、母親が認知症の診断を受けたことや
母親と接した際の状況、B子とC男から母親とA男を接触させないよう
に画策されたことなどの状況を証言しました。

　すると、反対尋問において、A男が一時失業していたときに借金が増
えて債務整理した事実が明らかになり、A男が母親の財産を取得しよう
と画策していたかのような事情が出てきてしまいました。

265

第6章　高齢者の婚姻・離婚・養子縁組に関する事例

③　C男本人尋問

　　C男の尋問においては，前述のA男の負債の一部についてB子が連帯保証したこと，そのため母親の自宅を将来A男とB子が相続するとA男の借金の返済のために自宅を失ってしまう可能性があること，これを回避するためにB子の夫であるC男に不動産を贈与し，さらに贈与税がかからないようにするために司法書士に相談した上でC男を母親の養子にしたのだという事情が説明されました。

　　反対尋問では，養子縁組という重大な身分上の行為については，身近な親族であるA男に相談しなかった上，C男自らの親族にも何も相談していないのは不自然ではないか，母親の預貯金を下ろしたのはなぜかという点も追求しましたが，いずれも間接的な事情にとどまりました。

　　なお，B子は体調不良ということで尋問は受けていません。

(6)　**判決の結果**

　　母親が認知症であったことは明らかですし，B子とC男が母親の財産を好き勝手に使ったり名義を移したりしている事実も判明したので，養子縁組が無効とされる可能性が高いのではないかと期待していたのですが，判決はA男の敗訴でした。

　　判決では，「養子縁組をなすについて求められる意思能力ないし精神機能の程度は，格別高度な内容である必要はなく，親子という親族関係を人為的に設定することの意義を常識的に理解しうる程度であれば足りる」とされ，母親の認知症は，診断当初は軽度のものであったところ，その後養子縁組までの間どの程度進行したかに関する情報が少なく，縁組の直前の主治医の意見では同時期の介護認定のための調査結果よりも軽度の評価に留まっていることや，自宅不動産の贈与に関わった司法書士が不動産の名義変更に関して母親がよく理解していたと述べていること，縁組届の記載から特段不自然な点はうかがわれないことから，母親には養子縁組をなす意思能力がなかったとまでは認めることができないとされました。また，養子縁組届は真正に成立したものと認められ，縁組の届出意思を有していたと推定される，母親には縁組の動機が認められ経緯も首肯できる，贈与手続に関わった司法書士の供述に鑑みると母親に縁組意思がなかったとま

266

では認めることができないとの結論になりました。さらに，預貯金の引き出しについては経緯及び使途が不明なものもあるが母親の意思に基づかないことが明らかであるとは言えないとし，B子及びC男は母親と同居した期間もあり母親の面倒を見て最期をみとっていることから，縁組や贈与が母親の不動産を侵奪する目的で行ったものと推認することはできないとしました。

なお，D子については，養子縁組及び不動産の贈与の効力の有無に関して利害関係を有しているので，その供述は純粋な第三者の供述とは言いがたいとされてしまいました。

(7) **控　訴**

判決の結論に納得がいかないA男は高等裁判所に控訴しましたが，結論は変わりませんでした。控訴審判決で理由に付け加えられた点は，(i)成年被後見人であっても後見人の同意なく単独で縁組できること（民法799条，738条），(ii)A男は母親のことを気にして将来的に引き取って同居することを考えていたと主張するけれども，そのようなA男の気持ちが母親に伝わっていたとは認められず，母親は一定期間同居し老人ホームに入居後も交流のあるB子及びC男に面倒をみてもらうことを期待していたことを理由に追加し，養子縁組について親族に相談していないことは特に不自然ではないとされました。

5 終わりに

残念ながら判決では養子縁組が無効であるとの主張は認められずに終わりました。

その後，友人との雑談等で養子縁組無効訴訟について再考してみて，本件のように本人が養子縁組届に署名していることが明らかなケースで，同居の親族との養子縁組を無効と断じることは，その後の親族関係に重大な影響を及ぼすことを考慮すると難しい傾向にあるのかもしれないと思いました。むしろ，自宅不動産の贈与の方が，純粋に財産の処分についての判断能力を検討するという点で勝訴の可能性が高かったのかもしれません。しかしながら，提訴の段階で色々と検討した結果，贈与だけを無効として

第6章　高齢者の婚姻・離婚・養子縁組に関する事例

もC男が養子である限り遺産分割をやり直さなければならないので，いずれは養子縁組の無効を確認しなければならないことから縁組無効確認訴訟を選択した以上，やむを得なかった結論であると考えるしかありません。

【プライバシー保護のため事例の内容は変えております。】

第7章
その他の高齢者に関する事例

第7章　その他の高齢者に関する事例

事例23　高齢者の個人再生申立事件

高齢者の個人再生申立事件において注意するべき事項

●概要図

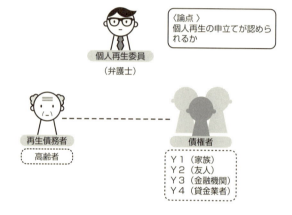

はじめに

　私は，個人再生手続に関する法制度が採用された当時から今日まで，裁判所より継続して個人再生委員に任命されてきました。年に10件程度，任命され続けた時もありましたが，近年，破産事件あるいは個人再生申立事件は減少しております。しかしながら，高齢者に関する個人再生申立事件は，経験上増加していると判断せざるを得ません。

　高齢者の個人再生申立事件には，不思議なことに同じような論点が含まれているのですが，これが面倒なのです。申立てをされる代理人は，高齢者特有の諸事情についてあまり配慮をされておらず，ゆえに，私が扱う事件でも取下げないし廃止の事例が目立ってきました。

　したがって，一つの事例の紹介という形をとらず，種々の事件を紹介しつつ論点を拾っていく方が，高齢者の個人再生申立事件の難しさを認識していただけるはずです。

事例23　高齢者の個人再生申立事件

1　事例の概要

(1)　高齢者の老後における人生設計

　高齢者の個人再生申立事件（以下「個人再生事件」あるいは「個人再生手続」等，言い換える場合もある。）に関与される方に申し上げたいのは，高齢者の老後の人生設計はやり直しがきかないということです。

　現在の社会状況は，高齢者にとって厳しいものがあります。高齢者の個人再生による生活設計のやり直しは多種多様ですが，意外と問題点は重なるのです。

　しかし，老後の生活設計が厳しいにも関わらず，なぜ破産の申立てを選択しないで，減額されるとはいえ，原則３年にも及ぶ分割返済（個人再生）を選択されるのでしょうか？

(2)　高齢者が個人再生申立手続を選択される理由

　若い方と違い，高齢者の個人再生申立事件には住宅資金特別条項が必ずと言っていいほど利用されます。高齢者は，自宅だけは手放したくないとお考えの方が多いのです。子供たちは何とか就職させて手が離れたが，自らの老後の人生には破綻が忍び寄っていたという普通考えられるような事例もあります。この場合，ご夫婦の老後生活の保全，つまり安住の地である自宅の確保が重要な課題になります。

　自宅以外にも，守るべきものが何かあると考えられます。

　花屋さん，弁当屋さん等個人で事業をされていた方や，保険関係の仕事をされていた女性の事件もありました。これらの方は小さいとはいえ事業・仕事の継続を希望されているのです。

　事業を継続するには相当に難しい論点が出てまいります。当該事業に必要な設備や日々回転していく買掛金等，債務者代理人の方は，事前の整理が必要です。ついでに述べておきますが，事業に必要な保証金が出てきたこともありました。通常，保証金は，かなり高額のものが多いのです。ですから，清算価値を考えると大変高額な弁済額の再生計画になってしまいます。しかし，事業継続を考えると破産は避けたいのです。

271

第7章　その他の高齢者に関する事例

(3)　生活破綻の原因は様々

　生活破綻の原因は，本当に多様です。

　60歳前後の申立ては，意外と多いのです。60歳前後といいますと，会社での位置づけや勤務形態が変わる時期です。課長職を格下げとなって退職金が大幅に減額されたため個人再生手続を選択された事例もありました。

　再雇用の方の事例で，なぜ再生なのかと疑問に思った事例もあります。この方は，若い時から割合自由にお金を使われていましたが，ぜいたくというほどの生活ではありませんでした。しかし，かなり若いときからサラ金に手を出されていたため，再雇用を契機に老後の生活設計の見直しが必要になりました。

　65歳になって申し立てられた方は，長年，有名な商社に勤務されてきましたが，60歳になられたことを契機に顧問業務に変わり，社員でなくなりました。顧問ではやっとの生活ですから，他社からも顧問業務を受注しようと活動されました。そのため，支出が増加してサラ金に手を出され，増大した負債の返済に窮され，個人再生手続を選択されました。

(4)　詐欺による生活崩壊

　高齢者には，意外と競馬あるいは競艇で生活が破綻したという方もいらっしゃいます。競馬をめぐる詐欺により生活が破綻した事例も経験しております。これは高額詐欺となった珍しい事例です。この方は，若い時から競馬にはまっておられました。退職後の生活を心配し，慣れ親しんだ競馬により収入の増大を模索されていて詐欺に遭いました。

　この詐欺事例を要旨のみ紹介します。本件では，日本中央競馬会（いわゆるJRA）の公的名前を使っております。何人もの人間を登場させ手が込んでいました。その内容は，儲かっていない馬主を保護するためJRAがデイレクションレースという監督レースを設けており，5着までの順位が決まっているが，しかしこの馬券を買うためにはデイレクション会員にならなければならないというものです。その会員になるためには高額の金銭が必要だというところが急所でした。騙しのテクニックは実に複雑です。

272

事例23　高齢者の個人再生申立事件

個人再生手続を考える上でのポイント

① 財産調査─特に清算価値算出シートに注意すること（不動産，自動車，預金，生命保険等の調査）

② 債権者の調査─親族・友人からの借入れ，返済経緯に注意すること（偏頗弁済をしていないか）

③ 継続して返済できるかどうか─５年間の分割返済は特に注意すること

④ 公共料金等の支払が不明の場合に注意すること

2　受任に際しての注意点

(1)　事前の事情聴取は特に重要

　高齢者の個人再生申立事件に余裕はありません。最終的な生き残り方法の選択であると肝に銘じ，事前に，十分聴取してください。

　ちょっと迂遠なたとえですが，私の経験によりますと「債権者に申し訳ないので，できるだけ高額の配当になるよう個人再生を選択しました」という方は高齢者にはおられませんでした。若い方には意外とあるのです。

　債務者代理人の方でも，あまり関心をお持ちでないと感じることがありますが，そもそも民事再生法に定める再生債務者の公平誠実義務（民事再生法38条２項）の解釈について，再生債務者に弁済余力があるか否かを検討し，履行可能な範囲内において上乗せをした弁済率を再生計画案に定めるべきであるという解説書（東京地裁個人再生実務研究会『個人再生の手引』（判例タイムズ社，2011）10頁）まであります。

　理想論や法律解釈から離れた問題提起をしているわけではありません。

(2)　保全するべき財産（個人再生手続を考える上でのポイント①）

　高齢者は，これまで長い人生を過ごされ，検討するべき財産も若い人より多く蓄えられている可能性があります。典型的には自宅ですが，その他生命保険や自動車もあります。売却困難な別荘もありました。

　自動車では，次の２件が記憶に残ります。妻の介護に車が必要だという

273

第7章 その他の高齢者に関する事例

案件と，個人事業者の商売継続に必要だという案件でした。

生命保険金の解約時期に関する聞き取りも必要です。私が申立代理人となった事例で，申立後，清算価値が多額になる生命保険が発覚した事例も経験しました。高齢で病気がちのため，将来病気になることを予想されて話せなかったとのことでした。しかし財産を隠すことは清算価値保障原則に示される債権者一般の利益に反します（民事再生法231条1項，174条2項4号）。このような場合，債務者代理人の債権者に対する公平誠実義務との関係で，どのように処理するのか難しい論点となる場合もあります。

どの解説書も悩んでいますが，安直に代理人辞任という選択はやはり取りづらいですね。

⑶　**債権者の調査**（個人再生手続を考える上でのポイント②）

保全したい財産も種々ですが，援助する人つまり金を貸してくれる人も，長い人生の中で必ず生まれるものです。例えば，昔お世話をしてあげたという場合もあります。

本当に多いので強調しますが，高齢者の方は，親類縁者，友人からの借り入れが必ずあると思っていないといけません。実は，深い関係にある友人等に偏頗弁済がなされていたという実例は枚挙にいとまがありません。

⑷　**何年も継続して返済できるか**（個人再生手続を考える上でのポイント③）

高齢者の方は，お年を召されているのですから，なるべく短く原則どおりの期間の返済計画を立てないと不安です。

申立代理人より，特別の事情を主張されて5年間の返済期間（民事再生法229条2項2号括弧書き）を申し出られる例もありますが，裁判所や個人再生委員から厳格に継続性をチェックされるでしょう。

私の申立事例の場合，高齢者の方には3年ほどでないと緊張した生活の持続が難しいし，状況の変化もあるとお話しし，実際に原則である3年間（民事再生法229条2項2号本文）でやってきました。

⑸　**隠し財産について**（個人再生手続を考える上でのポイント④）

生命保険や預金通帳等の資料については，全部出していただくことになるという事前告知が必要です。

隠し財産を発見した一つの事例を示します。

ガス・電気・水道等の生活必要経費の支払が、どのようにされているかは個人再生委員の基本的な調査事項です。つまり債務者以外の者が支払をしている（例えば妻）と説明される場合があります。ではその方の支払方法はどうされていますかと質問をします。そして必ず領収書の提出を求めます。口座引き落としなので領収書がないという返答があれば、妻名義であっても通帳を出してくださいということになります。

このような過程を辿って隠し預金の存在が判明したこともあります。

再生債務者には、債権者に対して公平誠実義務があります（民事再生法38条2項）。財産を隠すなど論外ですが意外と出てくるのです。

是非申立代理人の事前聴取で発見してください。

(6) その他重要な聞き取り

パチンコや競艇・競馬等で負債が増大した方には、必ず本人の反省文（陳述書等）が必要になると事前告知をしておく必要があります。

競馬や競輪等が長い人生において生活の一部になっておられる方が多いからです。「二度とやりません」と口頭で言われるだけでは、裁判所や個人再生委員の目は厳しいと思います。

陳述書だけでなく、更に、奥さんに同席してもらって夫婦の決意を聴いたことまであります。

3 法的に問題となる事項の考察

(1) 不動産（個人再生手続を考える上でのポイント①）

ア 再生債務者所有の不動産に関しては、種々検討しなければならない論点を含みますが、最近の経済状況まで関係してくるとは思いませんでした。結論から申しますと、近時の不動産価格の上昇から、不動産ローンの残高よりかなり高めの市場価格が出てしまうのです。

不動産を住宅資金特別条項により再生債務者の手元に残そうとしますと、再生債務者には住宅ローン残高を上回る金額の価値が帰属することになります。

イ 前項にて述べたとおり、不動産の市場価格が残存債務額より高い場合には、清算価値として弁済額上乗せの可能性が生じるのです。高齢者に

とっては本当に苦しい選択です。

上記のような場合に再生委員と争いになるものとして，不動産評価業者の選定があります。

東京地裁の基準はよく知られております。大手の不動産業者２社又は大手の不動産業１社及び不動産所在地の地元の不動産業者１社の査定書が必要です。この査定が，売り急ぎ価格として低額になっていると疑われると，評価額の相当性に疑義が出されます。

この争点は，実は多くの先生方が実体験されているでしょう。

ウ　高齢者の住宅ローンについて検討しましょう。

現在，住宅資金特別条項の利用に関しては，原則型の「そのまま型」がほとんどです。つまり高齢者の方は，住宅ローンを滞納するほど放置されないということなのです。つまり，自宅の保全が老後の生活の安寧に通じるのですから，滞納しそうになるなら，滞納前に専門家に相談されるのでしょう。

それなのに，申立代理人が住宅ローンを設定している金融機関と事前打ち合わせをしないなど許されることではありません。

エ　不動産が夫婦共有になっている場合を考えましょう。

共有不動産の評価方法は，有名な解説書でも，私が経験した東京地裁方式と異なる場合もあります。

東京地裁の評価方式は，不動産競売実務上の民法392条１項（「債権者が同一の債権の担保として数個の不動産につき抵当権を有する場合において，同時にその代価を配当すべきときは，その各不動産の価額に応じて，その債権の負担を按分する。」）が類推適用されるというものです（前記『個人再生の手引』213頁）。再生債務者と妻とが２分の１ずつ共有していれば，不動産評価額も残存債務額も２分の１とされます。不動産評価額が１千万円で，夫名義の残存債務額が600万円という事例で，清算価値は各々２分の１として計算するなら，再生債務者の清算価値は差し引き200万円になります（第１説）。清算価値算出シートの不動産の項には，清算価値として200万を記載しないといけません。この清算価値の増大により毎月の返済額が膨らみ，悩んだ事例もありました。

でも民法392条１項が類推適用されないとすると，再生債務者が持ち分全額の500万円の債務を負担し清算価値はゼロとなり，残存債務の100万円は奥さんの持ち分で負担する（妻の有する清算価値が400万円とされる）ことになるという結論も採用できそうです（第２説）。清算価値の数値が激減する場合もあり，しかも実情に合致する場合もあるのです。なぜなら，夫婦の財産管理は夫が行い，その夫が債務整理のために個人再生を申立てしているとするなら，最初に夫がその債務の総額を負担するという結論が実情に合致するとも思うからです。このような考え方を前提にした条件付きの第３説も登場します。「個人再生の手引」にも，東京地裁は，最初の考え方であるが，第３説的な処理を行った事例もあるとされております。東京地裁のご承諾がいただけるかどうかは，諸々の事情も含めて判断されるのであろうと考えられます。興味がある方は，「個人再生の手引」を参照ください。

オ　住宅資金特別条項を利用されるとの申立てに対し，事前に住宅ローン債権者と話合いを持たれなかった事例も時々経験しております。

　もちろん「巻き戻し型」もありますから，そのようにお考えの申立代理人は「再生委員がそこまで心配する必要がない」とおっしゃるかもしれません。しかし，住宅ローン債権者にも保証会社から弁済を受ける等の対抗手段があるのは皆様ご存知のとおりです。事前に再生債務者と住宅資金特別条項を使うと打ち合わせをされたのなら，住宅ローン債権者と事前に話合いをして，スムーズに受任業務を進めるべきではないでしょうか。

　今回，長く再生委員を勤めておられる先生方にお聞きして，私と同様に感じておられる先生方の多いことを知りました。民事再生規則101条１項には「あらかじめ，当該住宅資金特別条項によって権利の変更を受ける者と協議するものとする」とあります。この条文の「あらかじめ」が訓示規定と解釈されるとしましても本当に残念です。

⑵　自動車（個人再生手続を考える上でのポイント②）

　自動車が母の介護あるいは継続する事業に必要と判断される再生債務者もおられました。

第7章　その他の高齢者に関する事例

　この自動車には所有権を留保する別除権者がいました。別除権者と別除権協定を結び継続使用したいのですが（民事再生法41条1項9号），残債務が自動車の市場相場を上回っている場合に問題が生じます。別除権者は，自動車の市場価格分の支払では満足できず，残債務額の一括支払を要求することが多いのです。

　これは私の経験事例ですが，事前の話合いをしても解決の兆しもみえませんでした。そこでご子息に，なけなしの金を出してもらい，自動車の引き上げを防止できたという事例もあります。

　この経験事例で一番大切なことは，再生債権弁済禁止規定（民事再生法85条1項）との関係です。ご子息という第三者からの出捐により偏頗弁済を防止して解決できたということでやむを得ないと思っております。

(3)　**偏頗弁済**（個人再生手続を考える上でのポイント③）

　家族や友人に対する偏頗弁済が，高齢者に多いということは紹介済みです。

　では偏頗弁済を発見した際，どのように対処されますか。

　私の経験ですが，信頼関係を破壊されたとして申立ての取下げをされた債務者代理人，あるいは再生計画案を提出されないままにして廃止にされた方もおられました。

　でも即断されないで，やむを得ないものであったかどうかについてもご検討ください。

　債権者保護の原則から，清算価値保障原則の適用を検討し，分割弁済額の調査が必要です。そして清算価値を保障するという観点より清算価値チェックシートの「その他」の項目に「偏頗弁済」を示す説明文を加えて財産に計上するという解決方法もあります。そして上記事情を説明する上申書等も必要でしょう。近時の解説書には十分説明されています。

4　実際の解決までの実務

(1)　**前提事実**

　高齢者の個人再生であっても最低3年間の分割返済が続きます。私は，いまだ再生計画が履行されなくなったという事案には遭遇しておりません。

しかし，高齢者でありますから，突発事故や事情の変更があって当たり前でしょう。そこで分割返済期間中に問題が発生した場合について考察してみたいと思います。

(2) 感動した申立代理人の姿勢

数年前のことですが，個人再生委員として債務者と申立代理人と面接した際，大変感動したことについて報告したいと思います。

継続性について疑問があったため，債務者に対して「再生計画の認可決定が出てから，その後3年間緊張した生活が続きますが大丈夫ですか」と質問をしました。債務者ではなく代理人から「大丈夫です」との返答があったため，私は，債務者代理人に対して，「個人再生事件は認可決定で事件終了ではないのですか」とつまらない質問をしてしまいました。

債務者代理人は「そのような方もいらっしゃるとは思いますが，やはり分割弁済期間中は事件として終了していないと思います」との返答がありました。そして債務者に対して「返済が厳しくなった場合など，私に何でも相談の電話をしてください」と説明されました。債務者同席であったため，私は，これ以上の会話を止めました。

種々議論がなされている上記問題について，次項で説明しましょう。

(3) 個人再生事件は認可決定で終了するのか──債務者代理人の業務も同様か

法的には，認可決定確定で事件は終了していると考えられます（民事再生法233条）。しかし，債務者代理人の業務が終了し，債務者代理人の関与がないのであれば，窮地に陥った債務者が相談できる人もおらず，しかも分割弁済がストップした債権者も困る可能性があります。そこで道義的責任なる議論も展開されます。認可決定後，私のような個人再生委員が責任をとらないことと矛盾するという皮肉な意見もあるのです。

解説書の題を見るだけでも深刻度が分かります。おおまかには債務者代理人の責任を問うのが普通でしょう。特に債務者と債務者代理人との間で交わす委任状に「受任業務は認可決定確定まで」というような限定がない場合，債務者及び債権者に対し，事後責任の有無を問題にしております。

事情に配慮するなら，私もこのような見解に賛成ですが，難しい論点が

第7章　その他の高齢者に関する事例

残っていることにご注意ください。

　解説書の題をあげておきます。「個人再生手続の申立代理人の委任契約の内容」、「再生計画の履行補助」（全国倒産処理弁護士ネットワーク『個人再生の実務Q&A100問』（金融財政事情研究会，2008）21頁，198頁），「再生計画認可決定確定後に再生債務者代理人の果たすべき役割はどのようなものですか。」、「再生計画の履行について，再生債務者代理人はどのように関与すべきですか。」（前記『個人再生の手引』398頁，401頁）

(4)　再生計画が履行困難になった場合

　裁判所の統計をみましても，再生計画の履行が困難となり，債務者救済措置である再生計画の変更，ハードシップ免責あるいは再度の再生申立て等の事例は，まだまだ少ないことが分かります。

　しかしこのまま社会状況が変化しないなどと決して言えませんし，高齢者は，若い人と比較するなら変化の生じる可能性は高いはずです。私の経験ではありますが，高齢者の方で再生計画による履行が困難になったという相談を受けたこともあります。

　そのまま放置するだけなら，高齢者が救われない場合も出てきます。放置状態にならないよう，債務者と一緒に救済措置を検討するべきです。東京地裁の運用では，「職権による破産手続への移行」に関し，個人再生の場合は，法人と異なり再生債務者が自ら希望した場合に限っております。

(5)　救済措置

ア　再度の個人再生申立てから検討しましょう。再度の申立ては，今後も使われる可能性が高いと判断するからです。

　　再度の個人再生申立てについて条文を見ましょう（民事再生法190条）。

　　上記条文1項では「再生計画の履行完了前に，再生債務者について破産手続開始の決定又は新たな再生手続開始の決定がされた場合には，再生計画によって変更された再生債権は，原状に復する。ただし，再生債権者が再生計画によって得た権利に影響を及ぼさない。」というように意外と細かく規定をおき，9項まであります。詳細な事項に関する規定ですので条文をご覧ください。

　　注意点は，一度目の個人再生委員が再度選任されるようですので，事

前にその再生委員と打ち合わせをされることが大切でしょう。

イ　民事再生法には，弁済期の最終期限の延長に関する規定（同法234条1項，244条）があります。

再生計画最終期限の延長に関する条文は，次のとおりです。「小規模個人再生においては，再生計画認可の決定があった後やむを得ない事由で再生計画を遂行することが著しく困難となったときは，再生債務者の申立てにより，再生計画で定められた債務の期限を延長することができる。この場合においては，変更後の債務の最終の期限は，再生計画で定められた債務の最終の期限から2年を超えない範囲で定めなければならない。」としております。

弁済期の延長に限る趣旨ですから，弁済額減額の変更は認められません。

ウ　ハードシップ免責の規定（民事再生法235条，240条）についてですが，適用には厳しいものがあります。

すなわち，その際に残っていた再生債務が免責されてしまうのですから当然です。条文（民事再生法235条1項）は，次のとおりです。「再生債務者がその責めに帰することができない事由により再生計画を遂行することが極めて困難となり，かつ，次の各号のいずれにも該当する場合には，裁判所は，再生債務者の申立てにより，免責の決定をすることができる。」としています。

しかし，当該条文の各号には再生債権の4分の3以上の額を弁済していることや再生債権者の一般の利益に反するものでないこと等の条件を付しております。しかもその適用事例について，解説書等によりますと，病気による長期入院，リストラによって失職したが再就職が困難な場合等とされております。しかも，東京地裁の運用では，届出再生債権者に意見聴取書を送付する方法によって意見を聴取しているようです。

裁判所の統計を見ましてもその厳しさが判明します。平成16年から平成22年までの統計ですが，申立て件数は18件しかありません。そのうち免責決定は9件，取下げは8件で，審理中が1件という状況です。

第 7 章　その他の高齢者に関する事例

5　終わりに

　私が経験していないことも記述しましたが，しかし，それらは自らが個人再生委員を務めるにあたり，日ごろから注意していた事項です。

　どうか高齢者の個人再生についても自信をもって取り組んでください。

【プライバシー保護のため事例の内容は変えております。】

COLUMN

コラム⑪
高齢者から子に対する扶養請求

　10年余り交流のなかった老母から，突然，生活が成り立たなくなったと言って，定年間際の二男に対して扶養請求をしてきた事件がありました。

　母親は88歳，離婚した長男68歳と同居しています。

　二男は，64歳で，長年勤めていた会社を60歳で定年退職し，その後は嘱託として仕事を続けています。

　6か月ほど前から，長男の子から，祖母が医療費等の負担が大きくなり，父も持病が悪化したため，祖母への生活援助を求める手紙が何通か来るようになりました。

　二男の実家は元々資産家だったのですが，家業が時代に即しなくなったことや実家を引き継いだ長男が子だくさんで教育費に金がかかるのに傾いた家業にしがみついて，資産の切り売りをして子供に贅沢をさせてきたことから，実家の資産はゼロとなり，金の切れ目は縁の切れ目で，長男の嫁は離婚し，長男の子たちも寄り付かなくなってしまったようです。

　二男は，母親と長男が資産を食いつぶしていく状況を傍観せざるを得ず，先に死亡した父親の遺産も母や長男との共有としておいたため，その都度切り売りに同意させられ，10年ほど前には滞納した税金の支払を求められる始末でした。

　そのころから，二男家族と母親，兄である長男とは，相互に音信が途絶えていました。

　このような状況で，突然，母親から上記のような扶養を求める手紙が二男に突然来たのです。

　二男夫婦は，嘱託期間も数か月を残すだけとなり，退職後は，年金と貯

金を取り崩しながら，温泉や時には海外旅行に行こうなどと話し合っていた，まことにタイミングの悪い時の手紙です。

二男夫婦は，実家の資産を食い潰した上，長年音信不通にしておきながら，この期に及んで，金銭を要求してきた母親と兄に対し大変憤り，何通か来た手紙には返事をしないまま，放っておきました。

ところが，最初の手紙から３か月経過したころ，母親が二男に対し「扶養に関する処分申立事件」を家庭裁判所に起こしてきました。

この段階で私は相談を受け，二男と一緒に調停に出席することとなりました。

親族間の扶養は，夫婦間や親の未成熟の子に対する関係での「一椀の粥も分けて食う。」程度（生活保持義務）と，その他の親族間の自分の生活が成り立った上で余裕があれば援助するという程度（生活扶助義務）の，大きく分けて二つに分類できます。

高齢の母親と二男との関係は，後者で，調停では嘱託としての収入の状況，間近に迫った年金生活の見通しなどを資料を添えて説明しました。

二男は，母親と長男が実家の資産を食い潰し，音信不通にしておきながら，苦しくなったときに，平然と援助を求めて来た母親に強い憤りを持っていました。

調停では，仮に二男に余裕があっても自分の生活を切り下げてまで援助する意思もないし，自分の家族もこの事情をよく知っているので家族の反発を抑えることもできない，と説明しました。

この点は，扶養の意思に係る主張で，扶養能力の有無に合わせて強調しました。

調停では，母親と長男夫婦の家計状況を開示して貰いましたが，あきれたことに，両者の年金収入と長男のアルバイト収入を合わせると，二男の収入より多いことが分かり，調停委員ともどもあいた口がふさがらないといった状況でした。

母親は，バブルのころ二男がかなり羽振りが良かったので，その印象のまま，「少しは助けてよ。」程度の気持ちで，調停まで起こしたようでした。

結局，調停は，２回目で，申立人が取り下げることで終了しました。

二男は，「こういう形ではなくて，『しばらく会ってないけど，どうしてる？』ぐらいの挨拶の手紙から始まっていれば，違っていたのになあ。」と話していました。

第 7 章　その他の高齢者に関する事例

 事例 24　リバースモーゲージ及び生活保護申請に関する事例

自宅にて 1 人暮らしの認知症高齢者の生活費確保のため，生活保護申請及び不動産担保型生活資金貸付制度の利用を検討した事例

●概要図

本人（86）
・在宅独居
・認知症
・生活習慣病

自宅不動産（土地・建物）を所有

はじめに

　人口の 4 分の 1 以上が65歳以上の高齢化社会になり，認知症を患いながらも，1 人暮らしを続けている高齢者が増加しています。当面の間は，親族や社会福祉協議会等の地域の協力で生活を継続できても，認知症が進行し，意思表示が困難になれば，後見人制度等の利用によって，専門家が関わりを持つ事案が多いです。

　また，高齢者の中には，低年金・無年金で老後を迎え，身寄りがないため援助を受けることができず，生活のために生活保護を受給するようになる方が増加しています。平成28年版厚生労働白書によれば，生活保護受給者のうち，60歳以上の高齢者の割合が 5 割以上となっています。

　この章では，高齢者の生活費確保のため，実際にどのように手続を進めたかを説明します。

1　事例の概要

(1) 本人の状況

　本人は，東京都N区在住，昭和 5 年生まれの高齢者女性です。認知症を患っており，要介護度は 3，会話をすることはできますが，記憶力は散漫

です。また，杖を利用した歩行はできますが，遠出をすることはできません。

夫を平成10年に亡くし，１人暮らしをしています。子どもはいません。弟さんが１人いますが，東北地方に住んでいること，弟さんの足が少々不自由なことから，数年間会えていません。

旦那さんが昭和30年に建てた建物に居住し，土地建物を単独所有しています。

平成25年頃から認知症の症状が出始め，かつ生活習慣病にかかっているため，在宅治療，訪問看護にて対応しています。

(2)　**生活状況**

収入は国民年金のみで，月額４万円です。訪問看護，医薬品代，週２回のデイサービス利用により医療費が月２万円かかっており，その他食費，水道光熱費で月５万円かかっているため，毎月の収支は赤字になっています。

国民年金の収入で賄えない分は，預貯金を利用して生活をしている状態です。

また，認知症が進み，本人による食事の準備が難しくなってきたため，今後配食サービスの利用，デイサービスの増加を検討しており，更なる費用の増加が見込まれます。

(3)　**本人と関わった経緯**

本人の生活は，ケアマネージャー，社会福祉協議会等の支援によって保たれていたものの，上記の収入状況から，今後生活費が足りなくなることは明らかであったため，生活費の確保をする必要がありました。

支援をしている方々が弟さんに連絡をとったものの，弟さんから援助を受けることは難しかったため，生活保護を申請することとしました。もっとも，本人は意思表示が困難な状態であり，本人が生活保護申請を行ったり，委任をして申請をしたりすることはできず，成年後見制度を利用することとなりました。

そして，弟さんの協力を得て，成年後見開始の審判の申立てを行い，当職勤務の弁護士法人が平成28年４月に成年後見人となり，関わるようにな

第7章　その他の高齢者に関する事例

りました。

> **本件のポイント**
>
> ① 自宅不動産を所有している場合の生活保護受給の可否。
> ② 生活保護申請の注意点。
> ③ 要保護世帯向け不動産担保型生活資金貸付制度（リバースモーゲージ）の内容。
> ④ 生活保護受給とリバースモーゲージ利用の相違点。

2　対応の際の注意点

⑴　自宅不動産を所有している場合の生活保護申請

　生活保護法4条1項は、「利用しうる資産……を、その最低限度の生活の維持のために活用すること」を生活保護利用の要件としています。

　そのため、申請者が不動産を所有している場合に、生活保護申請ができるのか問題になります。

　確かに、申請者が居住用以外にも不動産を所有している場合には、当該不動産の活用を検討する必要があります。

　もっとも、居住用不動産のみを所有している場合は、厚生労働省の通知において、「当該世帯の居住の用に供される家屋」（生活保護法の保護の実施要領について（昭和38年4月1日社発246号）第3の2⑴）及び「当該世帯の居住の用に供される家屋に付属した土地」（同第3の1⑴）については、いずれも「処分価値が利用価値に比して著しく大きいと認められるもの」を除き「保有を認めること」としており、原則として自宅不動産を保有することを認めています。

　したがって、申請者が不動産を所有していることのみをもって、生活保護の受給ができないというわけではありません。

　本件でも、本人は居住用不動産のみを所有しているため、原則に従い、生活保護の申請を検討しました。

286

なお，平成19年4月1日以降，居住用不動産を有する申請者に対して，後述する「要保護世帯向け不動産担保型生活資金」の利用を求める扱いがなされています。当該制度の内容，問題点は後述します。

(2) 生活保護申請から決定までの流れ

生活保護の申請は，要保護者の居住地を所轄する実施機関（都道府県知事，市長及び福祉事務所を管理する町村長（生活保護法19条））の管理する福祉事務所に対して行います。本件では，本人はN区在住のため，N区の福祉事務所に対して申請を行いました。

自治体によっては，福祉事務所という名称ではなく，生活福祉課や福祉センター等の名称になっているところもあります。

生活保護申請から決定までの流れは，①相談，②申請，③調査，④決定（受給・却下）となります。申請から決定までの審査は，厚生労働省の通知，生活保護手帳等により全国の統一化が図られているものの，各自治体や担当者によって細部が異なることが多いです。

(3) 生活保護申請の注意点

生活保護を申請するにあたっては，申請後の保護受給決定，保護費の支給までをスムーズに行えるようにする必要があります。高齢者に限った話ではありませんが，医療費等の急な支出があることを考えると，生活費が不足している状況から早急に脱することが重要です。

そのためには，申請をする福祉事務所職員との連携が必要であり，上記生活保護申請の流れの①相談が重要になります。

本人の生活費が実際に足りなくなった時点で，生活保護申請をすることも考えられます。しかし，申請を行った際に必要書類が足りない，手持ち現金，預貯金等の残額が保護基準額を上回っていることを理由に，申請書を交付しない，申請書を受理しない等，申請自体を拒否されることもあり得ます。

生活保護法上，国民には保護申請権が保障されており（生活保護法7条），保護の申請があれば，実施機関は必要な調査をした上で，申請から原則14日以内に保護の要否及び程度等を決定し，申請者に書面で通知しなければなりません（生活保護法24条）。そのため，申請を拒否する対応は違法であ

ると考えられます。

　しかし，申請を行えたとしても，保護基準額を上回っていれば，受給決定が出ない可能性があり，必要書類が不足していれば，追完をする必要があるため，審査に時間がかかることもあり得ます。

　そのため，1回の申請で即時に受給決定が得られるように，福祉事務所の職員に事情を伝え，生活保護申請の時期，必要書類の確認をすることが重要です。

　また，生活保護受給開始の時期が予測できれば，手持ち現金等をどのように使用するか，検討することも可能です。

　さらに，生活保護の申請をした後，必要な調査として（生活保護法28条，29条）福祉事務所職員において本人や親族に話を聞くこともあります。高齢者が複数回遠出をすることは負担になるため，当該福祉事務所において，本人を同行する必要があるのか否かも確認をする必要があります。

(4)　本件の生活保護申請から決定までの経緯

　本件では，4月末にN区の福祉事務所に連絡をとり，打合せ日程を5月初旬に調整しました。打合せの際には，直近の記帳をした通帳，不動産の登記情報，年金額の分かる書面を持参し，職員に本人の状況を説明し，生活保護申請をする時期，本人同行の要否，他の必要書類等の確認を行いました。

　相談時，本人の預貯金額は約10万円であり，医療費・光熱費を支払うと，翌月の年金受給日までの生活が困難な状態でした。

　福祉事務所職員との打合せにおいて，預貯金額，手持ち現金合わせて4万円前後になった時点で生活保護申請をすることとし，申請をする際には事前に連絡を入れることとしました。また，本人の同行を求められました。

　毎月末に医療費の支払が多くあったため，必要書類をそろえて5月末に本人同行の上でN区福祉事務所にて生活保護の申請をし，申請が受理されました。

　そして，翌週には本人宅にてケースワーカーとの面談がなされました。面談は，30分から1時間程度行われ，申請時に本人が職員に話したことの再度の聞取り，生活状況の確認がなされました。

ケースワーカーとの面談があっため，保護費が支給されたのは申請から10日後でした。

生活保護制度で支給される扶助は各種ありますが，本件では生活扶助費と医療扶助を受給することになりました。生活扶助費は，最低生活費に満たない金額を補填する扶助のため，収入がある場合には収入認定される金額によって支給される金額が異なります。

本件では，本人が年金を受給しているため，毎月の生活扶助費額は約3万5,000円となりました。

扶助費の支給は，初回のみ日割り計算されたものを成年後見人の事務所あてに現金書留で送ってもらい，翌月以降は，後見人が管理している本人の口座に毎月振込むよう申請しました。

なお，最低生活費そのものも居住地によって異なるため，厚生労働省が公表している級地を確認する必要があります。東京23区は，最上級の1級地−1に指定されています。

生活保護申請における法的問題等は，日本弁護士連合会貧困問題対策本部編『生活保護法的支援ハンドブック〔第2版〕』（民事法研究会，2015），森川清『権利としての生活保護法　その理念と実務』（あけび書房，2009），大阪弁護士会貧困・生活再建問題対策本部編『Q&A　生活保護利用者をめぐる法律相談』（新日本法規出版，2014）等，生活保護に関する書籍に詳しく記載されています。

⑸　不動産担保型生活資金貸付制度について

生活保護を申請する際，自宅不動産を所有している65歳以上の高齢者の場合，福祉事務所から各都道府県の社会福祉協議会による「要保護世帯向け不動産担保型生活資金貸付制度」（以下「要保護型リバースモーゲージ」といいます。）の利用を求められることがあります。

社会福祉協議会が実施する不動産を所有する高齢者に対する生活資金確保の手段としては，通常の高齢者向け「不動産担保型生活資金」（以下「高齢者向けリバースモーゲージ」といいます。）と，上記要保護型リバースモーゲージの2種類があり，これらの利用が考えられます。

それぞれの要件は以下のとおりであり，要保護型リバースモーゲージの

第7章　その他の高齢者に関する事例

方が少し要件は緩和されています。

　要保護型リバースモーゲージの要件は，①借入申込者及び同居の配偶者が65歳以上であること，②福祉事務所が要保護状態にあると認めた世帯であること，③対象不動産の評価額が500万円以上であること，④借入申込者が単独で対象不動産を所有していること，⑤対象不動産が住宅ローン等の担保になっていないことです。

　要件②の要保護状態の高齢者世帯を対象とは，本件制度を利用しなければ生活保護受給が必要であると福祉事務所が認めた状態をいいます。

　なお，借地権等，建物のみの所有の場合は利用できず，集合住宅の場合は利用できます。連帯保証人は，不要です。

　貸付月額は，生活扶助費の1.5倍以内とされています。

　本件では，支給されている生活扶助費は約3万5,000円のため，貸付月額は，最大で5万2,500円となります。

　生活扶助費は，上述のとおり居住地・収入額によって異なるため，具体的な貸付月額は，福祉事務所に確認をする必要があります。

　高齢者向けリバースモーゲージの要件は，①原則65歳以上の世帯で，配偶者と親以外の同居人がいないこと，②対象不動産の評価額が1,500万円以上であること，③対象不動産が借入申込者の単独所有，又は同居の配偶者との共有であること，④対象不動産が住宅ローン等の担保になっていないことです。

　なお，借地権等，建物のみの所有，集合住宅の場合は利用できません。また，要保護型リバースモーゲージとは異なり，連帯保証人が必要となります。

　貸付月額は，30万円以内とされています。

　以上のとおり，両制度は，連帯保証人の要否，集合住宅所有の場合の利用の可否，対象不動産の評価額，貸付金額の内容等の差異があります。

　要保護状態であることが，要保護型リバースモーゲージの要件であるため，不動産を複数所有しているものの，生活費が不足しているといった高齢者の場合は，高齢者向けリバースモーゲージを利用することとなります。

⑹　要保護型リバースモーゲージの問題点

　福祉事務所において，生活保護受給前に，資産活用として要保護型リバースモーゲージの利用を強く求めてくることもあります。

　生活保護受給との関係では，生活保護受給前に不動産の活用を求めることは，高齢者に借金を事実上強制することになりかねず，運用次第では問題があると考えられます。

　また，要保護型リバースモーゲージの利用には以下のとおり，注意すべき点があります。

　まず，申込みから貸付実行まで，不動産評価，登記，契約等の手続に数か月かかるため，すぐに生活費の確保ができるわけではありません。

　そのため，相当期間は生活保護を受給することとなり，生活保護申請自体は行う必要があります。さらに，一度生活保護を受給した後に，要保護型リバースモーゲージによる貸付を受ける場合，医療扶助等によるメリットを失うことになります。

　本件ではこの点が問題になったため，後述します。

　また，貸付の申込みは，要保護者が福祉事務所に相談をした後に福祉事務所が主体となって地区の社会福祉協議会を経由し各都道府県の社会福祉協議会に行います。よって，要保護者が直接申込みをしないため，福祉事務所と協議・連携をしても時差が生じ，要保護者において，貸付を受けることのできる時期を予測することが困難です。

　さらに，要保護者以外の方のことも検討する必要があります。原則として貸付の契約者が亡くなると，自宅を売却し返済をすることになります。そのため，同居人がいる場合，同居人自身が新たに要保護型リバースモーゲージを利用できない限り，継続して当該不動産に居住することができなくなります。

　以上のとおり，要保護型リバースモーゲージの利用には問題点も挙げられます。

　もっとも，要保護型リバースモーゲージは平成19年4月1日から運用が始まったものであり，制度が活用され始めてから日が浅いものです。

　平成26年8月1日の総務省行政評価局作成の『生活保護に関する実態調

査 結果報告書』によると，要保護型リバースモーゲージの貸付件数は，
平成19年が135件，平成20年が367件，平成21年が244件，平成22年が238件，
平成23年が228件，平成24年が284件と推移しており，件数は増加していま
す。

　よって，今後問題点を考慮して運用も変わっていくと思われます。

　したがって，生活費の確保が必要な高齢者が不動産を所有している場合
には，要保護型リバースモーゲージを利用することはひとつの選択肢とし
て考えられます。

3 本件における問題点の考察

　本件では，本人が自宅不動産（土地・建物）を所有しており，建物は築
60年以上のため評価額は 0 だとしても，土地は500万円以上の評価額とな
る可能性がありました。

　そのため，福祉事務所から，要保護世帯型リバースモーゲージの利用を
求められています。

　もっとも，本件では生活保護受給決定後，ケアマネージャー，医療機関
と協議をし，医療扶助，介護扶助を最大限利用し，デイサービスの利用の
増加，訪問看護の日数の増加，投薬内容の変更を行っていました。そして，
訪問看護の日数を増やし，投薬内容を変更したことで本人の生活習慣病の
進行を抑え，体調を良好にすることができていました。

　そのため，仮に生活保護を廃止し，要保護型リバースモーゲージによる
貸付を受けると，医療費が生活扶助費の1.5倍の額では対応できず，現状
と同様の医療，介護サービスを受けられなくなる可能性があります。

　また，急な事故・病気による入院の費用も，医療扶助がないと対応でき
ないと思われます。

　したがって，要保護型リバースモーゲージの利用が強行されると，本人
の生活環境の整備を再度検討する必要があります。

4 本事例の解決

　福祉事務所としては，生活扶助費1.5倍の貸付額で，現状の医療・介護

サービスを受けることができるとの見解のため，実際にかかる費用を示し，福祉事務所と協議を行いました。そして，当面は生活保護を受給し，要保護型リバースモーゲージの申込みを保留することとしました。

もっとも，福祉事務所は不動産を活用できる以上，要保護型リバースモーゲージの申込みをする意向は変わらず，現在も申込みを求められています。

今後は，生活保護受給において原則として居住用不動産を所有することは認められていること，成年後見人として，本人の身上監護の点で現状の医療・介護サービスを改悪することが相当でないことを主張し，対応する予定です。

5 おわりに

高齢者の身上監護においては，医療費等，予測が困難な出費が生じる可能性が高いため，そのような支出を考慮して生活費を検討しなければなりません。

よって，生活費が不足している状況は早急に脱する必要があり，生活保護の申請，要保護型リバースモーゲージ利用においても関連機関との協議・連携が重要になります。

協議・連携をすることで手続をスムーズに行うことができ，生活費を早急に確保できることにつながります。

また，成年後見制度を利用している場合は，本人の収入は後見人等の報酬にも関係します。もっとも，要保護世帯の場合，被後見人等の生活費から報酬を得るのは困難なことが多いです。

自治体によっては，被後見人等が要保護世帯の場合，後見制度への援助として報酬支払事業を運用しており，報酬の一部又は全部の支払を自治体が援助することもあります。そのため，後見人等が居住する各自治体に制度の有無を確認し，利用することが有用です。

【プライバシー保護のため事例の内容は変えております。】

第7章　その他の高齢者に関する事例

COLUMN

コラム⑫
リバースモーゲージ

　リバースモーゲージとは，自宅不動産を担保に金融機関から融資を受け，死後に担保不動産が売却され一括返済に充てられるローン制度です。主に高齢者向けの融資制度として利用されています。

　融資の利用要件及び内容は金融機関によって様々ですが，主な利用要件として，持ち家を有することのほか，年齢制限（55歳以上等）などがあり，また内容としては，自宅不動産の資産価値の範囲内で融資を受けられ，存命中は元金返済の必要がない，というのが一般的です。

　リバースモーゲージのメリットとしては，自宅不動産を有するものの，年金等の現金収入が少なく老後の生活に不安を抱える高齢者が，自宅を売却することなく融資が受けられること，収入要件が緩やかで利用し易いこと等があります。

　そのため，重い住宅ローンを免れるべく，リバースモーゲージローンを使って住宅ローンの残債務を一括返済した上，担保価値との差額を老後資金として利用しようという人もいます。

　他方，デメリットとして，借入金の使途が限定され，生活資金や施設入所費用等には利用できるものの，事業資金や投資資金として利用することはできないこと，担保となる不動産につき一戸建てないし地域制限がある場合もあります。

　また，担保評価は定期的に見直され，評価額が下落して融資限度額を割り込んでしまうと一括返済を求められることがあること，融資の適用金利は基本的に変動金利の場合が多く，将来金利が上昇すると返済額が膨らむ可能性があることもデメリットとして挙げられます。

　以上のようなメリット・デメリットがあることを踏まえ，利用者としては，各金融機関における各種のリバースモーゲージローンを比較検討し，自身の老後の生活設計に合わせた商品を選択する必要があります。

事例25 認知症が疑われる相談者からの依頼について

高齢者を依頼者とすべき事案として相談を受けたものの，認知能力に疑いがある反面，後見等の審判は受けていない方の依頼に関する事例

●概要図

母Yと姉Aとが姉A名義で借りている居宅にて同居している。

はじめに

　高齢化社会が進むにつれ，高齢者にまつわる法的トラブルも必然的に増えてきます。相続や遺言，高齢者を狙った消費者被害などの伝統的な類型のみならず，通常の取引等においても高齢者が当事者となっている場合も増えてきているものと思われ，弁護士としても，高齢者にまつわる案件を受ける，というのみならず，依頼者がたまたま高齢者であるという場合も多々あることでしょう。

　高齢者，とひとくくりにしてしまうことの是非はさておき，認知能力に問題が生じていることが容易に想像できる依頼者も見受けられます。特に，認知症レベルなのか，それとも物忘れが激しいというレベルにとどまるのかの区別は容易ではなく，依頼者に対して直接的に認知能力の有無を問うことも，実際上は難しいといえるでしょう。

　そのような場合に，弁護士としてどのような形で受任をするのか，受任をするにあたってどのようなことに留意をしておくべきか，また，受任後

第7章　その他の高齢者に関する事例

の動きを見据え，受任段階においてあらかじめ何をしておくべきかなどを，自身の反省も込めつつ，事例としてご紹介します。

1　事案の概要

　もともとのご相談は，今回問題となった84歳のＹ女の長男であるＸからでした。ＸはＹと別居中です。Ｙは，Ｘの姉でもあるＡ女と同居をしておりますが，ＸとＡ女は折り合いが決定的によくありません。Ｙは，そんな事態を芳しく思ってはいないものの，ＸとＡ女はいずれも子であることから，ＹとＡ女，ＹとＸというそれぞれの関係に，特段の問題はありませんでした。そのため，Ｘは，Ｙと交流するときには，Ｙを食事に連れ出すなどして，定期的に会ってはいました。

　するとあるとき，ＸがＹと食事をし終えたあとに，Ｙが「久しぶりにお腹がいっぱいになった」と言うのを聞きました。どういうことだろうとＸがよくよく事情を聴いてみたところ，お金がなくて，食べ物もあまりまともに食べていないとのこと。Ｙは夫と死別してはいるものの，月額40万円で賃貸に出しているマンションを所有しています。また，月額10数万円の遺族年金も受領しており，生活費に困ることは考えられません。何よりも，長女であるＡ女と同居をしているのです。

　Ｙは，認知症とまでいくかは分からないものの，近ごろ物忘れが激しいとのことで，Ａ女への依存度が増していると，もともとＸは感じていました。話を聞いてみたところ，Ｙは，自身の預金通帳やクレジットカード，住基カードやパスポートなどの身分証明書，印鑑登録カード，登録実印などの重要な書類を全てＡ女に預けてしまっているとのことでした。そのため，Ｙは自ら自由に使えるお金を実質的に持っておらず，必要に応じてＡ女からお金を渡してもらっているというような状況で，結果として外出の多いＡ女からお金を受け取るタイミングがないときなどに，お腹を空かせてしまう，というような状態でした。

　Ｙはもともと贅沢をするようなタイプではなく，そのようなＹにおいて日常生活資金が足りなくなるような事態を招くということは，そもそもＡ女の収支管理に大きな問題があるとしか思えませんでした。

事例25　認知症が疑われる相談者からの依頼について

　そのため，Xは，A女がYのそのような状態をいいことに，Yの年金や賃貸収入を使い込んでいるのではないかということを疑い，そのような事態をなんとかできないかということで，ご相談に訪れました。

2　受任に際しての注意点

(1)　最終的に目指すべきものは何かを明確にすること

　Xとしては，仕事の関係上，YがA女と同居をすること自体は構わないものの，Yの収入を適切に管理したい，という意向を有していました。具体的には，固定資産税及び管理費の支払対応，並びに将来的に訪れるであろう保有物件のリフォーム費用の積立てなどを踏まえた資金管理です。他方，長男とはいえど，子が親の収支を当然に管理する権限を有しているわけではありません。ましてや，仮にXが管理したとすれば，A女との間で対立が生じることは容易に想定しうる状態ですから，少なくとも長男であるXが代表してYの収支を管理することは実質的に不可能です。

　そのため，私としては，Yのために何ができるかというXの思いを踏まえ，Yについて，成年後見ないし保佐，補助の制限行為能力者制度を利用し，専門職後見人等を付することで，Yにとって適切かつYの推定相続人たるX及びA女のいずれにも偏らない中立な収支管理を実現することが，Yにとっても利益となることから，制限行為能力者制度を利用すべきものと考えました。Xに対してもその旨の助言をした結果，Xからも基本的な方向性の理解と賛同を得ました。

　法律相談の基本的な部分ですが，弁護士は法の専門家として，法律上認められる制度を前提として，誰が依頼者になるべきなのか，そして依頼者にとって最適な法的措置は何かを考えますが，相談者はそういったこととは無関係に，自身の生の要望を伝え，何とかしたいという思いを有しています。弁護士としては，その思いを受けて必要事項を聴取し，法的に認められる権利義務関係を整理の上，最終的に誰と向き合い，依頼者のために何ができるのかを考えなければなりません。今回の相談は，きっかけこそXではあったものの，Xは推定相続人として，A女との間で既に対立が生じている状況ですから，X自身の思いがYの利益状況に完全に一致すると

297

は限りません。そのため，相談内容を踏まえ，向き合うべきはYであり，実際に認知症であるか否かは分かりかねるものの，老人特有の症状が存在する可能性が濃厚なYにとって何ができるのかを考え，制限行為能力者制度の利用という助言に至りました。

もっとも，ここで最終的に目指すべきものを明確にした上で，受任時において，さらに一歩先を見て対応すべきであったという点がありました。この点については，後述の4の項目にて触れたいと思います。

(2) 相談時点において何をすべきかを考えること

Xは，制限行為能力者制度の利用について，基本的な意向としては賛同したものの，同時に，一刻も早くYの収支を適切に管理しなければならないという思いが先走ったのか，ご相談に訪れるのに先立ち，もともと賃借人とXとが旧知の仲であったことから直接賃借人と話をして，Yが従前より家賃の入金先として使用していた銀行口座を変更していました。そして，変更先の口座として，本来はY名義の口座を新たに開設したいところを，Yが身分証明書を含む全ての重要書類をA女に管理されている状況ではそれがかなわなかったので，やむなく自身の名義の銀行口座に家賃を入金するよう手配していたのです。

他方，Xは，当然ながらそのことをA女に通知しておらず，また年金と賃料の入金先変更のタイミングを特に考慮することなく強行してしまいました。とはいえ，変更を完了させた後，そのことを知らないA女が，賃貸マンションの賃借人に対して督促の連絡を入れることでトラブルになるのではないか，またYがA女から詰問されて困ってしまうのではないか，など思い詰めた様子でした。自身の行動が先走ってしまったのではないか，という懸念もあったのかもしれません。

かかる事態に当面対処するには，Xの意思としてではなく，Y自身の意思として，収支管理を自ら行うということの意思表示と，それにともなって賃料入金先を変更したこと，及びY名義の銀行通帳等の重要書類を引き渡すよう求めることが必要でした。

そのため，私は，Yから依頼を受ける形をとり，Y自身の意思として，制限行為能力制度の利用を検討することを明らかにし，その前提としてY

事例25　認知症が疑われる相談者からの依頼について

の財産を保全することに関する受任通知を送付することを提案しました。Xとしてもそれに賛同をするに至りましたが，Y自身の意思があることが大前提となることから，私はXに対し，Yを私のもとへ連れてくるよう求め，Yと直接面談を行いました。

(3)　依頼意思の確認

Yと面談した私は，まず，Xも同席した上で，今般の相談の経緯等を確認し，事実関係に齟齬がないかの確認をしました。Yの置かれた状況は，概ねXの説明と一致していたことから，今後の方向性について説明をし，Y自身の意向がどうなのかを確認するべく，Xを離席させて，私とYと二人きりで話をすることとしました。

制限行為能力者制度の説明を，できるだけ平易な言葉を用い，図示するなどしてYにも理解できるよう努めるとともに，私とYとで時間をかけて話をした結果，Yは，確かに認知能力に多少の問題が見受けられました。もっとも，ご自身の意思として，私に対し，「お金の管理をきちんとしたい」「通帳を取り戻したい」という意思を明確にしました。

私としては，最終的に選任される成年後見人等が財産を管理すること，それはXでもA女でもないこと，ただし成年後見人等は，法的な見地よりYにとって最適な方法を模索してくれることなどを説明し，何とか理解を得たため，最終的にはYから依頼があったものとして，委任契約書及び委任状を作成することにしました。

もっとも，Yとして「お金の管理をきちんとしたい」という意思を明確にしたとはいえ，話している最中に同じことを何度も説明しなければならないこと，少し難しい話になると，理解が十分に及ばないことが頻繁に見受けられました。

私としても，Yの認知能力に不安を覚えていたのもまた事実です。また，依頼の最終的な目的は，制限行為能力者制度の利用にあるわけですから，行為能力に問題があることを自認しながらも，その方のみからの依頼を受けることに問題があるのは自明とも言えます。実際に，依頼者をY単独にした場合，後に依頼したこと自体覚えがないと言われてしまう危険性，場合によっては無権代理人の誹りを受け，懲戒のリスクも現実化してしまい

299

第7章　その他の高齢者に関する事例

かねません。そのため，依頼者としては，X及びYの連名とすることを提案し，X及びYいずれからも了承を得ました。

それを踏まえ，私は，X及びYの代理人として，A女に対し，Yの制限行為能力制度の利用を踏まえ，Yの金銭管理等を適正に行うべく，家賃の入金先口座を変更したことを通知するとともに，銀行預金通帳その他の書類等をYに対して引き渡すよう求める旨の内容証明郵便を送付しました。

本相談のポイント

① 依頼者が誰になるかを見極め，そのために利用できる制度を考えること。
② 依頼者の依頼意思に問題が生じた場合を考慮に入れること。

3　制限行為能力者制度と医師の診断書の取扱い

⑴　制限行為能力者制度の概要

制限行為能力者制度には，行為能力の程度に応じ，成年後見，保佐，補助の3つの類型があります。このうち，成年後見は「精神上の障害により事理を弁識する能力を欠く常況にある者」，保佐は「精神上の障害により事理を弁識する能力が著しく不十分である者」，補助は「精神上の障害により事理を弁識する能力が不十分である者」について家庭裁判所が審判をすることができると定められています。そして，成年被後見人は，日常生活に関する行為を除く全ての行為が成年後見人に取り消されうる（民法9条），被保佐人は，一定の行為をするのに保佐人の同意が必要（民法13条），被補助人は，原則として全ての行為ができるが，補助人に同意権付与の審判がなされた行為だけ単独でできないとされています（民法17条）。そして，補助以外の2類型については，審判をするには，本人の同意が不要とされています（民法15条2項）。このように，申立時においては，どの制度類型を利用するのかを指定の上，申し立てることになるものの，形式上は本人同意を得ずに，申立てを行うことができるとされています。

300

事例25　認知症が疑われる相談者からの依頼について

(2)　申立時必要書類としての診断書

　ただし，現実的な申立てを行うには，家裁としては申立てを受けた審判
の端緒とすべく，行為能力に関する所定書式の診断書を申立必要書類とし
て定めています（東京家裁における必要書類については，裁判所HP：http://
www.courts.go.jp/tokyo-f/vcms_lf/140314seinenkokenmousitate-checksheet.
pdfを参照）。

　そのため，現実の申立てに際しては，医師の診断書をあらかじめ作成し
ておく必要がありますが，医師の診断を受けるためには，本人が自ら医師
の診断を受けるよう協力するか，少なくとも本人の行為能力について判断
しうる，かかりつけ医との間で連絡をとれるような状況を確保しておく必
要があります。

　この点，本来的には，後見か保佐かの判断は裁判所からの嘱託医師等の
専門家による鑑定に基づいて，家裁が行うべきものです。すなわち，理屈
としては，家事事件手続法の建前は，当事者主義ではなく職権探知主義で
あるため，後見か保佐かの判断資料の収集も，本来であれば家裁が自ら行
うべきものであり，申立前における診断書の提出は必須ではないというべ
きようにも思われます。

　しかし，現実的には，上記のとおり，家裁は原則として申立時必要書類
として診断書の提出を求めており，これを備えないと受理を拒み，もしく
は却下されることになります。

　かつて，本稿の題材とは別件の私が過去に取り扱った事例で，申立前に
医師の診断書の取得が困難なものがありました。それは，成年被後見人候
補者のかかりつけ医が，診断書の作成に対する協力を拒んでいたことによ
るものだったのですが，その際，裁判所の窓口で何度も上記建前を持ち出
し，申立必要書類としての診断書は本来不要ではないか，として説得を試
みたことがありました。この事例においては，最終的に診断書を添付しな
いままの申立自体を許容したわけではなかったものの，候補者の行為能力
に問題があることをその他の資料から疎明して上申したことによって，家
裁から当該かかりつけ医に対し，診断書が申立必要書類であることから，
作成に協力してほしい旨の依頼文書を発信してもらうことで落ち着きまし

301

第7章　その他の高齢者に関する事例

た。かかりつけ医は，この文書を受領したことで，診断書の作成に協力いただけたことから，申立必要書類を揃えることができ，受理に至ったということがあります。

同事例では，結果的に申立必要書類を具備したという点で奏功したものであって，結論として診断書が申立必要書類であることには変わりがなく，それを備えないままの後見等申立ては，現実問題としてやはり難しいと考えざるを得ないと思います。したがって，申立時に無用な時間と手間をかけないためにも，診断書の作成は事実上必須といえるでしょう。

4 本事例における帰結と問題点～自省を込めて

⑴ 他の弁護士による介入

さて，話を本事例に戻します。本事例においては，実質的な対立相手となるA女に対し，私はX及びYの代理人として，Yの銀行預金通帳等，Yの財産を適正に管理するための必要書類を引き渡すよう求める旨の内容証明郵便を送付しました。

すると，それに対し，Yの代理人を名乗るB弁護士からの返信が私宛てに送付されました。返信内容は，Yとしては私に依頼をした覚えはなく，逆にXが手配した家賃振込先口座の変更について，元に戻すよう求めること，及び既に入金された賃料の引渡しを求めるといった内容でした。

私としては，Y自身より依頼を受け，Xとの連名ではありますが，Y自身の名義による委任契約書及び委任状も確保済みですが，何よりもA女に対して送付した内容証明郵便の返答が，Y代理人を名乗る弁護士から来るということが何とも解せません。そのため，私はB弁護士に連絡を入れ，どういうことかと尋ねました。

それに対し，B弁護士は，Yから相談を受けたから受任した，Yとしては私に依頼をした覚えはないし，会ったこともないと言っている，Yからはその旨の一筆も得ている，との回答がなされ，その証左として，私に依頼した覚えはないので，今後代理人としての活動はやめてほしい，と書かれたおそらくY直筆と思われる1通のFAXが送られてきたのです。

私は，引き続きB弁護士に，最初からY自身が相談をしてきたのか，そ

302

れともＡ女からの相談をきっかけにしたのか，ということを尋ねたところ，それに回答する義務はない，とのこと。ただし，少なくともＡ女からの依頼は受けておらず，あくまでＹのみからの依頼を受けているとのことでした。しかし，そもそも私はＡ女に対して通知をしていることや，Ｙ自身が自ら弁護士を探し，一人で相談に赴くような能力がないことは明らかであったことから，少なくともＡ女からの相談が契機となっていることは明らかです。

弁護士職務基本規程においては，「弁護士は，他の弁護士等が受任している事件に不当に介入してはならない。」とされています（同規程72条）。Ｂ弁護士による介入は，同規程の違反が強く疑われましたが，他方でＹには私を解任してＢ弁護士に依頼をする自由もあるため，直ちに不当介入と断じにくいというのも事実です。

そこで，私は，Ｙ自身の財産の適正管理という点では，Ｙ代理人としても利害は共通するはずであるとし，Ｙ自身の成年後見等申立てに協力するようＢ弁護士に対して提案し，その前提として，Ｘ及び場合によってはＡ女を交え，Ｙを医師に診察してもらうための機会を設けることを提案しました。

しかし，Ｂ弁護士の回答はNOであり，面会にも一切応じない，Ｙは自らの意思で自らの財産を管理する，その形態はＸに対して告げる必要もなく，成年後見等の申立ても不要である，という取り付く島もないものでした。

(2) 本事例における帰結

弁護士ごとに見解の違いがあるとはいえ，Ｂ弁護士の対応は私には到底承服しかねるものでした。Ｙの認知能力に何らかの問題が生じていたことは明らかであり，Ｂ弁護士への依頼意思が真実あったのか自体疑問です。私はそこに懸念を抱いていたことから，認知能力には何ら問題のないＸと連名での依頼の形をとっておりました。そのため，私の取った行為は，ぎりぎりＸからの依頼があったという体裁を維持することができたので，最終的に依頼そのものの正当性が完全に失われることまでは回避できました。しかし，Ｂ弁護士への依頼はＹ単独のものとのことですから，むしろＹか

第7章　その他の高齢者に関する事例

らの単独依頼を受けることは，B自身の弁護士としての職務倫理に対する
懸念を禁じ得ません。

　その後，上述したとおり，成年後見及び保佐については本人の同意が不
要とされていること，及び成年後見等の申立権者は四親等内の親族も含ま
れるべきこと（民法7条，11条，15条）からすると，Yの意思いかんにか
かわらず，X自身が申立人となって成年後見及び保佐開始の申立てをする
ことはできることになります。また，Y自身の利益という観点からは，本
来的にはB弁護士としても，Yの成年後見等の申立てを否定するべき立場
にもないはずであることから，Xを申立人とする成年後見等の申立てを行
うことを提案しました。

　他方，成年後見等の申立てには，申立必要書類として行為能力に関して
医師の診断書が求められます。そして，本事例においては，まずは受任通
知を送付することを優先してしまったことから，医師の診断書の取得は後
回しにしてしまったのです。

　この点，本稿3⑵にてご紹介した事例のように，裁判所を通じてかかり
つけ医に対し，申立時に必要な書類として診断書が必要である旨の文書を
送付してもらい，かかりつけ医の協力を仰ぐという手立ても考えられまし
た。しかし，同事例における候補者が，いわゆる老人ホームの入所者で
あって，かかりつけ医の連絡先も判明しており，既に連絡をとっていたと
いう状態であったのに対し，本事例では，候補者たるYが，Xにとっての
実質的な対立相手であるA女と同居状態にあって，かかりつけ医自体が不
明であることから，医師の診断書を取得するためには，Y自身の協力を仰
がなければなりません。

　他方，形式的にであれYに代理人が就いた本事例において，私がYと直
接連絡をとることは，代理人の承諾を得ないで相手方本人と交渉すること
を禁ずる弁護士職務基本規程52条に抵触する危険性があります。そのため，
私としては，やむを得ずYの子であるX自らが，それまでやっていたよう
にYを食事などに連れ出す形をとり，その中で医師の診察を受けさせると
いうことを提案しました。

　しかし，Xがそれを試みようとしたところ，なんとYがそれまで使用し

事例25　認知症が疑われる相談者からの依頼について

ていた携帯電話は解約をされ，ＸがＹに対して直接連絡をとる術がなくなってしまったのです。もちろん，ＸがＹの居宅を直接訪問すれば足りるわけですが，Ｙの居宅はすなわちＡ女の自宅でもあり，Ｘにとってそれは事実上困難です。そのため，Ｘは，Ｙのために手紙を書いたり，新たに携帯電話を購入の上，手紙を添えてＹ宛てに郵送したりして，連絡を取ることを試みたものの，それも結果的には奏功しませんでした。

　以後，結果的にＸはＹと会えない状況に陥り，Ｙの代理人を名乗るＢ弁護士からは，Ｘが自身の名義で受領した賃料の引渡しの請求を受けるに至りました。当方からは，重ねてＢの代理権に対する疑問を投げかけ，賃料の引渡時にＹとの面会を求めたものの，Ｂ弁護士からはそれに応じる旨の回答は得られません。他方で，Ｂ弁護士に対して，Ｙの身上監護状況を尋ねたところ，直接の面会は当初一度しかないとのことで，一切分からないとのこと。日常の連絡も，親族を通じてしているということでした。

　このことはつまり，本事例において，係争事項を離れたＸとＹとの親子関係自体をも断絶したにほかなりません。Ｂ弁護士の対応の真意がどこにあるのかは分かりませんが，私自身も目にしたＸとＹとの良好な親子関係を，結果的に断絶するに至らしめたことに関しては，率直に胸が痛みます。

　私としては，Ｙ側より，Ｘ名義で受領した賃料の引渡しに関して，不当利得返還請求訴訟なりを提起してもらえれば，その手続内，尋問などにおいてＹと直接接触する機会があるので，それをも視野に入れていたものですが，結果としては現在に至るまで，引渡し等については宙ぶらりんのまま，本事例は塩漬けになってしまったというのが現状です。

(3)　あるべき対応と注意点

　本事例については以上のとおりであり，不完全燃焼状態で帰着しています。では，あるべき対応としては，どのようなものだったのでしょうか。

　まずは，当初受任段階において，Ｙを医師に連れて行き，診断書を作成しておくべきだったということです。Ｙの行為能力に何らかの問題が生じていたことは明らかであり，少なくとも保佐審判はなされた可能性が高いと思います。そのため，本事例においてこれを先に済ませておけば，その後の紛争の大半は早期に解消していたと言えるでしょう。

305

第7章　その他の高齢者に関する事例

　次に，反面教師というわけではないのですが，B弁護士の対応について
は，今でも大きな疑問を禁じ得ません。それは，弁護士職務基本規程72条
への抵触のみならず，Yのみの代理人を名乗って活動すること自体が，の
ちにYが成年被後見人となった場合の，自身の代理権の正当性をも疑わせ
ることになりかねず，場合によっては無権代理の誹りをも受けかねません。
さらに，B弁護士の活動は，結果的にXとYとの良好な親子関係をも断絶
してしまう結果をも招来しました。Y自身が成年後見等の審判を受けるこ
とは，Yの利益に何ら反しないはずですし，仮に申立ての結果，審判が出
なかったとすれば，それはそれで問題はなく，少なくとも，Yとしては自
身の最低限の経済的生活を確保する契機にはなったはずです。

　弁護士の依頼者からの依頼意思の有無というのは，実は紛争の相手方に
とってはブラックボックスであって，双方に就いた弁護士同士が，それぞ
れに慎重な意思確認を行っている，ということを前提とするにすぎず，互
いの信頼にのみ礎を置くものです。近年，依頼者からの依頼が明確になさ
れていないにもかかわらず代理人として活動をし，結果として懲戒される
という事例も増えているように思われます。弁護士は認知能力に関する専
門家ではありませんが，高齢者で認知症が疑われる者からの依頼の場合に
は，形式的な書面を具備するのみならず，その依頼者の認知能力に問題は
ないのか等について，慎重に見極め，問題がありそうだと判断した場合に
は，依頼を受けることの前提として積極的に医師の診断を受けさせること
も必要になるものと思われます。このような対応が欠けたままに形式的な
書面のみを根拠に代理人を名乗り，「やったもの勝ち」になるような事例
が増えてしまうと，当該弁護士自身の信用のみならず，弁護士業界自体に
対する信頼性すら失われかねません。このような事態を招かないためにも，
認知症が疑われる依頼者に関しては，自身が依頼を受ける際の慎重さと，
相手方による対応の一歩も二歩も先を行くような見立てが必要になると言
えると思います。

　　　　　　　　【プライバシー保護のため事例の内容は変えております。】

事例26 高齢者の交通事故における損害賠償請求

87歳の高齢女性が交通事故に遭い後遺障害等級別表第1第2級1号の認定を受けたところ，家事労働の休業損害，将来介護費用等が問題となった事例

●概要図

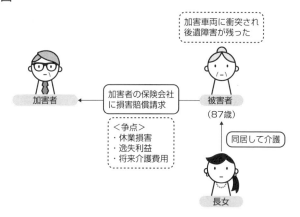

はじめに

　本事案は，夫を亡くし長女と二人暮らしの87歳の女性が道路を横断歩行中，加害車両に衝突されて傷害を負い自賠責保険の後遺障害等級別表第1第2級1号（「神経系統の機能又は精神に著しい障害を残し，随時介護を要するもの」）に該当する障害が残ったという事例です（自動車損害賠償保障法施行令2条）。被害者の家族が，加害者の保険会社に対し賠償請求をしたところ，休業損害，逸失利益，将来介護費用が争点となりましたが，交渉の結果，裁判外で和解をするに至りました。

1　事　例

　被害者は事故時87歳の女性で，長女と自宅で二人暮らしをしていました。長女は，独身で長年ある会社に勤務し，被害者は長女のために家事一切を

第7章　その他の高齢者に関する事例

担当してきました。あるとき被害者は，通院するため道路を横断しようとしたところ，反対方向から来た加害車両に衝突されて，頭部挫傷等の傷害を負う事故に遭い救急車で搬送されました。幸い入院期間は10日でしたが，退院後は自宅で暮らすことはできず老人介護施設に入所となり，同所から通院をすることになりました。

本相談のポイント

① 87歳の高齢者が家事従事者といえるか。休業損害，逸失利益の可否。

② 将来介護費用の算定方法。

③ 将来介護費用の中間利息控除の始期。

④ 高齢による損害拡大と減額の可否。

⑤ 高齢者の事件解決にあたり手続選択上の注意点。

2　傷害の内容，後遺障害の内容と程度

　被害者の傷害は，頭部打撲でしたが重篤ではなく，入院と病院での生活で次第に生活力，自活力が衰えていき施設入所となり，その後自宅に帰宅をして受任時は自宅で生活していました。後遺障害について上記のとおり自賠責保険において別表第1第2級1号の認定を受けました。

3　高齢者の休業損害，逸失利益

① 被害者に通常の家事従事者なら認められる家事従事者としての休業損害，逸失利益が認められるかが問題となりました。

② 一般的に就業をしていない家事従事者も対価を得ていないが労働であるとして休業損害や後遺障害の逸失利益の対象となる就業と評価されていることは周知のとおりです（『民事交通事故訴訟損害賠償額算定基準　上巻（基準編）2017年・平成29年』，いわゆる赤い本80頁，98頁。以下「赤い本」といいます。）。しかし，家事従事者が87歳の高齢者であるときも，家事

308

従事者として評価されるでしょうか。

③　東京地方裁判所，大阪地方裁判所，名古屋地方裁判所の３つの裁判所は平成11年11月22日に「交通事故による逸失利益の算定方式についての共同提言」（いわゆる三庁共同提言）を発表しました（判例時報1692号162頁，判例タイムズ1014号62頁）。共同提言は，家事従事者の具体例として夫と二人で年金生活をしている74歳と88歳の専業主婦の女性の例を挙げて，前者の74歳の女性の例では，家事労働について逸失利益を認めていますが，後者の88歳の女性の例について「88歳の年齢及び夫と二人で生活していることを併せて考えると，そこにおける家事労働は，もはや自ら生活していくための日常的な活動と評価するのが相当である。したがって，逸失利益は認められない。」としています（前掲判例時報155頁）。家事従事者に休業損害，後遺障害逸失利益が認められる理由が，家族等の他人のための家事労働に従事している者が交通事故でそれに従事できなかった場合に損害と評価するのであり，もはや自分の生活のために家事に従事するときは，休業損害等の対象とならないと考えるものです（佐久間邦夫・八木一洋編『交通損害関係訴訟〔補訂版〕』（青林書院，2013）80頁）。

④　本件の被害者は，87歳と高齢ですし，上記の三庁共同提言の算出例からすると，自己のための家事ともいえそうでした。しかし，被害者は，長年独身で会社に勤務を続けた長女のために家事全部を負担しており，事故時も87歳とはいえ元気で家事をこなしていたという事情がありました。裁判例も三庁共同提言のように88歳という年齢で一律認めないものではなく，事故前の生活実態を踏まえて家事労働を認めているものもあります。赤い本にも，入退院を繰り返す妻に代わり同居家族のため家事を多く分担する症状固定時84歳の男性被害者（大阪地判平11・2・18交民32巻1号296頁）や，症状固定時90歳の女性（名古屋地判平17・12・16自保ジャーナル1635号10頁）について，家事労働と評価して逸失利益を認めた裁判例が紹介されています（赤い本100頁）。

⑤　本件被害者も上記の事情があったので，休業損害について基礎収入を女子学歴計・年齢別賃金センサス70歳以上の約300万円の9割程度であ

第7章　その他の高齢者に関する事例

る270万円として事故時から症状固定時までの期間90日分を請求し，この点は加害者も認めました。

⑥　後遺障害の逸失利益についても基礎収入を同額として，労働能力を100％失ったことを前提に，平均余命までの2分の1の期間である3年間分のライプニッツ係数を乗じた金額である約740万円を請求し（赤い本89頁），加害者はこれを認めました。

4 将来介護費用の算定方法

①　被害者は，本件事故により，介護施設に入所してその後自宅に帰宅して長女と訪問介護を受けながら生活をする状態になりました。これまでの介護費用は，症状固定後も800万円以上になりこれは既に自己負担分として既払い済みでした。今後自宅で生活をするとして，介護費用として昼間に2回訪問介護を受けるための費用として毎月15万円ほどの費用が予想されました。

②　交通事故により将来にわたり介護が必要となった被害者について，将来介護費用をどのように算出するかという問題があります。

　　この点の裁判例は多数にわたりますが，赤い本は親族介護の場合1日8,000円を症状固定時から平均余命までの期間についてライプニッツ係数を乗じて算出するとの基準を示しています（赤い本22頁）。

　　本件の被害者は，毎月15万円の費用を支出してきて，将来もほぼ同額が必要と予想されました。1日あたり5,000円程度の金額となります。

　　将来介護費用を仮に1日5,000円として症状固定時87歳の平均余命94歳までの7年間のライプニッツ係数5.786を乗じると約1,041万円となります。また将来介護費用を1日8,000円で計算をすると約1,666万円となります。

　　早期解決を目指すこともあり，結局1日5,000円の実費と長女の親族介護分を3,000円としての合計1日8,000円を請求することにしました。しかし，本件で症状固定時から中間利息を控除するのが妥当か問題となります。

310

事例26　高齢者の交通事故における損害賠償請求

5　将来介護費用の中間利息控除の始期

① 本件で，これまでの介護費用の実費分は症状固定時以降分も含め既に880万円を支払っていました。それなのに症状固定時から将来介護費用になるとして，交渉時までの既払い分から中間利息を控除するのは，不合理でないでしょうか。この点，遅延損害金を事故時から付加して請求すれば，不利益は回復されると考える余地があります。しかし，本件交渉では，遅延損害金を付加すると交渉が困難と予想されましたので，症状固定時からの中間利息控除と事故時からの遅延損害金が対応しないため，不合理な結果となります。

③ そこで，既払い額880万円全額を請求し，将来介護費用の中間利息控除について一般的な基準日である症状固定日でなく，示談交渉時（この時被害者は92歳になっていました。）から控除することにしました。基準額は，前述のとおり1日5,000円の実費と長女の親族介護分の合計で1日8,000円とし示談交渉時である92歳から平均余命約4年のライプニッツ係数3.546を乗じると約1,021万円となります。既払い額との合計額は，約1,901万円となります。前述のとおり症状固定日から平均余命まで1日8,000円で算出した1,666万円よりも高額になります。相手方は，当初1日5,000円を前提にした1,041万円を提案していましたが，当方が上記のとおり合計1,901万円を請求して交渉した結果，相手方はこの請求を全額認めました。

　ただし，介護費用について既払い額から中間利息控除をしない請求方法は，一般の裁判例では否定されています。中間利息は，症状固定時から控除する裁判例が定着しており，裁判になれば，既払いの介護費用全額を請求できませんが，交渉では遅延損害金を請求しないこととの均衡から認められる余地があります。

6　高齢による損害拡大と減額の可否がありうるか

① 本件で被害者が，頭部打撲により自宅で介護まで必要になったのは，やはり年齢が相当程度影響したと思われます。仮に被害者が20歳代，30

311

第7章　その他の高齢者に関する事例

歳代の若い方なら，同様の重篤な症状が残存するか疑問が生じます。

② このように高齢者であることで通常より重篤な症状を残すようになったとき，被害者が高齢であることを理由に損害額を減額できるでしょうか。被害者が若者なら軽度の傷害で済んだところを，高齢であったため重篤な障害が残り賠償額が高額になることが，加害者に不公平にならないかという問題です。

③ この点，最高裁平成8年10月29日判決（民集50巻9号2474頁）が，「被害者が平均的な体格ないし通常の体質と異なる身体的特徴を有していたとしても，それが疾患に当たらない場合には，特段の事情の存しない限り，被害者の右身体的特徴を損害賠償の額を定めるに当たり斟酌することはできない」として，首が長く多少の頸椎不安定症がある被害者について，それを斟酌しなかったことが参考になります（赤い本267頁）。この最高裁の判断からは高齢であることは，人が誰でもいつからは経験する自然現象であり疾患とはいえないでしょうから，ただ87歳の高齢であることだけを理由に損害の拡大があったとして素因減額をすべきでないと考えられます。

高齢だけを理由とする減額を否定した裁判例は，多数あります（大阪地判平23・3・28自保ジャーナル1862号155頁．赤い本268頁，その他古笛恵子『事例解説高齢者の交通事故』（新日本法規出版，2007）238頁以下の裁判例等）。ただし，被害者が，高齢だけでなく何らかの病気を抱えていてそれが事故による被害の拡大に寄与しているようなときは，素因減額される可能性があることになります。

本件の被害者は事故時87歳でしたが，事故前は元気で家事もこなしており特に病気もなかったので素因減額の対象にならないと思われます。交渉時にも加害者から素因減額の反論が出ることはありませんでした。

7　手続選択上の注意点

① 被害者が高齢者の交通事故の場合，解決する前に事故とは無関係の原因で亡くなることがあり得ます。その際，消極損害である後遺障害による逸失利益は死亡に影響されず請求が可能ですが（最判平8・4・25民

集50巻 5 号1221頁，赤い本143頁，交民29巻 2 号302頁），積極損害である将来介護費用は，請求できないとされています（最判平11・12・20民集53巻 9 号2038頁，赤い本22頁，判時1700号28頁）。高齢者の損害額のうち将来介護費用は，高額になることが予想されますから，解決まで長期化して係争中に被害者が亡くなると認容額に大きな差異が生じる可能性があります。

② 　したがって，高齢者の場合，交渉でなく訴訟手続等を選択して解決が長期化すると予想されるときは，ご家族に対し解決前に被害者が死亡したとき損害額が減額されることをよく説明して依頼者とのトラブルを避ける必要がありますし，また早期解決を目指す等の注意が必要です。

8 結 論

後遺障害慰謝料も後遺障害等級 2 級の基準額2,370万円（赤い本180頁）であり，過失相殺が20％であることも争いがなく合計額約4,200万円の和解金額で解決をしました。遅延損害金を請求しないなど譲歩した部分もありますが，当方の考え方も相当受け入れられ，また慰謝料など裁判所の基準にも近い金額であったこと，被害者が高齢であり健康状態の不安もあり前述のとおり被害者に不測の事態も想定されたこと，ご家族から訴訟によらず早期解決を強く希望されていたことなどから，裁判でなく和解による解決となりました。

高齢者の方の交通事故について参考になれば幸いです。

【プライバシー保護のため事例の内容は変えております。】

第7章 その他の高齢者に関する事例

COLUMN

コラム⑬
高齢者が交通事故で死亡し，相続人の一人に成年後見人が選任された場合の注意点

　高齢の男性で，認知症の妻の介護をしていた方が交通事故で亡くなりました。相続人は，妻と子供3人です。子供たちから，認知症の母親の分も併せて，相続人4人分の交通事故の示談交渉を依頼したいとの相談を受けました。母親の状況からすると，母親について成年後見人の選任を受けなければ示談を進められないことは明らかでしたので，先に成年後見の申立てをし，第三者の弁護士が成年後見人に選任されました（裁判所が遠方であったため，当方を後見人候補者とはしませんでした。）。

　当初，母親の分も含めて示談交渉の依頼を受けるつもりで子供たちと委任契約を締結したのですが，母親の成年後見人から，「家庭裁判所と相談した結果，被後見人の福祉の観点から，たとえ報酬が低額であったとしても，成年後見人から他の弁護士に示談交渉を委任することはできない。示談交渉ないし訴訟は成年後見人自身で行う。」との連絡を受けました。しかしながら，示談交渉の相手方の保険会社からは，自賠責保険への請求のため交渉窓口を一本化してくれないと示談ができないと言われ，対応に苦慮しました。相続人の一人に成年後見人が選任されているからというだけで，示談ができず訴訟の負担を余儀なくされるのは不合理です。少なくとも子供たちは，示談交渉での早期解決を強く望んでいました。

　結局，子供たちの代理人である当方が，母親の分も一緒に無償で交渉することで落ち着きましたが，「被後見人の福祉」という理念も，実際の運用をみると，非常に硬直的で不便なものだと実感せざるを得ませんでした。

座　談　会

座談会

座 談 会
高齢者に関する弁護士実務

開催日：平成29年5月15日
場　所：弁護士会館（東京都千代田区）

目　次

第1　成年後見・財産管理　　　　　　　　　　　　　317
　1　後見人の身上監護はどこまですべきか
　2　後見監督人と後見人の連携
　3　被後見人の能力回復のときの後見人の役割
　4　高齢者の財産管理と信託制度の利用方法
　5　成年後見人選任の申立ての際の親族照会について
第2　高齢者が被害者である事件の特殊性（意思能力に疑問がある
　　高齢者からの事件受任）　　　　　　　　　　　　332
第3　高齢者の借金・破産　　　　　　　　　　　　337
　1　高齢者の破産申立ての際の留意点
　2　生活保護の高齢者が破産をするメリットはあるか
第4　介護契約・介護事故　　　　　　　　　　　　341
　1　施設倒産の際の保証金の回収方法
　2　施設入所者との面会におけるトラブルと対処法
　3　介護事故における過失の判断基準
　4　介護事故における証拠収集の方法
第5　高齢者虐待（高齢者を虐待から救い出す手順・施設等）　　　348
第6　高齢者の扶養（高齢者の扶養についての子供間での責任の押
　　し付け合い）　　　　　　　　　　　　　　　351
第7　高齢者の相続・遺言　　　　　　　　　　　354
　1　高齢者の囲い込みによる恣意的な遺言書作成に対する対策は
　　あるか
　2　相続財産の同居者による使い込みが判明した場合の対処方法
　3　高齢者の遺言能力の限界について
　4　遺留分事前放棄の活用方法
第8　その他　　　　　　　　　　　　　　　　360
　1　金融機関が預金の引下しを拒否する場合の対応について
　2　高齢者の死亡事故における慰謝料と逸失利益の算定
　3　責任無能力者の監督責任について

316

高齢者に関する弁護士実務

第1 成年後見・財産管理

1 後見人の身上監護はどこまですべきか

司会：皆さん，本日はお忙しい中，お集まりいただきありがとうございます。本日は，「高齢者に関する弁護士実務」と題して，座談会をさせていただきます。

　早速ですが，始めたいと思います。最初の議題は「第1　成年後見・財産管理」ですが，これについては，まず「後見人の身上監護はどこまですべきか」ということがテーマとして挙げられています。私も，身上監護をどこまででやらなければいけないのか，という点がよく分かりませんので，こちらについてどなたか，お話をいただければと思います。

A弁護士（男性）：この身上監護については，以前，私も調べておりまして，15年ほど前に水野紀子先生という東北大学の教授が，「成年後見制度は，意思決定の代行制度であり，法定成年後見においては，介護労働のような事実行為は成年後見人の職務ではない」旨を明確に言われています（「成年後見人の身上監護義務」判例タイムズ1030号97頁～109頁（2000年），http://www.law.tohoku.ac.jp/~parenoir/shinjou-kango.html）。逆の説として，中央大学教授の新井誠先生は，成年後見人の職務には身上監護を含む旨を主張されていますが，水野先生は，それをやると成年後見人は意思決定を代行する立場であるため，成年後見人が介護労働を引き受けることは，利益相反行為になるからできないはずだと言われています。水野先生の考え方を採れば，身上監護は，やる義務はないということになりますね。ただ身上監護といっても，例えば施設を選択したり，どういうサービスを選択したりとか，そういう契約とかに関わる部分というのは，意思決定の代行をするわけだからいいということです。しかし，後見人が，何か介護に関することを手伝ったりとか，その辺のフェンスを直したりとか，そういうところまではやらなくていいというところと思われます。

B弁護士（女性）：理論的にはそうだと思うんですが。ただ実際上，弁護

317

士が後見人をやっているときに，財産管理だけしかやらなくて身上監護は一切断るというのは，実際上，身寄りが一切いない被後見人の場合，困ってしまうので，ある程度やっているというのが実情ではないでしょうか。自分でも，例えば，施設の入居契約をするのはもちろんですけど，自宅から必要なものを運んでくださいと言われれば車を出して運んだりとか，そういったことをやったりということはあります。あと，一番困るのは，医療同意書で，被後見人が施設で怪我をしてしまって，手術をするとか，入院をするっていう時に，親族がいればいいんですけど，そうじゃないと後見人が呼び出されて，手術の同意書にサインしてくださいと言われます。それは後見人には医療同意権はないといって基本的には断りますが，お医者さんにそれを説明するのが結構大変です。

C弁護士（男性）：以前，ＮＨＫのテレビで，実際に後見人をやっている司法書士が，かなり頻繁に本人のところに出向いて，こういうことまでやってますよ，ということを放送してたんです。それで，弁護士と司法書士でどちらがフットワークがいいかといったら，ああいう番組を見ると，圧倒的に司法書士の方がフットワークが良いんですね。弁護士がいつまでも「代理権だけだ」と言って，あぐらをかいていいのかと思います。「身上監護？　そんなもの弁護士ができるか」ということではいけないのかなと思うのですが。当然，後見人の報酬，費用対効果との兼ね合い等もあると思うんですけど。このままでは，後見人の仕事はますます司法書士などに行ってしまうのではないですか。その辺，皆さんはどのようにお考えなのでしょうか？

司会：いかがですかね。身上監護に関して，皆さんから，どの辺までやるのか，ということをお聞きしたいのと，また，第三者に頼めるもの，頼むことが相当であれば，いわゆる成年後見人としての報酬ではなくて，契約をして被後見人の財産から支出できるという形もありますよね。まあその内容によりますけど。自分でやってしまうと報酬としてしか出ない，ただ報酬もなかなか認めてくれないというのも現実ですので，第三者に頼むことが相当なものであれば，第三者に依頼してその人にやってもらうということもあるかと思います。ちょっと抽象的な話ですけども，

いかがでしょうか。

C：実際に，多くの一般社団法人が成年後見の任についていますね。実際にその法人が成年後見を行っている事案で，法人の代表の奥さんが後見人に選ばれて，弁護士，奥さん，社団，こういった形で後見事務を行っていて，どうも弁護士はこの社団，あるいは社団代表の奥さんに身上監護を任せてて，裁判所もそれを許可してるようなんです。そして，費用はどんどんかかっちゃうわけ。私が被後見人からの依頼で関与した事件では，後見人が３人もついていて，被後見人が「後見人は何もしていないのに，俺のお金がどんどん減ってしまうんだ」という，強い不満を持っていました。周りの人，被後見人の奥さんもそういう不満を持っていました。その辺はどうでしょうか。

司会：いかがでしょうか？　その辺。

A：弁護士の場合，たくさん後見人を引き受けた場合，結局やらないですよね，そういう身上監護とか細かいところは。実際は，簡単なことであれば，事務員にやってもらうこともあるかと思いますが。基本的に，そういう形になると思うんですけども。

C：だから，弁護士として一般に，皆さんが後見人をやっているときに，「こんな費用じゃそこまでできない」と思うのか，その辺の率直な感想を教えていただきたいと思うんですが。

D弁護士（男性）：まあ，身上監護をとことんまでやれといわれたら弁護士はまずできないですよ，実際問題，時間的に。もうひとつは確かに，報酬との関係で，まあ報酬がもう少しよければ弁護士ももう少しやれるということはあるようにも思いますが，やはり時間的に難しいのではないかと。ですからどこまでやるかというのは，悩ましい問題です。

　先ほどC先生が言われたとおり，あぐらをかいていていいのかというご指摘は分かりますね。弁護士だから身上監護のようなことは何もやらなくて良いのかと。それは分かりますけれども，実際はなかなかできないというところで，どこで線引きというか，割り切るかという問題があるのだろうと思うのです。

司会：はい，ありがとうございました。今の関連で他の方々いかがです

か？

E弁護士（女性）：専門職後見人の場合は，身上監護の義務まではないという整理だと思いますが，実際にはやっていらっしゃる先生方が多いと思います。私自身は経験がないので教えていただきたいのですが，身上監護をかなりの時間を割いて行ったというときは，報酬付与の申請をするときにそのことを書くのか，書いた場合に，裁判所の決定でその点が反映されたという実感があるのか，ご経験としてお伺いしたいと思います。

司会：どなたか。

B：一応，裁判所に提出する「報酬付与申立事情説明書」には，そういったことを書く欄とかもあって，一応書きますけれども。基本的には，今の家裁の運用っていうのは，管理している資産がいくらであればいくらっていう目安ができてＨＰで公開もされていますので，身上監護で増やされたという実感はないですね。むしろ遺産分割をしたとか，自宅の売却をして被後見人の資産が増加したときに，付加報酬ということで若干増額されるという感じです。

F弁護士（男性）：東京家裁では，「報酬付与申立事情説明書」がちょうど昨年ぐらいから変わったばかりなので。従来は財産が増えたか増えてないかで，財産を減らさないように多少何か弁護士がやったとしても，一切付加報酬がついていないというイメージでしたけど。「報酬付与申立事情説明書」にも，身上監護等について書く欄ができてますので，少しは反映する意思っていうのがあるのではないかなと思います。弁護士は確かにそうかもしれないですけど。社会福祉士さんとかむしろその身上監護（介護労働）に近い方をメインで動かれているイメージがあるんですけど，そこを一切評価しないというのも変な話じゃないかなと思いますので，少しずつその身上監護，介護労働にも動いてくるんじゃないかなと思うんですけども。従来はあまり評価されていないと思います。

司会：従来はなかなかやっても評価されていないと。ただ報告書には書くべきだと思いますけどね，これだけやってるんだということを。それと，やはり成年後見人に対して，一般の方が誤解をされているというか，財

産管理だけじゃなくて，身上監護も当然やってもらえるんだと誤解をされてる人がいると思うんです。その点は十分知っていただかないと。おそらく，懲戒請求もないわけではなかったりするんでね。だからそういう意味でも，ここでは注意が必要というか，そういう点も，被後見人はもちろんのこと家族なんかにも，弁護士なり専門職後見人が何をするのかというのを十分に分かっていただかないといけないと思いますね。変なところで，誤解による懲戒請求というのが，最近はあるような気もしますからね。

C：民法858条には，後見人に「身上配慮義務」を課していますね。この条文との関係をどう考えたらよいのでしょうか？

A：これは，事実行為としての身上監護ではなく，法律行為としての身上監護ですよね。例えば，施設に入所するのに入所契約をしますが，これは財産管理じゃないですよね。こういう行為が，身上監護として条文に入ってきてると。つまりは，事実行為ではなく，法律行為ということだと思います。

C：これ，例えば司法書士又は一般の方が後見人として選ばれたときも解釈は同じなんですか？

A：同じです。

C：同じ？　後見人は，身上監護はやらなくても良いのですか？

A：だから親族として身上監護をやるのはまた別ですよ。また，私が後見監督人として，実際に見た事案では，法人が後見人になっていたんですが，そこでも身上監護のようなことをやっていました。その法人に女性の担当者がいまして，その方に「何人担当してるんですか」と聞いてみたら，「30人くらい」だと言うんですね。それで，「スケジュールを組んで回っています」と。そういう形で，施設に会いに行って，何か不都合なことはないかとか聞いて，それを仕事として回している感じでした。じゃあ，弁護士がそこまでやるかっていうと難しいんですけれども……。しかし，事情によっては，やらざるを得なくなることがあると思います。

司会：面会という点では，被後見人との面会の頻度の問題はありますよね。全く面会をやらなくてもいいかっていうと，これはやらなくてもいい人

321

はいるかもしれないけど，人によっては，後見人としての義務違反とい
う形で，ある意味じゃ訴えられますよね。それでトラブルになっている
ケースもあり，何かあるとそれを理由にされてますからね。

C：私が先ほど言ったようにＮＨＫの報道で司法書士が被後見人の家に実
際かなり頻繁に出入りして，面接の回数が増えれば増えるほど，事実上，
身上監護のようなことをやるわけじゃないですか。ちょっとあれ取って
とか，買い物に行ってきてとか，まあやっちゃいますよね。そういう報
道がされて，「弁護士は身上監護は一切やらないぞ。」という態度を取り
続けていくことが何となくいいのかな……というふうに思ったりしてる
のですが。

A：逆に全部やれと言われても，そういうことが義務化されるのは困るけ
れども，身上監護をやってくれる親族がいないような場合には，結局や
らないといけなくなると思います。

B：これはかなり議論があるところなので，ここで結論を出すことはでき
ないところですよね。ですから，皆さんが，実際がどうされているかと
いうところを教えていただきたいのですが。

司会：そうですね。

G弁護士（男性）：私自身は後見人はやったことはないんですけれども，
実務をされている先生方にお伺いしたいことがあります。以前，弁護士
会の研修のときに聞いた話ですが，例えば，介護施設の選択とかを実際
にせざるを得ないときには，本人と直接コンタクトをとって，本人の状
態を知らないといけないので，面会していると。成年後見の事務は，私
のイメージだと亡くなるまで面倒見るというか，付き合うという，大変
な仕事だというイメージがあります。その場合に，逆に，やりすぎては
いけないといいますか，一定の線引きをしないといけないようにも思え
ます。例えば，全部面倒を見てほしいという期待がされることもあると
思いますが，それに対して，どうやって距離感を保つのかということを，
実務をされている先生方の感覚をお聞きしたいんです。本当はやってあ
げたいとしても，やはり負担も大きいし，報酬の問題もあるだろうし。
そういう部分で，距離をある程度保つ工夫をされているのかなというと

ころの感覚を聞かせていただけると有り難いです。

司会：いかがでしょうか，今の点。全部の身上監護，事実行為なんてできないというのが前提となりますが。その辺の線引きについて，皆さんの経験の中で，具体的に自分はこの辺までやっているとかありますでしょうか。

Ｆ：人によるとは思いますけど，その被後見人にどれぐらい会いに行くかということにつきましては，たぶん実際できるかは別として，月に１回ぐらい行けたらいいなという感覚でやってらっしゃる先生が多いんじゃないかと思いますね。

司会：それは，多いかもしれないですね。おそらく，事案によって，被後見人によっても違うというか。もっと少ない人もいるように聞くところですが。

Ｄ：これは，後見人の数によって，１人でやるか，２人でやるかによっても違うのじゃないですかね。後見人が２人だと分担もできますが，１人だと全てやらなければならないですから。

　　また，何かあったときに放っておけるかという問題もありますよね。実際，救急車で運ばれたときに「知らないよ」とはいかないでしょうし。

Ｇ：それで，もう少しお伺いしたいのですが，お葬式になったとき，つまり被後見人が亡くなったときに，後見人として，実際にそこに行かれることもあるんでしょうか？　以前，弁護士会の研修で聞いたのですが，書面というか電報みたいなもので済ませるという話もあったように思います。お葬式に行って悪いということはないのでしょうけど，あえてそこは行かないで電報にしてますよというような話をされていた先生もいらっしゃいましたので。その辺の工夫はどうなのかな，なんて思ったんですけど。

Ｂ：それもケースバイケースで，身寄りの全くない方の場合は，弁護士の後見人がお葬式の手配までやったり，お墓のことまで考えたりというケースもあります。親族がしっかりしていれば，被後見人が死亡したら後見人の任務は終了なので，そこで何もしないからといって法律的に義務の不履行というわけではないのですが，諸々の事情とあとは後見人の

座談会

判断によるんじゃないですかね。

B：この点については最近民法も改正になって（民法873条の２），死後事務について規定され，被後見人が死亡した場合に，後見人は，必要があるときは相続人の意思に反することが明らかなときを除いて，死体の火葬ができる旨が明記されましたので，今後は法律の規定に則って行われると思います。

2　後見監督人と後見人の連携

司会：さて，続いては，「後見監督人と後見人の連携」のテーマに入りたいと思いますが，これについてはどなたかありませんでしょうか。

D：私が後見監督人をやっていたケースは，被後見人が精神病院に入っている場合だったのですが，その被後見人が後見人について裁判所に訴えたわけです。「後見人がけしからん，何か色々やっている」と。そして，裁判所から私が後見監督人に選任されて，調べろということになりました。それで，後見人から色々話を聞いて，事情聴取をしたのですが，結局，何も問題がないということが分かった。何か誤解があったようですね。要するに自分の財産を盗られてるという勘違い。本当に盗っているならもちろん問題だけれども。こういった問題があったときに，後見監督人は裁判所から頼りにされているという実感がしますね。

　あと，裁判所の基準でよく分からないのは，親族後見人に専門職後見人をつける場合と，専門職後見人に専門職後見監督人をつける場合と，両方ありますよね。あれはどういう基準で選択をやっているのですかね。

B：被後見人が一定の高額の金融資産（預貯金）を保有している場合に，不祥事の防止策として，専門職後見人が就いていて特に不正が疑われない場合であっても裁判所が一律に専門職監督人をつけるようになっているようです。それとあとは，具体的に後見人の不正が疑われる場合ですね。この２つの類型について専門職後見人に対して専門職監督人をつけるというのが最近の裁判所の運用のようです。ただ，さらに最近は，資産が高額の場合には，専門職後見人を選任するのか，一定の金融資産を信託に預けることによって監督人はつけないようにするのかを選べるよ

324

うになっていますね。

D：後見監督人がつく場合は，例えば東京家裁であったら，被後見人の資産が5千万円以上とか，基準があるみたいですけど。

C：少し前ですが，東京家裁から，弁護士が後見人に選任されている事件で，後見人の毎年の収支の報告が概括的なので調査してほしい，とのことで後見監督人に選任されたことがありました。後見人の弁護士の先生は大変憤慨していましたよ。そのときは，細かい報告を出し直してもらって後見監督人の仕事は数か月で終わりました。

司会：あと，親族後見人に後見監督人をつけるケースというのもあると思いますが，いかがでしょうか。

B：親族の後見人が後見業務をやるのに，独力では後見人の仕事をするのが難しいので補佐的な監督をする人が必要だという場合もあります。一般の方は弁護士や司法書士のように金銭の管理に慣れていなかったり，報告書の作成も難しい方もいますので，やはり色々指導しなきゃいけない場合には，監督人をつけるというパターンが一つあるようです。それとあとはやはり親族後見人の不祥事が疑われるような場合，管理がずさんだということが明らかになった場合は，監督人をつけて使い込んだ資産を戻させたりする場合もあるようです。

D：その他に，親族後見人と専門職後見人の両方をつける場合はどうなのでしょうか。後見監督人をつけない場合です。

　　親族後見人と専門職後見人がいて，専門職後見人は法的な色々なアドバイスをすると。しかし対等な立場なのですね。法律的には，双方後見人ですから，対等な立場なのですよ。それは，裁判所もそう言っている。でも，弁護士としては，監督する立場としての後見監督人の方がやりやすいですね。

　　それで，親族後見人と専門職後見人にする場合と，後見人と後見監督人にする場合と，どういうふうに割り振りをしているのですかと。そういう話がちょっと分からないなと。裁判所のやり方が。

B：複数の後見人を選任する場合には，親族後見人が身上監護，専門職後見人が財産管理といったように権限分掌を決めることも多いようですが，

座談会

それが決められていないとやりにくいですね。

司会：あとは実質上の内部関係で役割分担的にするっていうのと，やはり
その適正というか，本人に近しい親族の方が後見人をして，ただ，その
方だけでは，財産管理などが難しいので，監督人ではないけども，やは
り専門職後見人が付いた方がいいだろうという感じでしょうか。

H弁護士（男性）：私が聞いた話だと，後見人が信託を利用する場合に，
信託に移行するために専門職後見人をつけて，信託ができたときに，解
任になるっていうケースがあるようです。

B：それはまた別の類型ですよね。さきほど話に出た，資産高額の場合に，
当面使う必要のない分を信託銀行の後見支援信託に預けるという方法が
あります。たとえば，被後見人が5000万円の預金を持っている場合，後
見人が管理する銀行口座には500万円程度の残高があれば毎月の生活に
は十分だということなら，4500万円は信託銀行の口座に預けて，そこか
らお金を下ろすためには家庭裁判所に申請して「指示書」をもらわなけ
ればならないという制度です。この，信託銀行と信託契約を締結するだ
けのために，弁護士又は司法書士が後見人になって後見信託を利用する
のが適切かどうかを調査・判断し，信託契約を締結したら辞任するとい
う仕組みです。ちなみに，契約締結後は，解任ではなく辞任です。

3 被後見人の能力回復のときの後見人の役割

司会：さて，次のテーマは，「被後見人の能力が回復した場合」の後見人
の対応についてです。能力が回復するということは，ありえることでは
あると思うんですけど……。

C：私が，利益相反するので自分はできないという弁護士の先生からの紹
介でやった事件で，血管性認知症の病名で２年前に後見人として弁護士
が付いたんですが，ご本人，だんだん良くなってきちゃったんですね。
ご本人に面会すると，私に盛んに後見人への不満を言うんですよ。「後
見人が勝手に俺の不動産を売ってる。」と。実際に，資産家で金融資産
も多い被後見人の資産の状況から，そんなに急いで不動産を売って現金
化する必要もないのにな，というものも確かにある。ご本人の状況はと

326

高齢者に関する弁護士実務

言えば，面談して色々話を聞いてみると，かなり普通の会話ができる。趣味が多い方で，趣味の材料の買い物も一人で電車に乗って行ってくるようになっている。現状を見ると，後見の要件はない，少なくとも保佐，うまく行けば補助に変更できる可能性もあるのかなと思いました。ただ後見人は，本人がその意向を伝えてもそれに対して全然対処してないんですよ。無視。まあ私から見ると，後見の仕事にしがみついている様子がうかがえる。しょうがないから本人からの委任で，家庭裁判所に対して，後見を取り消した上で，保佐か補助への変更を申し立てたんです。それで最終的には保佐になったんです。

　血管性認知症というのは回復していく可能性もあるというような話を聞いたんですけど。実際に何度か面談しても，普通に会話ができたんです。

　この状況は，後見人も良く分かっていたと思うんですが。そういうふうに能力が戻ってきたときに，後見人として何をすべきか，ということについて皆さんの意見をお聞きしたいのですが。

A：後見類型が変わるようなことがあれば，後見開始の審判の取消しや変更をやらなきゃいけなくなりますね。

C：そう。ただそれを弁護士がね，後見人の弁護士がほったらかしてるんですよ。本人や家族がいくら言ってもやってくれない。ただ後見人としては何となく自分が後見人のままの方が楽なわけじゃないですか。自分の意のままに換金できるし。報酬も貰えるし。保佐や補助ではそうはいかない。だからほったらかしてて。で，被後見人のご本人には，奥さんもいて，その奥さんも，私に，「あの弁護士を懲戒できないか」，なんて言い始めて。かなり危ない状況になったんですよ。そのときは。

司会：被後見人の配偶者は，審判の取消しの請求権がありましたよね，あと本人もできたと思う（民法10条）。先生の事案では，本人からの委任で後見開始の審判の取消しをしたということですが，これ，本人だとそもそも被後見人になってるから能力の問題を指摘されると，ちょっとどうなんでしょうね。

C：本人からの委任ということでしたが，委任契約自体は裁判所から問題

327

視されなかったんです。私は，被後見人の能力が回復しているのだから，本人からの委任でやるのが筋だろうと思ったんです。そうしたら保佐相当だ，となったわけです。裁判所からは何も言われなかった。

　後見人としてどこまですべきか。ちょっと危ない面があるから議論しておいた方がいいかなと思いました。被後見人の能力が回復した場合に，後見人の弁護士が後見取消しの申立てまでする義務，後見からを保佐への変更を申し立てる義務があるんでしょうか？　それを怠った場合に弁護士業務の懈怠として懲戒の理由になるのかという問題も出てきます。

司会：義務ですか……。

C：このケースでは，被後見人の奥さんから，かなり強硬に，懲戒の申立てをしてくれと言われたんですよ。最終的には，保佐になって，別の弁護士が保佐人になったのでまあいいかということになったのですが。この場合，弁護士として本当に注意しなくちゃいけないかなと思うんですが。義務があるのか，後見人としての職務違反になるのかって。

司会：保佐人なんかも，取消しの申立てはできたよね。これは，権限があるというだけなのか，もしくは義務なのか，どこまでいくかの問題だと思うけど。

C：前，後見人研修に出席したとき，講師の大学教授に質問したら，そういう義務はあるということを言っていたんだけども。だったら，もし頼まれたら，後見取消しを怠った弁護士に対して，懲戒申立てをしなくちゃだめですか，という問題になる。

司会：ただその抽象的義務なんだけど，本当に被後見人の能力が回復してるかどうかが明確ではない。明確な場合は，もちろん義務違反だけど，それがグレーだと，やはり相当性の問題になってくる……。

C：でも弁護士も専門家だよね。それから，本人との面談も前提だから，会って気が付かなかったとは言えないと思うんですよ。

司会：でも，これは能力の問題だから，医者の診断書だけじゃなくて，最後は，裁判所の判断でやるわけだけども。弁護士は普通の人よりは能力が高いと見られるかもしれないけど，やはり，そこでの能力の判断はできないから。

高齢者に関する弁護士実務

C：じゃあ本人がそういうふうに希望しているのにほっといたという場合
　も問題ないんですかね。それをやらないで全部怠っちゃった場合。

司会：後見人に後見開始の審判の取消しの申立権原があるといっても，後
　見人はある意味代理人ではないわけだから。

D：実際には精神科医の鑑定か何かを受けないと能力が回復しているかど
　うかは分からないですよね。

C：その事例では，ご本人が自分で精神科医の診断まで受けて，以前より
　能力が回復しているという診断書まで取っていましたよ。

4　高齢者の財産管理と信託制度の利用方法

司会：次のテーマは「高齢者の財産管理と信託制度の利用方法」です。先
　ほど後見支援信託について話が出ましたが，いかがでしょうか。

A：信託制度の利用については，必ずしも金額だけの問題ではないですよ
　ね。私の場合，裁判所から信託を利用するように言われた案件がありま
　したが，この件では，親族に，本人の母や姉と配偶者がいて，この双方
　とも相手方を信頼できない等の理由から，相手方が後見人になるのは嫌
　だということで，対立していた状況でした。そこで，第三者である私が
　後見人になることになりました。その後，入院先も決まり，本人の病状
　が安定し，後見業務も落ち着いてきたので，後見信託に移行できれば，
　専門職後見人は辞任し，親族後見人に引き継ぐのが普通だと思いました。
　ところが，このケースでは，後見信託になったとしても，親族間の信頼
　関係が修復されていないままで，親族のどちらかが後見人になると困る
　という状態は継続していたので，後見信託にしましたが，結局双方の間
　で緩衝材的な役割を担っていた私が引き続き後見人として残らざるを得
　ませんでした。

司会：じゃあ，信託制度も利用して，信託口座からの定期交付金と年金等
　で生活費を賄っていたということですかね。

A：一応大部分の財産を信託にして，最小限の別枠の預金で療養費を支
　払っていくという形にしました。預金には一定時期に保険金が入るので，
　それが高額になったときは追加信託を行うことにしました。

329

座談会

司会：はい。信託の関係で他にありますか？　圧倒的には，さっき言った数か月やって親族後見人に引き継ぐ場合，ある意味では財産の減少を防ぐというか，不正がないように，という形で一定の財産は信託銀行に預けて，あとは定期交付金であったり年金で年払いで生活するという場合と，先ほどの追加信託の問題。一般論ですが，このぐらいでいいですか。

Ａ：後見信託を利用して親族が後見人になるには，親族後見人の選任について親族間に争いがなく，引き継ぐ親族後見人にきちんとした財産管理能力がないとだめだと思います。私のケースのように，親族間の紛争が解決していないときは，親族後見人への引継ぎができないので専門職が後見人を継続する必要があります。

司会：だからその辺が適任かどうかも，裁判所から専門職後見人に対して，審査というかチェックをしろという形で話が来るわけですね。

5　成年後見人選任の申立ての際の親族照会について

Ｄ：一つ，ここで是非議論していただきたいのは，親族照会という制度がありますよね。成年後見開始の申立てをするときに，裁判所が親族照会をして，親族に意見を聞くわけですよ。これをやるのかやらないのか，どの親族までやるのかっていうのが実際非常に問題になっている。現実に今問題になっているのは，親族の間で対立があるときに，特定の親族が後見人になりたくて，財産も自分が管理したいために，裁判所に言って，親族照会をなるべくさせないようにする。そして，後で気が付くわけですよ，他の親族は。それでトラブルになる。親族照会をするかしないか，する場合の親族の範囲がどこまでかっていうのは，非常に不明確なんですね。このあたりはやはりきちんとすべきだなという感じはしますね。

司会：親族照会は裁判所がやっているわけですよね？　こちらには，裁判所がやった結果が，記録として入ってくるだけだから。

Ｄ：裁判所に決める権限があるけれども，その基準が不明確なのですね。だからそこのところでやはり色々と問題が生じている。

司会：確かにこういう事案は，後見人が訴えられる一番危ないところなん

高齢者に関する弁護士実務

で，公平・公正を考えて対応する必要がありますよね。一部の親族というか，推定相続人に偏った形での対応をすると弁護士に対して懲戒請求ということもある。これもよくあるケースですけどね。

D：はい。だから，権限は裁判所にありますといってもそれで済む話でもないわけですよね。

座談会

第2　高齢者が被害者である事件の特殊性
（意思能力に疑問がある高齢者からの事件受任）

司会：高齢者が被害者の事件で，裁判所の対応に違いが出てくる場面はあるのでしょうか。

D：私が実際やった高齢者が当事者となった裁判では，やはり年齢というのは問題になりましたね。意思能力については，ある程度の高齢に達していると，裁判所もちょっと危ないと判断しているように思われますし。実際は判決が出る前に，話合いで決まっちゃうことが多いですけれども。

C：それは，委任の意思能力ということでしょうか。実際に意思能力に疑問がある人から，事件を受任することってありますね。これは高齢者の場合，特に多いと思うんですが。高齢者の事例ではないんですが，奥さんが統合失調症で，旦那さんが奥さんの不動産を担保に入れて勝手に銀行からお金を借りちゃった。奥さんは統合失調症という診断を受けているんですが，その奥さんから委任を受けて，裁判所に担保の設定行為が無効であるとして訴訟を起こしたんですよ。裁判所からはやはり委任状を出した段階で，能力はどうなんでしょうかという話があった。問題があるんだと裁判所から言われている，そういう話をその統合失調症の奥さんに話したんですね。すると，奥さん，勝手に自分で裁判所の担当部に行って，「私はひどい被害者なんだ，私はこの通り平気なんですよ。」とねじ込んでしまったんです。それ以後，裁判所は，委任契約の有効性については何も言わなくなって，事件を進めてくれました。委任の意思能力は，高齢者で特に問題になると思うんです。そのときの判断基準というのは，裁判所は結構柔軟に対応してくれるのかなという感じがするんですが，どうでしょうか。

D：まあ，裁判所は柔軟だと思いますね。そもそも柔軟というより分からないですからね，裁判所は。一応受けてしまいますね。

　裁判所は委任状さえ持っていけばね。筆跡鑑定まではしないし。ただ弁護士としては簡単な話ではないですよね。私なんかはこういった高齢

332

者の方から頼まれることが多いのですけれども。本当に意思能力がなさそうな人が詐欺に遭ったから何とか頼むと来るわけですけど，その人と受任契約を結べるかどうかですよね。

　後見人を頼む必要があるのじゃないかなと思ったりしてね。そういうことがあります。結局，訴訟をやめたこともあります。

C：でも結局本人から「やってくれ」と言われて，弁護士として，まあ，意思能力がありそうだからという判断をして，委任状をとって裁判所に出して，それで誰かから文句が出るってことはないでしょうか？

司会：いや，相手方から文句は出るんじゃないですかね。これもまた，弁護士に対しての懲戒請求っていうのがあり得なくはないと思いますし。

D：高齢者の詐欺被害の場合には，騙した相手方に対して，弁護士が，「被害者は意思能力がないため騙された」と主張する場合もあるわけですからね。そうすると，相手から，「じゃあどうして意思能力のない高齢者から受任ができたのか」と返されるわけです。

C：卵が先か鶏が先かですか。委任を受けて弁護士が裁判やったら懲戒理由になるのですか？

D：懲戒理由というよりも，それでは，言ってることがおかしいじゃないかとなりますよね。高齢者が「意思能力が無くて契約の意味が分かっていない」って主張するなら，「お前だって受任できないはずだろう」と返されるってことですね。懲戒まではいかないけども。

C：本人の権利を守るために，いいかなと思ってやるわけじゃないですか。だけどそれが何か弁護士としてのどこかの義務違反になってしまうのかなと。それ気をつけなくちゃならないかなと。

D：意思能力のない人から委任状とったらまずいでしょうね，本当は。そういう理由で，受任をやめたことも少々ありますよ。悩ましいですよ，ぎりぎりの人がいるのですよ。

C：ただ，頼まれたら，何となくやってあげたくなっちゃうじゃないですか。話してれば，高齢者の方もよく話してくれるし。

D：本人は騙されたのはなんとなく分かるわけですよ。だから助けてあげたいと思うのですよ。だけど，ぎりぎりだとやはり後見人を置かなけれ

333

ばならないとか，そういう話になってくる。そうすると手間ひまもかか
るし，後見人のお金だってかかるわけだから。そこまでしてやる必要は
あるのかなとなるわけですよね。それで，依頼を受けるのをやめちゃっ
たケースもあるのですけどね。

A：でも，被害の額によってはきちんとやらないと，後で大変なことにな
る可能性があります。あと，本人の意思能力について裁判所がチェック
するところがないじゃないですか。とりあえず，代理人において意思能
力を確認して委任状を持っていけばできる。

　私が取り扱ったのは，破産申立ての事案でしたが，そのときに，裁判
所から「一応，本人を連れて裁判所に来てくれ」とか言われましたが，
本人を連れていって大丈夫かなと不安に思ったけれど，そのときは，裁
判官の前で本人もそれなりの対応ができたので大丈夫でした。

D：裁判所が連れて来いって言ったんですか。本人面接で？

A：本人面接というか申立ての段階，準備の段階で，一応確かめるという
ことで。申立書にそれらしきことを書いてたもんだから，精神的に追い
詰められ，業務放棄し，職場に復帰できなくなったという理由で破産し
たんだということで。

G：その点については，私が受けた事件ですが，一審の判決を受けてた高
齢者が入院しちゃって，意識不明じゃないけど，意思表示できなくなっ
ちゃって，それでも，控訴しなきゃいけないと。そのときは，息子さん
が話すと反応するんだということで，本人は書けはしないんだけども，
息子さんに代筆してもらって。その辺の事情も裁判所に説明して控訴し
たってことはありましたね。

I 弁護士（女性）：高齢者が騙されたので請求する，という事案ではあり
ませんが，高齢者から事件の依頼を受けた時に，判断に迷うことがあり
ました。最初は高齢者の子供さんのみが相談にみえて，後日高齢者本人
に会ってみると，会話は一応できるけれども，説明しても同じことを何
回も質問したりして，本当に理解しているのか不安になるような状態で
した。

　事件の相手方と交渉した結果，不動産持分を相手方に買い取ってもら

う方向になったのですが，不動産の売買契約に弁護士として関与するのに，後で意思能力がなく無効だなどとなったら嫌だなと思って，後見用の診断書を取ってもらったら保佐相当だったので，近くにいる子供を保佐人候補者とする保佐の申立てをしました。

　金額的には大した取引ではなかったので，申立てをするかどうかは悩ましかったです。

　一旦申立てをして，裁判所の判断によって専門職を保佐人や保佐監督人に選任しないとダメとなったら，取下げも自由にできないですし，基本的には亡くなるまで報酬の支払が発生することになるので，それはもったいないなという感じで。

　結局，裁判所の判断として，親族の保佐人に代理権まで付与するなら専門職の監督人を付けるが，同意権だけなら付けないということだったので，同意権だけにしてもらい，売買契約は保佐人の同意の上でやるという形にしました。

C：この間，88歳の母親から，定年間近の二男に対して，扶養しろと言ってきた事案がありました。長男は母親と同居しているんですけど。調停申立てをされて。調停委員が「あの88歳のお母さん，どうも意思能力に疑問があるんですよね。」と言うんです。長男も母親に付き添ってきて，実際は，長男対二男の争いになったんです。結局，高齢者の親に対する扶養義務は非常に弱いということで，つい先日，最終的に取下げになったんですが，取下げが決まった後に調停委員が最後に，「お母さんの申立てで来たんですが，長男にも申立てさせましたので，長男の申立ても一緒に取下げをしました。」と言ったんです。お母さんの調停申立ての意思能力に問題があるということは裁判所とも話してました。でも，長男も申立てをしていたことは，進行中は全然知らなかった。そのまま進行して，最後の取下げの段階で，「長男にも申立てさせておいたので，そちらも取り下げておきましたからね。」，と言われた。そういう対応を裁判所はするのでしょうか。

司会：これ，申立書の写しは，相手方に送付されなかったわけ？

C：送付はされていません。長男から申立てがあったこと自体知らなかっ

た……。どういう配慮で長男にも申立てさせたのかも，よく分からないんですよ。

司会：別事件で併合になるかどうかとか，当事者違うけど関連性でやっていくのかとか。法的にはどういうことか……。

D：危ないからもう一人つけたっていうことですかね。そういうことができるのですね。法的にはどうなっているのですかね。

C：その時は，もう終わったからいいやと思って終わらせてしまったんですが。どういう申立てだったのか。例えば母親の扶養料の立替えをして，立替費用の求償とか。そういうのを申立てたのか，今となっては疑問です。

D：補助参加とか，そんな感じじゃないのですかね。

C：その88歳のお母さんがあまりきちんと喋れない。確かにそうだったんだけど，それで申立人になってしまっているから，裁判所としてはその人に対して，取下げを勧めるとかっていうのもちょっと問題だと考えて，長男にも申立人になってもらった。なんかそのような話をしていたと思うんですが。ただ，二男は，母は自分に困ったことを聞かれたりすると，昔からすぐとぼけるんで，裁判所がそれに騙されてしまったんじゃないかと言っていましたが。

高齢者に関する弁護士実務

第3　高齢者の借金・破産

1　高齢者の破産申立ての際の留意点

司会：では次のテーマの「第3　高齢者の借金・破産」に進みたいと思います。先ほども若干出ましたが，高齢者の場合の破産申立ての際の留意点や，支払能力に対しての判断や，免責判断など，この辺で何か意見はありますか。

F：高齢者に特有な事案だと，手続中に入院をしてしまったことがありました。後は，事実又は真実を隠してるんではなくて，本当に覚えてない。
　　そういう場合は，丁寧に聞き取りをするんですが，高齢者の方だと，1回だけの打合せじゃ分かりにくい。資料を持ってきてもらうのにも行動が遅いので，たくさんの資料を要求しても，大体持ってきてくれないとか。やはり時間がかかるというのが一番特徴的ですよね。

C：親族に一緒に来てもらうことなどはしないのですか？

F：することはあります。そもそも一人で歩いて怪我されても困るので。ただ，本当に親族がいらっしゃらない方もいたりするので，そのときは一人で来てもらいます。

C：高齢者が自分で破産申立てをしてくれって来られるんですか？

F：はい。生活保護とかを受けていて生活の心配がない場合には，弁護士から破産手続を勧めることもあります。

J弁護士（男性）：生活保護の場合ですが，私が受けた事案では，生活保護を受けられている高齢者の方がケースワーカーさんと一緒に法律相談にきて，ケースワーカーさんが，「うちはこういう方は破産してもらってるんで」というようなことを言って，負債が大きいとは思えませんでしたけど，破産手続を行わせようとするんですね。このときは，ケースワーカーさんに必要資料の提供をかなり協力してもらいました。というのも，破産手続にもいろいろな書類等の準備が必要となりますが，必要書類など，ケースワーカーさんにメモをとってもらって，仕事上で把握しているものはケースワーカーさんに集めるのを協力してもらいました。

337

座談会

高齢の方だと，必要な書類の把握や申立書類の作成に時間がかかるのが
通例ですが，このときはケースワーカーさんの協力もあって，比較的ス
ムーズに破産手続をすることができました。

2　生活保護の高齢者が破産をするメリットはあるか

C：そもそも生活保護を受けている高齢者が破産申立てをする必要がある
のですか？

F：何ともいえないですけど。何も差し押さえるものがないだろうといわ
れれば，それで終わってしまいますが，やはり債権者が取立てに来るっ
てことを止めるということですね。

C：生活保護を受けている高齢者が破産をするメリットは？　督促がこな
くなるだけ，気が楽になるから？

J：ケースワーカーさんからすれば，生活保護費で借金を返済されてしま
うのが困る，ということがあるのではないかと思います。

F：高齢者の方が，それまではちゃんと働いて借金を返しているような場
合，生活保護に入ったときに，別にそんな贅沢な生活をしないと，むし
ろ生活が豊かになる人もいらっしゃったりするので，その余ったので内
緒で返そうとする人が多いからですかね。それが高齢者のためになって
いるのかは分からないですが。

C：余ったら返しゃいいんじゃないかとは言えないんですか？

B：生活保護は余らないっていう前提で金額設定してるから矛盾になるの
ではないですか。

J：先の事案では，その方が20年以上前に会社をやっていて，そのときの
支払督促がありました。もちろん今の状態では全く返しようもないし，
実際に返してもいないままだったのですが，手続上そういう状態であっ
ても，きちんと処理してほしいというような，ケースワーカーさんの意
図を感じました。

B：高齢者じゃないけど，生活保護を受けてる人が借金抱えて保護費から
返済するのは問題だということで頼まれたことはありますね。

D：自治体の要請ですよね。自治体の考え方は，要するに生活保護費で借

金の返済はできませんよと。これをやってもらっちゃ困る。したがって，生活保護を適用する場合には，まず破産で借金をなくしてくれと。前は，借金なくすのが先だったけど，最近は同時並行になったようですね。生活保護を一応認めていながら，破産はさせると。いずれにしても破産してくれというのは，自治体側の要請で，ほとんどの場合自治体がそういうんじゃないですかね。

C：私はちょっと古い考えかもしれないけど，破産より，いわば任意整理で免除させる。高齢者で生活保護で資産もなければ免除してくれる可能性，非常に高いじゃないですか？　まともなサラ金業者だったら。

　　80歳以上の生活保護のおばあちゃんに対して，その人生で破産という，世間的に見れば敗者の烙印を押されるようなことをさせることが良いのかどうか。区とか自治体の要請でこの人を破産させてくれと言われたときに，弁護士として，素直にああそうですね，自治体の要請だから，メリットはあまりないけど，じゃあ破産やりますね，ということをやっていいのかなと思うんですよ。人権侵害とまでは言えないかもしれませんが。普通だったならば，まず第一に交渉して，免除を得られそうであったならば，例えばおこずかい程度向こうに払えば免除してくれるんであればね。

K弁護士（女性）：私は，この前，残元金が15万円くらいの1社しか債権者がいない高齢者の債務整理の事案で，試しに免除の交渉をしたのですが，免除はできないと断られてしまいました。利息をつけると何とか50万円を超えるので，今度，自己破産の申立てをするつもりです。

B：でも最終的にはやはり本人の意思じゃないですかね。

司会：行政が言ってもね，本人がどうか。破産宣告はされたくないという本人もいるだろうし。逆に借金を持って死にたくないという人もいるだろうから。

C：だからケースワーカー。それから本人。あるいは自治体。それから弁護士との関係で本人の権利保護を弁護士は考えなければいけないわけだから。自治体がいくら要請をしても本人に対してきちんと説明をしてあげなきゃいけないのではないでしょうか？

座談会

J：高齢者かどうかは直接関係ないですけど，クレサラ相談のときなどは，「破産というのは，世間一般に考えられるよりもデメリットはありません。やむを得ずしてしまった借金の過重な返済に苦しむ状態を一度リセットして，一から出直して生活していくという考え方もありますよ」というような説明で，相談者も大体納得して破産手続をとられますね。それはケースワーカーさんがいようが高齢者だろうが同じことだと思います。

K：やはり，破産しないままでいると，生活保護から借金を返済してしまったりして，生活保護を打ち切られるまではいかないとしても，何かと問題があるのではないでしょうか。そうだとすると，やはり破産させることが，ご本人のためだと思いますね。

高齢者に関する弁護士実務

第4　介護契約・介護事故

1　施設倒産の際の保証金の回収方法

司会：では次に，「第4　介護契約・介護事故」について。まずは「施設倒産の際の保証金の回収方法」についてお話をいただければと思います。いかがでしょうか。

Ｅ：私の経験ですが，1億とか2億の入居金で入所されていた方がおりましたが，事業会社が破たんしてしまいました。でも，事業譲渡によって新会社に事業承継されまして，入居金もゼロにはならず，そのまま施設を利用できるケースでした。それは非常にラッキーだったかなという気がしますね。

司会：これは，いわゆる昔のゴルフ場の破産の預託金の場合と同じで，そこでは預託金はなくなるけど，一応プレー権だけは残すみたいな形がありましたよね。そのような感じで，事業承継した施設が，入居者から毎月のいわゆる入所料はもらう，という形で，入居を継続するということなんでしょうか。

Ｅ：入居金は，施設に入居するための権利金で，10年間で償却されるものでしたが，10年経過前に死亡又は退去するときには時期に応じて返金がなされる，というものでした。入居者は，この入居金とは別に，利用料として毎月40万〜50万ずつの支払が必要でした。事業承継された後も，入居金はそのままの条件で引き継がれまして，毎月の利用料も従前とほとんど変わりなかったので，損はなかったパターンでした。

Ｄ：よかったですよね。

Ｈ：何か投資に失敗して，事業としては成り立ってる場合は，破産の場合でも事業承継がありえると思うんです。

Ｄ：ああ，特定の事業だけですね。

Ｈ：ええ。特定の事業。入居者にとって優しい解決になりますよね。ちょっと事案が違いますけど，私が扱っているケースで，今クライアントが買おうとしてるのが，やはり事業としては魅力があって。そのとき

341

座談会

に労働債務をどこまで引き継ぐかということで競争している。

司会：ああ。そこがなくなれば十分やっていけるわけね。

H：はい。だから賃金も2か月ぐらい，不払いなんですけど，1か月分は
こっちで見ましょうとか，全部見ますとか。そういう競争になっていま
す。

2　施設入所者との面会におけるトラブルと対処法

司会：それでは，続いて，「施設入所者との面会におけるトラブルと対処
法」についてお話を伺いたいと思います。

D：施設入所者の面会に関するトラブルっていうのはよくありますよね。
要するに，特別養護老人ホームなどの施設に入るときは，家族の誰かが
入所の手続をしますよね。すると他の家族は面会できない場合があるの
ですよ。

C：施設側に，面会させるとか，させないっていう管理上の権限ってある
んですか？
最近よく，施設に入れた人から施設に対し，自分以外の親族に会わせ
るなと言われてしまって，高齢の母親に会えなくて困った，という相談
を受けるんです。施設側は，管理権か何かに基づいて行っているんです
か？

A：それは，入所契約した人が言っているわけでしょ？　その人が会わせ
るなって言ったら，施設側はそれに従うために他の親族は会えなくなっ
ちゃうということですよね。

司会：会えなくなったら，面会を要求するような仮処分？　そういう手続
があるんですかね。私は，やったことはないから分からないですが。

C：それで無理やり「私の母親です。会いたい。」って言って施設に入っ
て行ったら住居侵入になるんですか？

司会：やはり拒否してる以上は，それは住居侵入にはなるでしょう。

C：例えば，施設に入所している高齢の母親と，その娘とが電話をして，
母親から「会いにきてよ。」と言われて，その施設に娘が行ってみたら，
施設が会わせない，入所の手続をした人間が会わせるなと言っているか

342

ら会わせない，というような状況の場合ですが。

B：よくあることです。

D：しかも，相続が絡んだりしているのです。遺言を書かせたりしていて。

C：会ったとたんに，娘としては母親に自筆証書遺言を書かせて，施設に入れた親族が書かせた遺言の取消しもできるわけじゃないですか。だから，向こうが徹底的に管理したい。その場合に何とか会う方法ってないのかな？　あるいは，一番身近な人が親を食い物にするようなのを防ぐ方法はないのかなと，いつも思うんですが。

例えば，施設の管理者と，やり取りする中で，何か相手を追い詰める方法ってないんですか。

E：入居してる本人は会いたいと言ってるんですよね。本人が会いたいって言うのに，それを会わせないようにする施設の権限って何なんですかね。

C：例えば，本人の精神状態から，面会を認めると一層悪化の可能性があると医者が言っているとか，ある程度意思能力も不十分で，認知症ぎりぎりで本人の意向がはっきりしないとかね。そのような理由を挙げて，一番身近にいる長男やその妻が，弟や妹に会わせるなと言ってる場合に，どうにかなんないのかなと。

D：よくあるケースですね。長男が抱え込んじゃってね。二男が会いに行こうと思っても会えないとかね。相続絡んでね。遺言の問題とか。

C：会ったら色々悪い影響を与えられるとか言われるわけじゃないですか。本人が治療中だからとか。

そういう相談よく受けるんですが。粘り強くやって，結果的には会ってる人が多いようなんですけれども。徹底的に拒否された場合に，弁護士が何か，管理者に対しての責任を追及できるような主張ができれば，と思います。

D：契約当事者じゃない側からの主張ですよね。契約の問題で主張するか，あるいは人権関係で主張するか……。

C：そうですよね，本人の人権が管理者と長男によって侵害されてるということで，管理権者に対して，例えば内容証明とかで，「損害賠償請求

343

座談会

の可能性もありますよ。」と言って動かす。私，実際にアドバイスする
ときには，そういう説明をしてあげます。あまりにも権利を侵害するの
であればね，「面会を拒否することによって会いに行った人の権利を侵
害したり，入所者本人の権利も侵害されるのであれば，そこで生じる損
害について，施設側に責任とってもらいますよ，という交渉をしなさ
い」と言っているんですが，これで大体が会えている。

D：効果があるわけですね。仮処分とかはないのですか。

C：仮処分もあるんでしょうね。でも，そこまで大げさにしないで，何か
管理者を動かす方法があればなと。入所者本人から手紙を出してもらっ
て，それを根拠に管理者と交渉して，「母もこんなに言ってるのに，そ
れでも会わせないのか！」と。手紙があるのだから，これを証拠に将来
裁判もできる，ということで交渉する。

D：まあ，これ，本人に手紙を書かせない場合もありますよね……。

3　介護事故における過失の判断基準

司会：では次に行きたいと思います。「介護事故」に関してですが，皆さ
ん，何かありませんか？

C：私，介護事故を扱ったことがあるんですが，実際に介護事故の先例っ
て非常に少ないんですよね。裁判例を調べてみたんですけど，本当に少
ないんです。それはやはり介護を受けている人の親族は，施設にお願い
をしている立場だから，なかなか訴えるということに踏み切れないと。
私のところに来た人は，訴えてくれと言ったので裁判に踏み切ったんで
すが，本当に先例が少なくて困ったんですね。一つは，喉に食べ物を詰
まらせて窒息した事故で，もう一つは，夜，本人がトイレに行きたいと
言って介護士を呼んで，介護士が車椅子に乗せてあげようとしたときに，
その介護士が他のベッドの人から呼ばれて，そっちに行っちゃったとき
に，本人が自分で車いすに移動しようとしてベッドから落っこちて頭を
打って死んじゃったという事故。なかなか先例がなくて，どこまでが施
設側の過失か，非常に難しかった。
　結局，それぞれ施設側に賠償を認めさせる形で解決したんです。喉に

高齢者に関する弁護士実務

食べ物を詰まらせた事件は，損害賠償請求の裁判を起こして裁判所で和解をしました。それからもう一つ，ちょっと目を離したすきに自分で動いて車椅子に乗ろうとして落っこちたっていう事件，これは交渉で，施設側にある程度責任を認めさせて，本人が自分で動いたということもあったので，多少過失相殺を認めた上で，損害賠償をさせました。施設側は，いずれも保険会社が代理人を立てて，ということになりましたが。

D：私もまさに，施設で転倒して亡くなったという事件をやりまして，このときは，最高裁までやりました。これは，ショートステイで父親が亡くなった事案なのですけど。施設の管理上の瑕疵その他で訴えたのですが，結局，最高裁までやったけど負けてしまって。一番問題となったのは，ショートステイという点で，事件の当時は，こういう点について注意義務に関する明確な公的基準がなかったのですね。それも負けた理由の一つですね。

C：安全配慮義務の主張は難しいんですか？

D：安全配慮義務。そうですね，注意義務違反とか色々な義務を主張しても，それだけの注意義務はないと言われて負けましたね。だからショートステイとかは難しいですよ。一方，病院なんかはいいわけですよ。私も病院で勝った例がいくつかあるのですが，病院はそういう施設と比べると勝ちやすいのですね。基準がはっきりしていますから。厚生労働省の基準とかがありますから。ところが施設は難しい。

4　介護事故における証拠収集の方法

C：まず施設側の義務の内容，範囲という法的問題。もう一つは，それを前提として証拠の収集。介護施設でも日記とか介護の記録を作ってますね。

　先ほど話した喉に食べ物を詰まらせたという事件で問題となったのは，①介護施設の食事介護の仕方，その際の注意義務の内容，②救命の方法として，背中を叩いただけか，吸引までしたのか，③施設は吸引器具を備えていたかどうか，④詰まってしまったときに，看護師がいたら助命できたかどうか，⑤施設が救急車を呼ぶまでの時間が相当だったのかど

345

うか，ということが問題になったんです。裁判で，記録を全部出させた
ら，その中の介護の記録というのが非常にずさんで，一部ホワイトで消
してあったり，実際はやってもない事故当日の日課とかが書いてあった。
午前中に事故が起きたのに，午後にやる被害者の日課を「やりました。」
なんて書いてあったり。

司会：ああ，そのまま出てきたんだ。それはそのまま出す方もすごいね。
　　確かに，改ざんしちゃいけないからね。まあ，なかなか出てこない事案
　　も多いと思うけど。

C：喉に詰まらせたときに，施設側は，救急車呼ぶ前に自分たちで何とか
　　しちゃおうと思ったんでしょうね。それで救急車呼ぶのが遅れちゃって
　　最終的には亡くなってしまった。時間の問題になるんだけど，やはり施
　　設側が説明する内部の色んな時間の経過と，実際に病院に運ばれた時間
　　から逆算したこととが全部食い違っていて。施設側は施設側に有利に書
　　いてるんです。後からつじつまを合わせて。その辺は注意して見てみて
　　いかないといけないと思う。

D：先の転倒の事件だって，恐らく真夜中の２時か３時に倒れて，それが
　　原因で亡くなったのですけれど，何かにつまづいて転んだという感じが
　　色んな情報からみてあったのです。しかし，証拠が出てこなかったので
　　す。

C：施設の場合，喉に詰まらせた事案では，吸引器具まで備えるべきかど
　　うかというような問題が，結構あるんですよね。

D：そうですね。でも，病院だと当然，そういう器具がないといけないと
　　いうことになるわけですよ。だから，病院での事件はやりやすい。器具
　　が無いということはないだろうと，裁判官もそう思うから。一方，施設
　　の場合は，そこまで厳しく言うのは気の毒だということになる。経営が
　　苦しかったりしますよね，施設の場合は。事故保険も不十分のように思
　　いますし。

C：記録と違って，実際は看護師がいなかったり，介護士の人数が夜は少
　　なかったり，素人にやらせてとか，色々あるんですよね。

D：施設は経営が厳しいですからね，病院と違って。だから裁判官も訴え

る側に厳しくなるように思いますね。

座談会

第5　高齢者虐待
（高齢者を虐待から救い出す手順・施設等）

司会：それでは次の「高齢者虐待（高齢者を虐待から救いだす手順・施設
　　等）」についてですが，特に家族と一緒に住んでる場合だと色々あると
　　思いますけど，いかがでしょう。

A：高齢者を虐待から救い出す手順ですが，まず，危険な場合となると警
　　察に動いてもらいますよね。あとは老人福祉法の「やむを得ない事由に
　　よる措置」によるもの，これは「やむ措置」と略されています（老人福
　　祉法10条の4第1項，11条1項2号，各自治体の同措置実施要項等）。これは，
　　虐待を受けている高齢者について市区町村長が職権で，特別養護老人
　　ホームに入れたりショートステイに入れたりするものなんですが，それ
　　を用いたりします。そこまでいかない場合だと，「見守り」というよう
　　な形で少し注意して見守っていくというもの。これらは事案に応じて，
　　段階的にやっていくような形になりますね。

C：警察って動いてくれますか？

A：いや，動いてくれるっていうか，動かさなきゃいけないですよね。警
　　察も命に関わるようなものだと動く。

H：家族の中の問題だと，警察は呼べばくるけど，話し合ってくださいと
　　か言われることもありそうですが。

司会：以前よりは動くんじゃないかな。家族間の問題でも重大な結果が発
　　生してたりするから。

B：あと，高齢者虐待で重大な危険がある場合，役所がその住居に立入り
　　をしたり，調査する権限とかがありますよね（高齢者虐待防止法11条）。
　　自治体ではケース会議を開いたりして，弁護士も関わって虐待事例を研
　　究してますね。
　　　このあたり，何か経験のある先生はいらっしゃいますか？

F：実際は，高齢者虐待の第一発見者は，結局民生委員の方だったり，デ
　　イサービスとか社会福祉士さんとかだったりするのですが，そこが入り

口となって，発見したら行政の方に通報するという形になっています。それで，行政の方で把握をしたら，何度かご本人に会いに行ったりします。でも，親族がシャットアウトしているのであれば，立入りをして，調査をして，実際に身体的にひどい虐待であれば分離して，施設の方に入っていただくということが多いです。この方法が一番適法で，強力な手段なので。ですから，通常であれば，助け出すというのであれば市区町村の福祉課の方に相談して進めていくというのが一番いいんじゃないかなと思うんですけど。

K：分離された高齢者の人について，その後，分離が解消されることもあるのですか？

F：いや，分離の解消は基本的にないですね。分離した後は私たちが後見人になって手続を進めますけど，そもそも虐待をしていた親族に会わせないということから始まるので。よほどのケースじゃないと分離の解消はないと思います。

司会：施設に入ってもらって，収入は生活保護になるんでしょうか？

F：ご自身で年金をもらっている方も結構いらっしゃいます。虐待する方たちは，高齢者にお金があるから，そのお金を取っていくという場合がやはり多いので。高齢者一人だけだったら年金だけで生活はできます。けど，その子が親の金をあてにして，親の金を全部取っていったり，殴ったりとか。そういうケースが結構あります。

H：そういう場合，とられたお金の返還請求っていうのはないんですか？

F：しなきゃいけないのもあるんだとは思うんですけど，取られたお金かどうか，区別できないですので，なかなか難しい。

　さすがに通帳からこっそり直近で何百万とか引き下ろされているのであれば別だとは思うんですけど，年金として定期的に入ってくるお金で一緒に生活してたっていう状況もあるわけですから。親が正常な状態のときに子を扶養する意思がゼロかといわれたらゼロじゃないから，というところもあるので。なかなか請求って難しいんだなと私は思いますね。

A：あとは虐待する方が自覚ない場合がある。ほっといてくれと，これでいいんだっていうね。そういうのがあるので，それは周りからちゃんと

座談会

やってあげないと。知らぬ間にひどいことになってしまうことがありますので注意すべきだと思います。

司会：こういうのって，高齢者から相談ってあるんですかね？　なかなか高齢者からは相談しない形なのかなと。さっきの話は，民生委員とか社会福祉士とか，そういう方の発見を受けて，弁護士に相談が来るという形ですよね。

F：他に相談が来るのは，同居じゃない親族とかからですね。ただ，私たちに何か言われても，同居してない親族から相談に来られても，引渡し請求も何もできないんですね。だから，「行政に行ってください」と，そういうアドバイスしかできないんですけども。

高齢者に関する弁護士実務

第6 高齢者の扶養
（高齢者の扶養についての子供間での責任の押し付け合い）

司会：次は「高齢者の扶養」ですね。テーマとしては「高齢者の扶養についての子供間での責任の押し付け合い」という点が上がっていますけど，この辺について何か皆さんの中でご経験の方いらっしゃれば。

C：先ほど，「高齢者が被害者の事件の特殊性」のところで少し触れた事案なんですが。88歳のお母さんと長男が同居してて，二男は別居していて独立の家計を営んでる。二男が私の依頼者なんですが，その二男が65歳で，もうそろそろ嘱託の仕事も辞めなくてはならない，それぐらいの収入しかない。そして，お母さんの方は年金，同居している長男は年金とアルバイト程度の仕事をしている。こういう状況で，以前父親の遺産をめぐって確執があって，10年以上連絡してない親子だった。それで，88歳の母親の方から東京家裁に二男に対する扶養請求の調停の申立てをしたという事案です。

　二男の方は，自分の方だって生活に余裕はない，ということで，突っ張っていこうということになりました。そういう主張をして，実際は2回目の調停で相手は申立てを取り下げたということだったんですね。

司会：これは，全くの取下げだったんですか。それとも，いくらか払って？

C：相手の方からは，墓の移転費用で50何万円，お寺から請求されているから，その半分でも出さないかとか，調停でも色んな案を出してきたんですが。

　二男からしてみれば，10年間も音信不通にしてて今更なんだと。色々あったんですよ，昔。要するに家の財産をめぐっての争いで，10年以上前にやりあったんで，それからぷっつり，双方連絡してなかった。ところが急に，困ったから何とかしてくれと。今更なんだっていうのと，もう一つは余裕もないと。扶養する意思もないしその余裕もない。

D：私の扱った事例で，これはひどい親だなと思ったのは，親がずっと子

351

供をほったらかしてたんですよ，長い間。そして，子供が成人してから，急に，親が子供に会わせろと，自分の扶養をしろと言ってきたんですね。それまで，散々子供をほったらかしてね，全然養育もしないで金も払わないでいたのに，子供が成人したら自分を扶養しろと。これはどうかなと思うのですけれども，法的にはどうなのですかね。

C：そもそも，子の親に対する扶養義務っていうのは，親の子に対する扶養義務とは全然レベルが違う，質が違う。親が子に対して，扶養しろと請求しても，裁判所も無理にとは言わない，子の方に相当の余裕がないと。

　それにもう一つは，親が子に請求する場合には，子供も１人だけではなかったり，孫もいたり，直系の血族関係がいっぱいいるし，それぞれに扶養義務があるわけだから。私のやった事案の二男もそうだったんですが，長男にも子供がいるし孫もいる，二男にも子供がいる。扶養義務者が複数いる場合は，全員を集めて分担させないといけない，という考え方があるから。二男だけを相手に申立てをしても二男の扶養義務なんて具体的に決められないですよ。それで，二男の話だけを聞いて二男だけの具体的な扶養義務は決められないはずだから，こっちは強気でいけばいい，審判まで行ったときは，全員，参加させないと決定できないから。裁判所は，そこまでは絶対やる気はないと踏んで，依頼者と相談をして，徹底的に突っ張っていこうと決めました。

司会：孫まで呼び集められるんですかね？　確かに，直系血族，兄弟姉妹が扶養義務を負うわけだから順位はないということなんですかね（民法877条１項）。実際はどうなんだろう？

C：扶養義務者がいっぱいいる場合には，誰と誰と誰にいくらずつという判断をしないと審判はできないんじゃないですか。その範囲で順番はないと思う。

　このケースは，そもそも余裕のない二男に請求してきてるわけです。もし，余裕のある孫がいるとしたら，二男を飛び越えていくわけなんですね。稼いでる孫がいるじゃないか，孫はいっぱいお金を持っている，そういう主張をすればいい。だから，二男相手だけの調停が，仮に審判

に移行しても，おそらく扶養義務を認めるような審判は出ないと考えたんですね。全員を集めないと（民法878条）。

　それで，審判にもし移行するんであれば，直系血族を全員参加させるとか，そういうことをしないとおかしいんじゃないかと言おうと思ってたんですが，言う前に調停は取下げで終わっちゃったんです。

司会：だとしたら，なかなか難しいね。

座談会

> # 第7　高齢者の相続・遺言

> # 1 高齢者の囲い込みによる恣意的な遺言書作成に対する対策はあるか

司会：次に「高齢者の相続・遺言」のテーマで，まず，「高齢者の囲い込みによる恣意的な遺言書作成に対する対策はあるか」という点。いかがでしょうか？

C：これについては，「長男夫婦が親に遺言書を書かせちゃったんですけど，どうしたらいいでしょうか」という相談が多いですね。そういう場合，私は，「何とか親に会って，自筆証書遺言で前遺言は取り消すという一筆でもまず書かせなさい。」という程度のアドバイスはしてるんですが。とにかくそれを書いてもらえば勝ちですよ，と。

司会：これは，新しい遺言を書くのではなくて，前の遺言の取消しのみをするということですよね。取り消したという遺言を書くのが一番簡単でしょうから。

D：でも，新しい遺言を書けば，そっちの方が有効になるわけですよね。それでもいいわけですよね。

司会：もちろんそうですね。ただ，色々財産があると，新しい遺言を書く方が難しい。色々書くとどうしようああしようとなるので。ですから，前の遺言を取り消すっていうのだけ書けばいいんで，簡単なんですよ。あとは法定相続に戻るので。

D：なるほどね。新しい遺言を書くとね，大変だから。まずは，取り消したらいいということですね。

C：あと，どうしても，長男夫婦と同居している自分の親っていうのは，なかなか親が長男夫婦の意向を無視できない。ご飯を食べさせてもらってるし。それで，別所帯の長女などから，そこを何とかできないか，とよく言われる。

司会：でも，長男とその嫁まで親の面倒を見ているわけで，場合によっては介護をしてることもあるわけですから。それは，その娘さんがご飯を

高齢者に関する弁護士実務

食べさせたり，面倒を見ればいいんですから，それをしないのは，それはしょうがないじゃない。そういう見方もあると思いますけどね……。

2 相続財産の同居者による使い込みが判明した場合の対処方法

司会：次は，「相続財産の同居者による使い込みが判明した場合の対処方法」については，いかがでしょうか。

C：同居してる長男の嫁が，親の必要な物を買うとか言って，実際は自分の息子の塾の費用に使っているとか。そういう相談ありますよね。

司会：事案によっては不当利得返還請求なんですけどね。それは贈与かもしれないし，その場合は，相続の段階で特別受益の問題になりますけど，証明の問題もあります。

C：これは，親が「うん」と言っていない以上は横領であり不法行為でしょ？　不法行為だと，親の死後に親の損害賠償請求権を相続した相続人が請求していくことになりますよね。金額がはっきりしていて，証拠も揃っていれば，横領ですよね。弁護士は「横領」の主張をしてもいいですか。

K：そうですね。ただ，使い込みが判明するのは大体被相続人が亡くなった後ですよね。亡くなる前だったら何かやりようがあるでしょうが，亡くなった後だと，証拠を集めて返還請求ができるかどうかという話になってくると思います。

　私の事案は，依頼者から「銀行のお金が元々2千万ぐらいあったはずなのに，1千万しか残ってない」と言われて，銀行の取引履歴を調べてみたところ，何百万単位で引き出されてるわけではなくて，数十万ずつ引き出されていたというものでした。それ以外に確たる証拠もなかったので，訴訟にしても裁判官に「これぐらいは普通に使う」と言われてしまうと思い，訴訟を断念しました。

H：私もそういう事案をやったことがあります。遺言があったので，遺留分の請求をして，特別受益として生前贈与があるから，それを戻せっていう。請求する側もされる側も受任したことがあるんですけど，やはり使い込みの証明は難しいですね。銀行の取引履歴で結構な額が下ろされ

355

ていても，結構裁判官の見方って甘くて，「そのくらい使うんじゃない
ですか」みたいな感じで言われました。

E：私も同じ経験があります。裁判官の見方って，「親族間ならそのぐら
いあるんじゃないですか」とか，「贈与の意思があるんじゃないですか」
ぐらいな感じでした。使い込んだっていうことは，結構立証のハードル
が高いですよね。私の経験した事案では，何千万単位という高額なケー
スだったんですけど。

司会：そういうのは，一括でまとまって数千万円を下ろしているんです
か？

H：いやいや，私の担当したケースでは，50万とか100万単位で下ろして
ました。1年に2，3回，旅行には行ってたんですけど，それは，バス
ツアーとかだったので，全然お金かからないはずなんですけど，それを
向こうの代理人が堂々と出してきましてね。いや，バスツアーでそんな
50万，100万使わないですけどね。

司会：一括でなくて，50万とか100万単位ぐらいじゃ小さいかな……。
　　　例えば，被相続人の預金通帳からお金が引き出されていて，同日くら
いに，その同居相続人の預金通帳にも，お金が入ってるっていう形であ
ればね，証明になるんでしょうけど。

C：そうですね。同日移転したという証明ができればね。
　　　私のやった事案だと，500万，1000万単位で下ろされていて。老親と
同居していた長男がちょうど同時期にマンションを買っていて，頭金な
どに同じ金額が使われてるということまで言っても，裁判所はなかなか
動きませんでした。

司会：特別受益にもならなかったということですか？

C：それ以外に証拠がなかった。マンションの頭金については，自分のお
金をどこどこから持ってきたっていう一応の主張が出た。だから，特別
受益はなかなか認めないんじゃないですか。そういう主張だけだと，裁
判所というのはまず動かないと思うのですが。

G：今みたいな話って，遺産分割の中では処理されないですよね？

司会：いや，遺産分割の中で特別受益で処理されるか，後は，別に地方裁

高齢者に関する弁護士実務

判所で訴訟をやるかという2つですよね。絶対に妥協しないで徹底的に
追求しようと思うと地裁で訴訟をやる。

3 高齢者の遺言能力の限界について

司会：それでは，「高齢者の遺言能力の限界について」ですが，どなたか
争った方がいれば。

A：私は，自筆証書遺言の無効について争ったことがあります。一審で負
けたのですが，控訴審，上告審で勝訴しました。それは遺言の中で推定
相続人の廃除とかについて，その内容がものすごく細かく書いてあって。
裁判官もそこはおかしいんじゃないかというふうに思われたんだと思い
ます。

　この件では，筆跡鑑定も双方の主張に沿うものが複数提出されました
が，あまり意味がないというか，裁判所の方もそんなに重視してないの
かなという印象でした。決め手となったのは，むしろ高齢者である遺言
者が知りうるはずのない，推定相続人の廃除とかについての事情（相手
方しか知り得ないような事情や相手方からの悪口などが詳細に記述されてい
る）を遺言者がこんなに詳しく書くはずがないとか，裁判官は遺言の内
容自体に疑問を持ったことから遺言の無効の認定をされていたと思いま
す。

　あと，私は，公正証書遺言については，無効にしたケースはないです。
最近は，裁判例が出てますね。

司会：そうですね。遺言能力の問題。公証人がどこまで，遺言者の能力を
チェックできるかという問題がありますよね。

C：判例（東京高判平25・8・28判タ1419号173頁，大阪高判平26・11・28判
タ1411号92頁等）も，遺言者の当時の客観的な精神状態，口授の具体的
状況，証拠で認められた遺言者の真意との対比など細かく認定して無効
にしていますね。公正証書遺言の無効の主張が少しやりやすくなったの
でしょうか。

H：逆の立場で，遺言を作成する際に，後から問題にならないようにする
ために，私は「スマートフォンとかで遺言を書いているところの動画を

357

撮りなさい」とアドバイスしてますね。

C：以前でしたが，私のところに，ご主人が自筆証書遺言を書いていると
ころを撮ったポラロイド写真を持ってきた奥さんがいました。

司会：確かに，高齢者だから意思能力が無いというような主張をされるこ
とがあるわけですからね。それも必要かもしれません。

H：検索するだけなら全国の公証役場に保管されている遺言について，オ
ンラインで探せますよね。ただ，これは，平成以降の遺言しか対象に
なっていなかったと思います。昭和時代のものは，その公証役場に行か
ないと分からなかったような。そういうときは，居住地の近くの公証役
場から当たっていくようなことになりますかね。

E：遺言書自体を入手するのは，生前は一切できないですから，死亡後に，
謄本を請求するということになりますよね。

4 遺留分事前放棄の活用方法

司会：あと「遺留分事前放棄の活用方法」というテーマですが，いかがで
しょうか。

C：遺留分の事前放棄（民法1043条）は，例えば，放蕩息子に対して遺留
分さえも残したくないということで，多少小遣いをやって事前放棄させ
たいという相談がよくあって。実際に申立てもしたんですけど，裁判所
は，放棄者の意思をどの程度まで審査するんでしょうか？

司会：もちろん，本人の同意書とかは出すわけですよね？　あとは，その
放蕩息子が放棄するということで多少のお金をもらってるんでしょうけ
ど，どの程度もらってるかっていうのも出さなきゃいけないでしょう。

E：これは，遺留分の事前放棄ですから，本人が，僕は放棄しますってい
う手続をするわけですよね。

C：弁護士が本人を代理してやる場合のこと。

司会：実際は，被相続人の意向でやるわけですよね。息子は放蕩息子だか
ら何とか交渉して，金やるから何とか放棄しろと，遺留分も含めて。あ
とは全部娘にやるから，という形をとると。

E：でもご本人もそれでいいと言っているからやるんですよね。

C：それが，微妙なときに，委任を受けてやるんですが。本人が呼ばれて裁判所にいったら「どうしようかな」と言い始めたり。

H：相続放棄みたいに代理人が申請しても本人の意向かどうか照会がくるのですね。

司会：相続放棄の照会に関しまして，昨年末から本年初めにかけて，東京家裁に20件ほど相続放棄について代理人申請しました。その中の一人は海外留学中で，海外に居住していました。その時，書記官から，場合によっては本人に確認することもあるとのことでしたが，実際は，いずれも，東京家裁から代理人である私のところに照会が来ました。

H：以前は，代理人が申請しても，本人に照会書が来ていたのですが，最近，東京家裁が運用を変えたようで，今年，相続放棄の申請をした事案では，代理人である私のところに照会がきました。

G：私の事務所でやってた事件ですが，事前に家裁の手続をしないで，文書で「放棄します，いりません」と一筆書いてる人がいたんですよね。

　　その文書を元に主張をしたようですけど，やはりその主張は通らなかったようですね。そこはもう信義則とかの話になっちゃうのかもしれませんけど。厳しかったイメージがあります。

司会：裁判所の手続があるわけですから，それを使わなかったのなら，そりゃまあだめでしょう。

座談会

| 第8 そ の 他 |

1　金融機関が預金の引下しを拒否する場合の対応について

司会：今まで取り上げたテーマ以外で何かあれば。いかがでしょうか。

D：最近不便になっているのは高齢者が銀行でお金を下ろすときに，振り込め詐欺を防止するために，銀行側が，色々チェックするのですよね。それはいいことでもあるのですけれど，それで困っている人も結構いますよ。

司会：その場合，どういうアドバイスをするんですか？

C：高齢者に限らず，きちんとした手続を踏んで預金を下ろそうとしているのに，銀行が何か心配して，手続に応じないってあるじゃないですか。そのときに，困っている依頼者に対して，どういう交渉を銀行としたらいいかを説明してあげないといけない。「下ろさせないのは支店長の正式な見解なのか。」とか，「お金を下ろせないことで何か損害が発生したら，支店長にも責任を負ってもらう。」とか，「銀行が下ろせない理由を一筆書け。」とかいって，迅速に処理させるというアドバイスをしてるんですけど。

司会：応じないでしょ，それ。金融機関は，通常のいわゆる大手銀行では応じないと思うけど。

C：応じないなら応じないで，それはしょうがない。そういう交渉をして，記録を残しておく。でも支店長にまでってやると，結構強力な交渉になるかなと思うんですが。

　　あと，一般的に，相続人が遺言執行者に指定されてて，それに基づいて預金を下ろしに行くと，銀行がぐずぐず言ってて時間を稼ぐ。「ちょっと待ってくれ。」とか「2，3日後に出します」とか言ってくる。そういったときの交渉の仕方として，「法律的に認められてることなのに預金を下ろせないのはおかしい。それが銀行の正式的な見解と聞いていいですか。もしこれによって損害が発生したら，銀行に責任を負ってもらいますよ。」と言いなさいとアドバイスする。そうすると，銀行も大体

360

応じます。法律的には正しいことを言っているのですから。

司会：それは公正証書遺言なんかを持っていくようなケースですよね，実際は，また違うかもしれない。

D：以前は，相続が開始すると，預貯金債権は可分債権だということで，相続分に応じて下ろすことができましたよね。例えば，預金が100万円で，二人の子が相続人だとすると，50万円ずつ下ろせると。でも，この前の最高裁大法廷決定（最大決平28・12・19民集70巻8号2121頁）があって，今は，相続分に応じて一人の子だけが50万円下ろすというのができなくなったのですよね。

　　その最高裁大法廷決定が出る前の話ですが，銀行への交渉をやったことがありますね。相続人が二人いたのですが，銀行が，二人のサイン，実印と印鑑証明を持ってこないと下ろせないと言うんですね。一人分の，相続分の半分を下ろさせろと言ったんですが，下ろさないというから，「じゃあ訴訟起こすよ」といって色々やったら下ろすことができましたね。

C：先生が直接やり取りしたんですか？

D：そうです。「いいよ，訴訟を起こすよ」と。「おたくの支店長の名前なんていうのですか」と。「可分債権だからね，半分ずつそれぞれ権利があるわけだから，おたくが下ろさないなんて権利はないよ」と。

　　最高裁大法廷決定が出る前の話ですけどね。今は全くだめになったのですよね。

G：そうですね。同僚の弁護士も，ちょうどあの大法廷決定が出た後で，銀行が応じなくなっちゃったと言ってましたね。要は，預金債権も遺産分割の対象になってしまったと。

2　高齢者の死亡事故における慰謝料と逸失利益の算定

C：皆さんに，高齢者が事故で死亡したときの慰謝料と逸失利益の金額や算定方法についてお伺いしたいんですが。高齢者が医療事故でも，交通事故でも，死んでしまった場合，慰謝料を請求する場面って色々あるじゃないですか。被害者が，80歳，90歳の場合と，20歳，30歳くらいの

361

場合とでは，慰謝料額は変わるのか，ということなんですが。

H：慰謝料ですか，逸失利益ですか。

C：慰謝料。十分生きたんだからとか。もう大往生だから，そんなに慰謝料も高くなくていいだろうとか。例えば，90歳だったら，もう大体10年以内には亡くなるわけだから。

E：でも，そういったことは，主張としては書きづらいですよね。あと10年すれば亡くなるとか。

司会：でも慰謝料だから，これから10年生きようが，これから100年生きようが，その時の，その周りの親族の気持ちだから，年齢で違っていいかという問題が出てきますよね，慰謝料の場合は。あと，逸失利益の場合は別ですよね。平均余命で算定するんだろうから。

A：参考となるものに交通事故の慰謝料の基準（『民事交通事故訴訟損害賠償額算定基準』いわゆる「赤い本」）は，①「一家の支柱」2,800万円，②母親・配偶者2,500万円，③その他2,000〜2,500万円を一応の目安として定めています。一家の支柱とは，被害者の世帯の生計が主として被害者の収入によって維持されている場合です。母親，配偶者とは，被扶養者を有する者，その他とは独身の男女，子供，幼児等をいうとされています。通常高齢者の場合は，その他に入るとされています。そのあたりはどうなんでしょうか。

C：高齢者には一家の支柱はあまりいないだろうし，被扶養者もいない人が実際ほとんどですね。赤い本ではその他に入ることになるのかな。2,000〜2,500万円の範囲としても，夢も希望もある子供と夢も希望も実現してしまった高齢者とは違うのでしょうか。ただ，寿命で亡くなるのと事故で亡くなるのとではね，遺族の悲しみも違うだろうからね。本人も，事故で死にたくはなかっただろうから。

3 責任無能力者の監督責任について

K：高齢者の認知症の方が電車の事故で亡くなったときに，逆に損害賠償請求された判例がありましたね（最判平28・3・1民集70巻3号681頁）。そこでは，介護をしてるご家族に，どの程度までの監督義務があるか，

問題になりましたよね。

F：これは，事故に遭った方がかなりの高齢（91歳）で，その奥さんは同居して介護を行っていたんですが，この奥さんも高齢（80歳）で，息子さんは同居していないけど，月３回程度実家に寄ってお父さんの介護の補助をしていたという事案だったと思います。それで，高裁では，配偶者としての義務を理由に，奥さんに対しては，監督義務者としての責任が追及されました。そして，息子さんについては監督義務者には該当しないとされたと思います。

J：先生のおっしゃるとおりですね。高裁では夫婦の協力義務などを根拠に，同居し介護に当たっていた妻が法定の監督義務者に該当するとして損害賠償責任があるとされましたが，最高裁では，自らも要介護１の状態で，息子の妻に手伝ってもらいながら介護に当たっていたという妻自身の状態や介護態様などから，妻は監督義務者には該当しないと判断されました。同居していない息子は，高裁時点で監督義務者とされませんでした。

D：これは，同居してるかどうかっていうのはポイントになったりするんですか。

司会：どうなんでしょうね。介護を実質的にやってる人には，それなりの義務を認めるという考えもあるんでしょうか。そうすると，一生懸命介護をやってたら責任も負わなくちゃいけないという。本当にこれでいいのかとか，色んな考え方できますよね。

H：介護なんかやらなきゃよかったってなりますよね。やらない人は救われて，やった人は追及されてしまうと。

D：ちょっと違うかもしれませんが，地方自治体でこんな事例がありましたね。川があって，落ちたら危ないからそこに柵を設けていて。それが腐って壊れてしまって，人が落っこちちゃったのですね。そうしたら自治体が責任を追及されてしまった。でも柵を作らなかったら事故が起こっても責任を追及されないのですよ。

司会：それは柵の管理責任の問題ですから。じゃあ柵を作らない方がいいかというと，柵を作らないこと自体が義務違反の場合もありますよね。

363

座談会

　場所によっては。

C：でも，やっぱり，そういうことで責任を追及されたら，やらない方が
　　いいってなってしまう。見て見ないふり，認知症の人にも近づかない方
　　がいいってなってしまう。

　　　結局，最高裁では介護していた奥さんに損害賠償責任を認めなかった
　　んですよね。裁判所も判断が難しいんじゃないですか？　あんまり責任
　　を重くするのもまずいだろうしね。

J：そう思います。ただ，この事件の一審判決では，同居して介護してい
　　た妻に加え，同居していない息子にも責任が認められています。このよ
　　うに，結果についてどう帰責すべきかが問われる際に，同居や介護の事
　　実がどれだけ重視されるかを一義的に判断するのはとても難しいですね。

司会：はい。それでは，他に特にないでしょうか。時間になりましたので，
　　本日の座談会はこれで終了とさせていただきます。

　　　皆さん，今日は長時間どうもありがとうございました。

事 項 索 引

【あ】

遺言執行····················202
遺言書の作成···········201, 204, 354
遺言能力····················357
遺言の有効性 → 公正証書遺言
　の有効性
遺産の変動····················203
遺産分割············208, 226, 228
意思確認（高齢者）········107, 248, 299
慰謝料··············147, 313, 361
逸失利益··············147, 308, 361
遺留分減殺請求········190, 197, 209
遺留分事前放棄················358
縁組······················256
縁組無効····················260
延命期待権··············156, 160

【か】

介護契約··················142, 341
介護事故····················134
介護事故における過失の判断
　················142, 151, 345
介護事故における証拠収集·····139, 345
介護報酬··················20, 119
隠し財産····················274
家庭裁判所の処分許可·············47
寄付金····················21, 123
虐待··············174, 187, 348
休業損害····················308
救護措置義務違反·············146
居住用不動産の処分··············44
記録義務違反··············154, 159
金融機関の預金引下し拒否········360
クーリングオフ·············96, 123
クーリングオフの期間制限········109
刑事告訴··················103, 130

【さ】

契約書面（消費者被害）·············108
現に利益を受けている限度··········125
後遺障害····················308
後見開始審判の取下げ············53
後見監督人と後見人の連携········324
後見制度支援信託·······29, 37, 326, 329
後見制度支援信託に適さない事例····40
後見人が複数の場合·············325
後見人等の報酬 → 報酬
後見の終了···················49
後見類型の変更···············327
公正証書遺言の作成··········201, 204
公正証書遺言の有効性·········195, 222
交通事故··················307, 314
高齢者からの依頼の受任····62, 295, 332
高齢者虐待 → 虐待
高齢者向けリバースモーゲージ······289
誤嚥防止措置義務違反·············146
個人再生····················270
婚姻費用分担請求··········249, 251

財産管理··············19, 36, 329
財産管理委任契約·······164, 169, 170
財産管理契約の取消し············102
財産の引継ぎ················32, 51
財産の引渡し··················26
財産分与····················250
財産目録の作成··············38, 43
祭祀財産の承継···············234
詐欺··················130, 272
詐欺の要件···················99
先物取引··················106, 109
算定表····················250
事業用物品の処分···············60
市区町村長による後見開始審判の
　申立て····················175

事項索引

死後の事務·····················9, 185, 324
事情聴取（関係者）·············141, 144
事情聴取（高齢者）·····95, 102, 248, 273
事情聴取（親族）·······················5, 193
使途不明金·················65, 113, 212
使途不明金の証拠···············215
使途不明金の返還請求············215
死亡事故の慰謝料・逸失利益···143, 361
受継···························241
証拠収集の困難さ···········139, 259
上申書···························242
消費者契約の取消し···················121
将来介護費用···················310
ショートステイ········16, 145, 150, 345
職務分掌························11, 325
身上監護·········18, 24, 37, 182
身上監護の範囲············28, 317
身上配慮義務···················321
親族間の対立···············2, 11, 14, 168
親族間の利害関係の調整············194
親族後見人への引継ぎ···············49
親族照会···························330
親族への協力依頼···············184
信託銀行の選定···················41
信託契約の締結···················42
審判記録の閲覧···················30
生活保護受給者の破産申立て·······338
生活保護申請···················286
成年後見　→　後見
成年被後見人　→　被後見人
責任無能力者の監督責任·········88, 362
早期受診義務違反···············153, 159
相続財産管理人···················85
相続財産管理人の種類············218
相続財産の範囲···········193, 206
相続させる旨の遺言···················224
相続放棄···························84
贈与···························21, 69

【た】

退職金···························250
通所介護契約···················142
使い込み·········65, 219, 227, 355
使い込みの立証···········72, 223
定期交付金···············41, 329
デイサービス···············16, 134
転倒防止義務違反···········151, 157
特別受益···························222
取消権行使···············124, 128

【な】

任意後見監督人···························6
任意後見契約···············3, 164
任意後見契約の取消し···············102
認知症の証拠···················215
年間収支予定表···················38
能力回復　→　被後見人の能力回復

【は】

ハードシップ免責···················281
売買契約の取消し···············103
破産申立て···························337
判断能力·····················71, 95, 102
判断能力に関する資料収集··········261
判断能力の有無の立証···············118
被後見人の意向···············56, 58
被後見人の能力回復···············12, 326
夫婦共有財産の把握···············249
負担付遺贈···················196
不動産担保型生活資金貸付制度······289
不動産登記···········227, 231
扶養請求···················282, 351
ペイオフ対策···················24
返還義務の主張立証責任···········126
返還請求（返金訴訟）···········73, 116
弁護士費用···················142
偏頗弁済···························278
報酬（後見人等の報酬）··50, 78, 293, 318

366

報酬付与の審判 ······················ 50, 79
報酬付与申立事情説明書 ············· 320
補助 ································· 78, 123
補助取消審判 ··························· 80

【ま】

面談妨害（面会妨害）
　·················7, 16, 114, 162, 257, 342
面談妨害禁止仮処分 ··················· 165

【や】

郵便物の転送 ··························· 35
養子縁組　→　縁組
要保護型リバースモーゲージ··· 289, 291
預貯金口座の管理······················ 34
預貯金通帳等の返還請求 ············· 115

【ら】

離婚調停・訴訟 ················· 238, 252
リバースモーゲージ············· 289, 294
リフォーム詐欺 ··················92, 101

判 例 索 引

【大正】

大判大 5 ・ 6 ・10民録22輯1149頁 ································· 125

【昭和】

大判昭 7 ・10・26民集11巻 8 号1920頁 ·························· 125

大判昭 8 ・ 3 ・ 3 民集12巻309頁 ······························· 125

最判昭23・12・23民集 2 巻14号493頁 ·························· 260

最判昭29・ 4 ・ 8 民集 8 巻 4 号819頁 ························· 207

最大決昭41・ 3 ・ 2 民集20巻 3 号360頁 ······················ 208

最判昭50・ 2 ・25民集29巻 2 号143頁 ·························· 142

最判昭58・ 3 ・18家月36巻 3 号143頁 ·························· 205

最判昭61・ 3 ・13民集40巻 2 号389頁 ·························· 206

【平成】

最判平 3 ・ 4 ・19民集45巻 4 号477頁 ························· 224

最判平 3 ・11・19民集45巻 8 号1209頁 ························ 126

東京地判平 6 ・ 9 ・ 2 判時1535号92頁 ························ 109

最判平 8 ・ 4 ・25民集50巻 5 号1221頁 ························ 312

最判平 8 ・10・29民集50巻 9 号2474頁 ························ 312

東京高判平10・ 8 ・26判タ1002号247頁 ······················ 195

大阪地判平11・ 2 ・18交民32巻 1 号296頁 ···················· 309

最判平11・12・20民集53巻 9 号2038頁 ························ 313

横浜地川崎支判平12・ 2 ・23判例集未登載 ···················· 148

名古屋地判平17・12・16自保ジャーナル1635号10頁 ············· 309

東京高決平18・ 4 ・19判タ1239号289頁 ······················ 235

東京地判平19・ 3 ・26判例集未登載 ·························· 98

東京地判平20・10・ 9 判タ1289号227頁 ······················ 195

東京高判平21・ 8 ・ 6 判タ1311号241頁 ······················ 260

名古屋高判平22・ 4 ・15判例集未登載 ························ 260

名古屋家判平22・ 9 ・ 3 判タ1339号188頁 ···················· 260

大阪地判平23・ 3 ・28自保ジャーナル1862号155頁 ·············· 312

高知地判平24・ 3 ・29判タ1385号225頁 ······················ 195

東京高判平25・ 3 ・ 6 判タ1395号256頁 ······················ 195

広島高判平25・ 5 ・ 9 判タ1410号125頁 ······················ 261

東京高判平25・ 8 ・28判タ1419号173頁 ·················· 195, 357

東京高判平25・ 9 ・18判タ1421号140頁 ······················ 261

東京地判平26・ 2 ・28判例集未登載 ·························· 228

大阪高判平26・11・28判タ1411号92頁 ························· 357

最判平28・ 3 ・ 1 民集70巻 3 号681頁 ····················· 88, 362

最大決平28・12・19民集70巻 8 号2121頁 ·················· 207, 361

実例　弁護士が悩む高齢者に関する法律相談
―専門弁護士による実践的解決のノウハウ―

定価：本体3,600円（税別）

平成29年11月13日　初版発行

編　著　第一東京弁護士会
　　　　法律相談運営委員会

発行者　尾　中　哲　夫

発行所　日本加除出版株式会社
本　社　郵便番号 171-8516
　　　　東京都豊島区南長崎 3 丁目16番 6 号
　　　　ＴＥＬ （03）3953 - 5757（代表）
　　　　　　　 （03）3952 - 5759（編集）
　　　　ＦＡＸ （03）3953 - 5772
　　　　ＵＲＬ http://www.kajo.co.jp/

営　業　部　郵便番号 171-8516
　　　　東京都豊島区南長崎 3 丁目16番 6 号
　　　　ＴＥＬ （03）3953 - 5642
　　　　ＦＡＸ （03）3953 - 2061

組版 ㈱郁文 ／ 印刷・製本 ㈱倉田印刷

落丁本・乱丁本は本社でお取替えいたします。
Ⓒ 2017
Printed in Japan
ISBN978-4-8178-4432-3 C2032 ¥3600E

JCOPY 〈出版者著作権管理機構　委託出版物〉

本書を無断で複写複製（電子化を含む）することは，著作権法上の例外を除き，禁じられています。複写される場合は，そのつど事前に出版者著作権管理機構（JCOPY）の許諾を得てください。
また本書を代行業者等の第三者に依頼してスキャンやデジタル化することは，たとえ個人や家庭内での利用であっても一切認められておりません。

〈JCOPY〉 ＨＰ：http://www.jcopy.or.jp/，e-mail：info@jcopy.or.jp
電話：03-3513-6969，FAX：03-3513-6979

実例 弁護士が悩む家族に関する法律相談
専門弁護士による実践的解決のノウハウ

商品番号：40496
略　号：弁相

第一東京弁護士会法律相談運営委員会 編著
2013年3月刊 A5判 432頁 本体3,700円＋税 978-4-8178-4061-5

- 実例をもとに、事件解決までの具体的な道筋を紐解き、直面しやすい問題や疑問に対する方策を提示。
- 事件の概要図とともに「本相談のポイント」を明示した26事例を収録。

実例 弁護士が悩む不動産に関する法律相談
専門弁護士による実践的解決のノウハウ

商品番号：40592
略　号：弁不相

第一東京弁護士会法律相談運営委員会 編著
2015年7月刊 A5判 488頁 本体4,200円＋税 978-4-8178-4243-5

- 不動産に関する弁護士実務の「実践的」手引書。
- 実例をもとに、事件解決までの具体的な道筋を紐解き、弁護士が直面しやすい「問題や疑問」に対する方策を提示。「専門弁護士」の考え方や事件解決の手法、「難しい問題」に直面したときの「採るべき方策」がわかる。

日本加除出版

〒171-8516　東京都豊島区南長崎3丁目16番6号
TEL（03）3953-5642　FAX（03）3953-2061（営業部）
http://www.kajo.co.jp/